創見文化，智慧的銳眼
www.book4u.com.tw　　www.silkbook.com

創見文化，智慧的銳眼
www.book4u.com.tw　www.silkbook.com

NFT
造富之鑰

數位經濟奇蹟新紀元

NFT 獲選年度代表詞彙！
從商業圈紅到藝術界，大家到底瘋什麼？

區塊鏈專業教練 **吳宥忠** 著
區塊鏈權威 **王晴天** 主編

THE ULTIMATE
GUIDE ON BUILDING
YOUR DIGITAL
ASSERTS IN NFT

Preface

【編者序】

跟著我一同進入造富樂園！

最近超忙！親朋好友都紛紛請我代為報名NFT斜槓賺錢班！久未聯繫的朋友、同學們也都表示要來參加近來最夯的NFT淘金實戰班！現時序已春末，如果你現在還不懂如何運用加密貨幣與NFT來斜槓賺錢的話，那真的已經落伍了！

2017年時，一個允許用戶收集、繁殖和銷售的區塊鏈遊戲《Crypto Kitties》爆紅，掀起一股NFT熱，到現在2022年已有數百個NFT相關的區塊鏈遊戲。如今NFT被整合到遊戲中，可以看出NFT有改變遊戲市場運作方式的潛力。

像《Axie Infinity》和《Blankos Block Party》這樣的遊戲，主打邊玩邊賺，讓玩家能在遊戲過程中賺到「真的錢」。因此在過去的一年裡，它們呈爆炸式增長，畢竟只要打打遊戲就能賺到錢，這種輕鬆的事情誰不想做呢？不過真正大大影響全世界的其實是元宇宙。

許多人都把元宇宙視為線上互動社群未來的下一個階段，但這與NFT又有什麼關係？在元宇宙中，隱私、安全和互通性的建立相當重要，人們的生活越是依賴線上虛擬世界，就越需要用安全的方式來證明身份和數位資產的所有權。

以後大學教授們要退休時，學校可以將我們教學的照片或影音發行NFT，請有財力的學生、校友或粉絲認購投資，不僅可以幫助教授

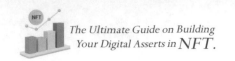

安心退休，也有紀念意義。且人類必會經歷生老病死，當這些教授駕鶴西歸時，該NFT必定會有更大的增值空間！

父親、培訓大師、公司負責人、社團與財團、球隊與球團、DAO……無物不NFT，無事不NFT是也！而現在就是NFT進場的好機會了。

2021年為NFT的元年，所有的商機都圍繞者NFT發酵，魔法講盟身為臺灣最大的成人培訓機構，對於新趨勢的研究不遺餘力，隨即針對目前最流行的NFT打造相關課程，魔法講盟每個月都舉辦元宇宙NFT實戰班，班班爆滿！

我和宥忠也再次師徒連手，出版《NFT造富之鑰》，本書內容非常豐富，裡面有非常多NFT案例，也深度剖析NFT的特質及風險，還網羅了區塊鏈與NFT所有相關的知識，可說是方方面面都替你顧到了，對於想要進入NFT領域致富的你，一定要研讀《NFT造富之鑰》。

我與宥忠的《區塊鏈與元宇宙》也長期在暢銷書排行榜上！素人小民們若想要快速翻身賺大錢，捨NFT還會有什麼項目呢？相信這本《NFT造富之鑰》，也必定會上暢銷書排行榜！

魔法元宇宙，盍興乎來。

區塊鏈權威／王晴天 博士

NFT熱潮，拒絕再被割韭菜

2021年整年區塊鏈界都在議論「NFT」和「元宇宙」這兩個話題，火熱的程度完全不遜於2017年比特幣近20,000美元高峰那時，2021年的市場NFT大放異彩，但一片欣欣向榮下其實也隱藏著許多割韭菜的災情，許多不肖的NFT項目商趁著市場大熱，默默將沉寂好幾年的韭菜收割機搬出來，彷彿當年的ICO盛況一樣。

區塊鏈的世界變化實在太快了，一個新項目出現約莫三個月左右，甚至更短時間就又有另一個新名詞誕生，連筆者這個專職在區塊鏈領域不斷學習的人都倍感吃力，更不要說從中跳進來這個市場的小白，若連基本的區塊鏈基礎都沒有，完全聽信項目方的吹捧，把攢了多年的存款貢獻於市場之上，真的是欲哭無淚。

許多區塊鏈認證班的學員也看到這個亂象，紛紛希望魔法講盟的培訓課程能加入NFT和元宇宙知識，這些建議講盟都有聽到，課程因應學員需求、與時俱進地推陳出新，加入最新的元宇宙‧NFT趨勢。且現在NFT及元宇宙的應用也越來越多，所以筆者和師父討論出版《NFT造富之鑰》，好讓大眾可以更了解NFT和元宇宙。

我常講：「錯誤的政策比貪污更可怕，同樣的，錯誤的學習比無知更可怕。」現在市面上絕大多數與區塊鏈相關的課程，都是由項目方開設的，課程內容只挑對他們有利的來談，一些應該注意及規避的

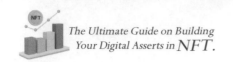
風險隻字不提，就是為了蠱惑什麼都不懂的小白掉入他們的陷阱之中，把積蓄全投入他們的項目裡面。

　　而且區塊鏈並非單一項目可以了解，它的範圍很廣，必須從基礎到應用全方位地學習，而不是像瞎子摸象般一知半解，最短最短也需要至少兩天的時間，才學得一點點的皮毛，坊間那種二、三個小時的課程，真的只是在洗腦而已。

　　所以，筆者希望大家可以藉由這本《NFT造富之鑰》，了解NFT的本質是什麼，以及區塊鏈、NFT及元宇宙又是什麼樣的關係，推廣正確的知識，畢竟往後的發展，區塊鏈技術絕對會越來越受到重視，我也相信未來區塊鏈相關的課程，可能會列入正規的國民教育課程。

　　其許大家都可以學習區塊鏈‧NFT‧元宇宙的相關知識，妥善規避風險，進而投資致富。

區塊鏈專業教練／吳育忠

Ch 1 什麼是NFT

Ch 2 NFT市場

Ch 6 投資 NFT

什麼是NFT

The Ultimate Guide
on Building Your Digital
Asserts in NFT

1-1 區塊鏈技術

今年最熱門的話題除元宇宙外，非NFT（Non-Fungible Token，非同質化代幣）莫屬，與之對應的即同質化代幣（Fungible Token），諸如眾所週知的比特幣及以太幣皆屬FT，每一顆代幣皆等值，你所擁有的比特幣跟別人所擁有的比特幣價值相同。

但NFT就不同了，每顆NFT都有獨一無二的編號，可又與加密貨幣一樣，是透過區塊鏈技術鑄造，所以每筆交易歷史記錄都會自動寫入區塊鏈，寫入後便無法修改。NFT也因為這點特性，在防偽和所有權歸屬上有著極大的優勢，因而在藝術媒體創作、遊戲虛寶、票券……等領域上被廣泛運用，受到創作者歡迎。

很多人會認為怎麼突然冒出NFT這個項目，其實不然，正確來說NFT是區塊鏈所衍生出的另一應用，立基於區塊鏈下的底層技術，遵循區塊鏈相關規範，並非隔空出世的產物，也就是說，如果沒有區塊鏈，就不會有NFT。

探討NFT前，筆者想先說明一下NFT和區塊鏈之間的關係，有點像進入NFT前的導論，有利於你理解後面NFT的歷程和特性。

區塊鏈是未來十年影響各大產業數位轉型的關鍵技術，那為什麼它會如此關鍵呢？因為其特點會使各產業原先的交易方式產生極大的

衝擊與改變，特點簡述如下。

● **分散式帳本：**創造了共用價值體系，在同一網路下所有的參與者同時擁有權限去檢視資訊。

● **不可竄改且安全：**區塊鏈透過複雜的密碼機制來保護帳本資訊，資料一旦寫入便不能更改或刪除。

● **點對點交易：**去除中心化的驗證，藉由新科技消除協力廠商、機構之間的交易驗證及管理結構。

● **互相信任：**採用共識機制，交易的驗證結果被網路中所有參與者確認後，交易的真實性才會成立。

● **智能合約：**具有運行其他業務邏輯的能力，意味著你可以在區塊鏈中嵌入任何預期執行的協議。

 什麼是區塊鏈？

即便區塊鏈已被討論多年，但大家對它仍是一知半解，如果你天真地想說上維基百科查就好了，那你一定會馬上放棄了解區塊鏈，心態瞬間轉為 Let it go，因為筆者之前就曾上維基百科查過。

維基百科對區塊鏈的解釋是從技術層面出發，這對那些毫無技術基礎的人來說就是一場惡夢，筆者擷取片段文字解釋。

區塊鏈（Blockchain）是藉由密碼學串接並保護內容的串連文字記

錄（又稱區塊）。每個區塊包含前一個區塊的加密雜湊、相應時間戳記及交易資料，通常用默克爾樹（Merkle Tree）演算法計算的雜湊值表示，這樣的設計使區塊內容具有難以竄改的特性，因此使用區塊鏈技術所串接的分散式帳本能讓兩方有效記錄交易，且可永久查驗此筆交易。

是吧？看到這樣的解釋，只要是正常人都會放棄了解區塊鏈。區塊鏈看似高端技術，但筆者認為它較偏向於思維的轉變，就是一個分散式帳本的概念。照以前，帳本通常會統一交由一個人來專職記錄，但在區塊鏈下，轉變為所有參與者共同記帳，區塊鏈其他應用也都根據這項特性衍生，且這項技術基本上跟網路差不了多少。

一般談到區塊鏈都會自動與比特幣產生連結，認為區塊鏈源自於比特幣，其實這是錯的，早在比特幣被製造出來前，就已有多項跨領域技術與區塊鏈概念相關，比特幣只是第一個採用區塊鏈技術所打造出來的P2P電子貨幣系統應用，所以區塊鏈並非是比特幣所誕生的新技術，正確來說是將跨領域過去數十年累積的技術加以結合，衍生出加密貨幣這項區塊鏈應用。

區塊鏈技術的應用相當廣泛，筆者以歐洲小國「愛沙尼亞」為例，該國為世上第一個將區塊鏈技術運用在公部門的國家，將服務改以數位化。愛沙尼亞政府推出電子居民計畫，全世界的人都可以線上申請成為該國的數位公民，一旦成為愛沙尼亞的數位公民，便可以透過網路加入當地經濟活動所有的線上平台，並享有政府提供給當地居民的

線上公共服務，包含健康醫療服務，但只有真正在現實取得該國公民權的民眾擁有投票權。愛沙尼亞政府也在研究推出能於國內發行使用的數位加密貨幣。

除了愛沙尼亞外，世界各國其實也積極布局在公部門中採用區塊鏈技術，另舉一例為斯洛維尼亞，該國政府已公開宣布以成為歐盟中區塊鏈技術的領導國家為目標。所以筆者相信對我們社會產生重大影響的變革早已降臨，它不是社交媒體FB、IG等，也不是大數據和機器人，更不是人工智慧，而是比特幣等加密貨幣的底層技術——區塊鏈，未來眾所期盼的平行時空「元宇宙」也與它息息相關。

筆者相信它會慢慢取代現有網路的部份功能，為社會、各企業和個人帶來諸多好處，好比現在我寄送一封E-mail或媒體檔案給你，這份檔案不會是原創版本或正本，只能是一份副本，你也可以再轉發給其他人，這其實沒什麼不好，因為資訊大眾化能讓各項資訊透明。

但如果傳遞的資訊事關資產時，比如金錢或股票、債券、期貨等，還有超商百貨的紅利積點……等有價物品，或是智慧財產權、創作、投票權及其他個人權利相關的文件就截然不同了，這些資料可不能被任意複製且廣泛地散播。

好比我要給你一筆錢，必須依賴一些中介機構（銀行、信用中心）來完成，這些中介機構具有一定的信任度，在經濟活動、商業交易的過程中扮演著很重要的角色，不管是個人信用審核還是身份辨識，還是結算和交易記錄的保存，都必須透過他們來完成。

總的來說，這些中介機構的表現都相當不錯，但手續費和利息稍

高了一些，且這類中介機構不管是現在還是未來都存有隱憂，因為中介機構是中心化的，這意味著有可能被駭客入侵，不曉得你還記得之前的一銀 ATM 盜領事件嗎？這類事情防不勝防，不管你的資安做得多完備，都有可能被不肖人士鑽到漏洞，因為銀行這類的中介機構大多是把資料放在幾個特定的主機伺服器上，一旦被駭客攻擊，損失便會相當慘重。

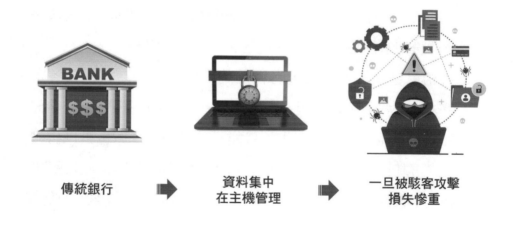

傳統銀行　➡　資料集中在主機管理　➡　一旦被駭客攻擊損失慘重

　　如果各自保管會比較好嗎？各自保管依然是有風險的，例如遭遇天災人禍（被偷、土石流、地震、火災等），只要無法證明有價證券是你的，你將蒙受巨大的損失。

有價證券　➡　遭遇天災人禍　➡　無法證明擁有
造成損失

 為什麼區塊鏈是關鍵機會？

　　區塊鏈有可能對企業交易的方式產生巨大的衝擊與改變，它將成為客戶和各行各業轉型變革的主要核心，而區塊鏈的效益在未來十年將是影響企業數位轉型的關鍵能力。以圍繞區塊鏈本身的特長去發揮，用來解決企業碰到以往用技術、人力、法律等都無法解決，或是必須消耗大量資源才能處理的問題，試著從區塊鏈特性中尋找答案，例如：分散式帳本創造了共用價值體系，在同一網路下的所有參與者同時擁有權限去檢視資訊；不可竄改且安全是區塊鏈透過有效的密碼機制來保護附加上的帳本資訊，資料一旦寫入便不能更改或刪除；點對點的交易是去除中心化的驗證，藉由新科技的方式消除協力廠商、機構進行交易驗證及管理改變；採用互相信任的共識機制，交易的驗證結果被網路中所有參與者確認後，交易的真實性才會成立；智能合約則是具有運行其他業務邏輯的能力，意味著可以在區塊鏈中嵌入金融工具預期行為的協議。

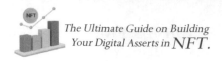

網路化技術的演進

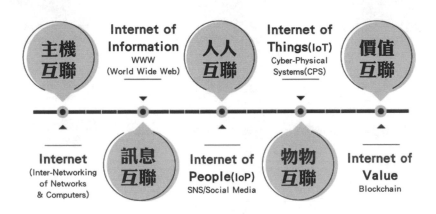

　　區塊鏈是基於比特幣的架構所發展出來，此架構即是系統中所有參與節點共同享有交易的資料庫。

① 分散式帳本（Distributed Ledger）

　　依照時間先後發生順序記載在帳本中，而網路中的每個參與者/節點同時擁有相同帳本，且都有權限檢視帳本中之資訊。

② 數位簽章加密（Cryptography）

　　在區塊鏈中的訊息或交易會經過加密處理，必須經由公鑰與私鑰才能解開，如此能確保訊息或交易之一致性與安全性。

③ 共識機制（Consensus）

　　網路中最快取得驗證結果發布給網路其他節點驗證，取得共識後，

將區塊內容儲存，以此機制取代協力廠商、機構驗證交易的能力。

 智能合約（Smart Contract）

具有運行其他業務邏輯的能力，意味著可以在區塊鏈中嵌入金融工具預期行為的協議。

自2016年比特幣開始受到世人重視，區塊鏈技術就快速成長，從各種應用場景，到數以萬計的幣種以及交易所的普及……等等，都顯示區塊鏈時代已經到來，可以從以下六個部份來看，區塊鏈時代已讓各產業萬箭齊發。

 聯盟的重要性與日俱增

企業紛紛籌建與加入全球性的聯盟組織，目的是為了減少開發成本及縮短區塊鏈應用的時程。

 吸引更多創投投資

創投基金表示對於投資區塊鏈的新創公司感到有興趣，銀行也增加了許多新創及區塊聯盟上的投資。

③ 新的作業模式

IBM及微軟推出區塊鏈即服務（BaaS）的產品，新創公司及銀行也合作開發使用區塊鏈技術於更新的應用服務場景之中。

4 專利申請數增加

高盛、摩根等銀行都已經申請許多與區塊鏈及分散式帳本的專利權，中國甚至為區塊鏈專利申請件數第一名。

5 許多產業開始採用區塊鏈

區塊鏈應用除了在金融產業外，還包含通訊、消費零售、醫療、交通與物流等產業中。

6 強化監理及安全

美國商品期貨交易委員會正在考量如何監理區塊鏈，國稅局也正在計畫區塊鏈的相關法制、合規條文。

在跨領域及不同服務場景的應用中，英格蘭銀行首席科學顧問曾說：「分散式帳本的技術具有協助政府在稅務、國家政策福利、發行護照、土地所有權登記、監管貨物供應鏈的潛在能力，以確保資料保存與服務的完整性。」在跨領域及不同服務場景的應用大致可分為四個領域。

1 加密貨幣的領域

加密貨幣可以即時與任何人在任何地方進行交易。如：比特幣、以太幣、瑞波幣、萊特幣。

② 身份驗證的領域

一個可靠的身份辨證來源，可以消除與日俱增的身份偽冒問題。如：AML、KYC、護照與移民監管、醫療記錄。

③ 智能合約的領域

將傳統紙本合約內容數位化，並且可以自動執行合約。如：借貸與放款、所有權的轉移、單一來源與最新版本。

④ 數位資產的領域

去除耗時中介機構的角色，可以使交易清算更快且成本更低。如：證券交易、獎勵點、會員積分數位來源證明。

雲端科技(Cloud)
與內部決策方案相比，雲端技術為企業提供了更大的靈活性，並提高了生產力、擴大了洞察力，並以更低的成本實現了更高的效率。

人工智慧(AI)
透過機器學習，模擬人的認知功能，在接受其所在環境的條件下，並採取最大限度的行動，以達成所需要完成的目標

其他科技
包含企業績效系統、資料湖、全球企業咨詢服務及企業資源整合規劃

物聯網(IoT)
允許不同的設備發送和接收數據，以實現更好的連接性、資料處理與分析

流程機器人(RPA)
利用數位能力創造虛擬人力，負責操作應用程式或系統，以進行反覆且單一的作業處理流程自動化

區塊鏈(Block Chain)
網路交易的去中心化分散式帳本技術，目的在於提供安全、降低成本、縮短交易時間與提高透明度，並降低對第三方機構的需求

數位運用領域

 區塊鏈在企業應扮演的角色

筆者認為區塊鏈為解決企業問題有六個角色。

● **角色1**：具有多方交易者，可依不同參與者創建交易。

● **角色2**：減少交易時間，這樣就可降低延誤的問題，以增加公司的效益。

● **角色3**：多方共用數據，讓每個參與者有權限共同檢視資訊的作業。

● **角色4**：多方更新資訊，可讓每個參與者有權限共同記錄及編輯資訊的作業。

● **角色5**：強化驗證，每個參與者都可信任被驗證過後的資料。

● **角色6**：降低中介角色，可以排除中介機構的角色，以此降低成本及交易的複雜度。

　　區塊鏈最初的大量應用就是金融領域，來看看區塊鏈在金融領域是如何運用的呢？

● **運用1**：數位證券交易，運用在工作量證明及擁有者之交換。

● **運用2**：跨國換匯，運用在跨國貨幣交換。

● **運用3**：資料儲存，運用在加密及分散儲存。

● **運用4**：點對點交易，運用在透過網路其他參與者進行驗證。

● **運用5**：數位內容，運用在儲存與傳遞。

金融業應用區塊鏈的技術持續在增加：

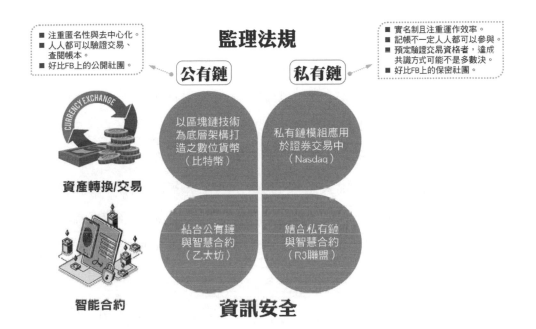

■ 注重匿名性與去中心化。
■ 人人都可以驗證交易、查閱帳本。
■ 好比FB上的公開社團。

監理法規

■ 實名制且注重運作效率。
■ 記帳不一定人人都可以參與。
■ 預定驗證交易資格者，達成共識方式可能不是多數決。
■ 好比FB上的保密社團。

公有鏈 　　 私有鏈

以區塊鏈技術為底層架構打造之數位貨幣（比特幣）

私有鏈模組應用於證券交易中（Nasdaq）

資產轉換/交易

結合公有鏈與智慧合約（乙太坊）

結合私有鏈與智慧合約（R3聯盟）

智能合約

資訊安全

　　非金融產業運用也非常的廣泛，但主要應用區塊鏈於驗證（人、事、物），而金融產業則主要應用於在資產轉換與資料儲存上，非金融產業運用大致為：

● **運用1**：身份驗證，用來保護客戶的隱私。

● **運用2**：工作量證明（Proof-of-Work）用來驗證與授權。

● **運用3**：評論/建議，運用在對於評分、評等及評論的確認。

● **運用4**：鑽石、黃金等貴重金屬認證。

● **運用5**：網路基礎建設。

智能合約

那什麼是智能合約？簡單來說，智能合約就是能夠自動執行合約條款的電腦程式。舉例說明，假設 A 與 B 打賭，兩人打賭明天晚上 6 點的天氣，A 說明天晚上 6 點「不會下雨」，B 說明天晚上 6 點「會下雨」，於是他們打賭 1,000 元。

到了隔天晚上 6 點，B 看地上濕濕的，就跟 A 說：「嘿嘿！我贏了，1,000 元拿來」，A 卻說天空沒有飄雨，所以沒有下雨，因此 A 主張是他獲勝，兩人爭吵不休，最後 A 在不甘心的情況下妥協認輸，但他遲遲沒有把 1,000 元給 B，B 找 A 拿 1,000 元，A 也是拖拖拉拉，這個情況就是一般紙本約定的合約。

但如果用智能合約來執行這個賭注的話，會是這樣執行的……A 與 B 打賭明天晚上 6 點會不會下雨，以氣象預報結果為主，A、B 各拿出 1,000 元存在銀行作為履約費用，約定內容全寫在智能合約上，判斷系統也有智能合約網路連結到中央氣象局的網站。

到了隔天晚上 6 點，智能合約會自動執行這一切，如果中央氣象局判定為下雨，智能合約就自動將兩人的 1,000 元轉到 B 的帳戶，這一切只要事先約定好，並把所有的條件列到合約上，在不可更改和公共監督的環境下執行，就稱為智能合約。

裡面提到的公共監督就是運用區塊鏈技術將你的合約公布，讓大家都知道，所以智能合約的運用可謂未來的趨勢。

 ## 智能合約儲存於區塊鏈

　　把合約放在區塊鏈上的好處，是合約不會因為受到外在干預而被任意修改、中斷；而且約定的行為也無須經由人，透過電腦自動執行，避免各種人為因素而引發的糾紛，自然比人來執行合約內容更有效率。

　　舉例來說，租房的契約就可以訂為「每月5號，從租客的帳戶轉20,000元的租金到房東帳戶」；如果可以串接家電設備的話，就可以在合約內加上「倘若遲交房租，房內的燈光亮度會自動減半」之類的條文。智能合約中，區塊鏈技術就是負責串連世界各地的電腦，以協

助加密、記錄，並且驗證這份智能合約；藉由區塊鏈技術，來確保這份合約不會被惡意偽造或修改。

因此，在保險、樂透彩券、Airbnb 租屋等各種不同的應用上，都可以用智能合約來撰寫，並在滿足條件後自動理賠、兌獎或是開鎖。比起現在的紙本人工作業，智能合約能避免惡意冒領或理賠糾紛。未來的某一天，這些程式可能取代處理某些特定金融交易的律師和銀行。

智能合約的潛能不只是轉移資金而已，一輛汽車或一間房屋的門鎖，都能被連接到物聯網上的智能合約，因執行某動作後被打開，但是和金融前端技術一樣，智能合約有個主要問題是：它如何與我們目前的法律系統取得平衡呢？其實不用擔心這點，因為智能合約賦予物聯網「思考的力量」，雖然智能合約仍處於初始階段，但其潛力顯而易見。

可以試著想像一下，假如分配遺產就像滑動可調滑塊一樣，只要滑動就能決定誰得到多少遺產，那只要開發出足夠簡單的使用者互動介面就好，智能合約能夠解決許多法律難題，例如更新遺囑，一旦智能合約確認觸發條件，合約就會開始執行。智能合約將改變我們的生活，現在所有的合約體系都可能被打破，相信智能合約在未來可以解決所有信任問題。

智能合約也可以用在股票交易所，設定觸發機制，達到某個價格就自動執行買賣；也可以用在像京東眾籌這樣的平台，使用合約跟蹤募資過程，設定達到眾籌目標自動從投資者帳戶撥款到創業者帳戶，創業者以後的預算、開銷可以被追蹤和審計，從而增加透明度，更好

地保障投資者權益。

　　未來律師的職責可能與現在大不相同，在未來，律師的職責不是裁定個人合約，而是在一個競爭市場上生產智能合約範本，合約的賣點將是它們的品質、定制性、易用性如何。許多人將會針對不同事項創建合約，並將合約賣給其他人使用，所以，如果你製作了一個非常好、具有不同功能的權益協議，就可以收費許可別人使用。

　　以智能合約管埋遺囑為例，如果你所有資產都是比特幣，就可以用智能合約管理遺囑，自動執行遺囑內容。對於實體資產，智能資產其實也能解決這些問題，在 Nick Szabo 於 1994 年的論文中，他預想到了智慧型資產，在論文中寫道：「智慧型資產可以將智能合約內置到物理實體的方式被創造出來。」

　　智慧型資產的核心是控制所有權，對於在區塊鏈上註冊的數位資產，能夠透過私密金鑰隨時使用。那將這些新理念、新功能結合在一起會怎麼樣呢？以出租房屋為例，假設所有門鎖都連接網路，當你開始租房，進行一筆比特幣交易時，你和我達成的智能合約將自動為你打開房門，你只要持有儲存在智慧型手機中的鑰匙就能進入房屋。

　　智慧型資產典型例子是，當一個人償還完全部的汽車貸款後，智能合約會自動將這輛汽車從財務公司名下轉讓到個人名下（這個過程可能需要多個相關方的智能合約共同執行）。

　　但如果貸款者沒有按時還款，智能合約將自動收回發動汽車的數位鑰匙。基於區塊鏈的智慧型資產，讓我們有機會構建一個無須信任的去中心化資產管理系統，只要物權法能跟上智慧型資產的發展，透

過在資產本身記錄所有權，將簡化資產管理，大幅提高社會效率。

現行法律的本質也是一種合約，但法律的制定者和合約的起草者們都必須面對一個不容忽視的挑戰：在理想情況下，法律或者合約的內容應該是明確而沒有歧義的，但現行的法律和合約都是由語句構成的，語句則是出了名的充滿歧義。

因此，現行的法律體系一直以來都存在著兩個巨大的問題：首先，合約或法律是由充滿歧義的語句所定義；其次，強制執行合約或法律的代價非常大。而智能合約透過程式設計語言，滿足觸發條件即可自動執行，有望解決現行法律體系的這兩大問題。

初期，智能合約會先在涉及數位貨幣、網站、軟體、數位內容、雲服務等數位資產的領域生根發芽，因為智能合約針對數位資產的「強制執行」非常有效。隨著時間的推移，智能合約也會逐步滲透到「現實世界」。

比如，基於智能合約設定租賃協議的汽車，可以經由某種數位憑證進行發動（而不是傳統的車鑰匙），如果這個數位憑證不符合該租賃協議（例如租約到期），汽車就不會發動。

智能合約是區塊鏈最重要的特性，也是區塊鏈能被稱為顛覆性技術的主要原因，更是各國央行考慮使用區塊鏈技術來發行加密貨幣的重要考量因素，因為這是可編程貨幣和可編程金融的技術基礎。

智能合約在今後將會讓我們人類社會結構產生重大變化，儘管智能合約還有一些未解決的問題，但智能合約仍能為金融服務業帶來最具顛覆性的改變。該技術已經從理論走向實踐，全球眾多專業人才也

在共同努力完善智能合約。

公有鏈

匿名制 免費參加	公開架構可應用在許多領域上，使用者之間皆可交易	由P2P網路進行分散式資料儲存與驗證	無法 事後修改	較高的合約費用沒有手續費

登記/註冊 　準備智能合約 　區塊鏈 　操作 　費用

邀請制 登記實名	透過特定作業平台讓使用者可以發起合約	由操作者進行集中式的資料存儲與驗證	可事後修改（例如法律有糾紛時）	較低的合約費用有手續費

私有鏈

 智能合約的原理與效益

　　智能合約是透過將業務邏輯轉換成程式的方式，以實現多方之間合約的自動化執行，在人為機制介入有限的情況下，以程式驅動且自動進行的機制。該程式經檢查定義的條件是否已滿足，並隨後執行嵌入程式的邏輯，且只有在網絡中達成共識的情況下，其結果才會生效。透過區塊鏈實現這一機制，將大大減少對協力廠商驗證的依賴，並自動執行某些功能，因而使得流程效率提升，成本相對降低。

The Ultimate Guide on Building Your Digital Asserts in NFT.

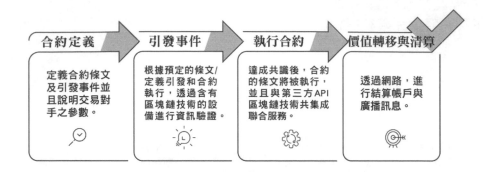

合約定義	引發事件	執行合約	價值轉移與清算
定義合約條文及引發事件並且說明交易對手之參數。	根據預定的條文/定義引發和合約執行,透過含有區塊鏈技術的設備進行資訊驗證。	達成共識後,合約的條文將被執行,並且與第三方API區塊鏈技術共集成聯合服務。	透過網路,進行結算帳戶與廣播訊息。

智能合約的效益如下。

① 自主性

自主管理且自我執行,智能合約會依照外部的驅動事件自動執行。

② 內置信任

智能合約的內容必須在取得共識可修改時,才能進行調整。

③ 複製與備份

網路上的每個節點都會同步複製合約,合約是無法刪除的。

④ 執行速度

智能合約僅需定義合約條件,其他靠程式判斷,故在程式執行上的時效是顯著的。

⑤ 節省成本

智能合約透過程式來做為清算中間人,所以能降低成本。

⑥ 消除錯誤

　　智能合約可以消除因為人工處理過程中，可能產生的人為疏失或錯誤。

　　將智能合約應用在跨國交易的效果也非常好，利用智能合約與區塊鏈技術將現有的資訊系統結合，能有效提升效率與降低成本：

● 交易中每個階段所產生的資料無法改變。
● 各節點中所保有的智能合約內容，保持一致且一旦更新，將會同步複製。
● 能即時傳送新的價格。
● 產品購買和銷售者，可以隨時到區塊鏈平台上即時查看。
● 產品移動會依照時間序來更新與追蹤。
● 任何時候都可以知道收益與適用的折扣。

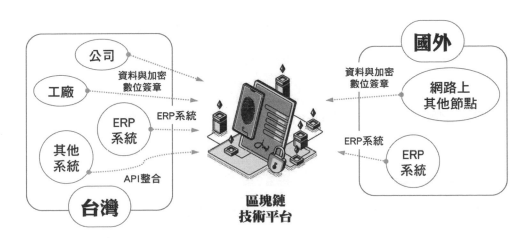

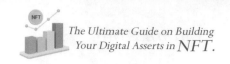

1-2 區塊鏈演進

區塊鏈技術隨著比特幣出現後，經歷了四個不同的階段，目前正朝向第五個階段大步邁進。

① Blockchain 1.0：加密貨幣

比特幣開創一種新的記帳方式，以「分散式帳本」（Distributed Ledger）跳過中介銀行，讓所有參與者的電腦一起記帳，形成去中心化的交易系統，這個交易系統上有兩種人：純粹的交易者和提供電腦硬體運算能力的礦工。

交易者的帳本，需經過礦工運算後加密，經所有區塊鏈上的人確認後上鏈，不可竄改、可被追蹤、加密安全。礦工運算加密的行為稱為哈希（Hash），因為幫忙運算，礦工可獲得定量加密貨幣作為酬勞。交易帳本分散在每個人手中，不需中心儲存、認證，所以稱為「去中心化」。無論是個人對個人、銀行對銀行都能互相轉帳，省下手續費，且交易帳本經過加密，分散儲存比以往更安全，交易記錄更難被竄改。

② Blockchain 2.0：智慧型資產、智能合約

跟比特幣相比，以太坊是多了「智能合約」的區塊鏈底層技術，

利用程式演算法替代人執行合約的概念。智能合約是用程式寫成的合約，無法被任意竄改，會自動執行，還可搭配金融交易，也因而讓許多區塊鏈公司透過它來發行自己的代幣。

智能合約的用途廣泛，可用來記錄股權、版權、智慧財產權的交易，也有人用它來記錄醫療、證書資訊，開啟區塊鏈除加密貨幣外的無限應用可能。

若套用到食品業，從原料生產、加工、包裝、配送到上架，所有資料都會被寫入區塊鏈資料庫，消費者只要掃描條碼，就能獲取最完整的食品生產履歷。在旅遊住宿方面，也不需要透過 Airbnb 等中介平台，屋主直接在區塊鏈住宿平台上刊登出租訊息，就可以找到房客，並透過智能合約完成租賃手續，不需支付平台任何費用。

往後，歌手也不用再透過唱片公司，可以自行在區塊鏈打造的音樂平台上發行歌曲（NFT），透過智能合約自動化音樂授權和分潤；聽眾每聽一首歌，就可以直接付錢給創作團隊，不需透過 Spotify 等線上音樂中介平台。

③ Blockchain 2.5：金融領域應用、資料層

強調代幣（貨幣橋）應用、分散式帳本、資料層區塊鏈及結合人工智慧等金融應用。區塊鏈 2.5 跟 3.0 最大的不同在於，3.0 強調更複雜的智能合約，2.5 則強調代幣（貨幣橋）應用，可用於金融領域聯盟制區塊鏈，如運行 1：1 的美元、日圓、歐元等，將法定貨幣數位化。

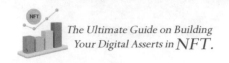

④ Blockchain 3.0：更複雜的智能合約

區塊鏈3.0是更複雜的智能合約，將區塊鏈用於政府、醫療、科學、文化與藝術等領域。由於區塊鏈協議幾乎都是開源的，要取得區塊鏈協議的原始碼不是問題，重點在於找到好的區塊鏈服務供應商，協助導入現有的系統，因此，你必須先對區塊鏈有一定的了解，才能知道該如何選擇，並應用於適合的業務情境。

金融科技（Fintech）吹進臺灣沒多久，沒想到現在又有一股更強勁的區塊鏈技術引爆，全球金融產業可說是展現了前所未有的決心，也讓區塊鏈迅速成為各界切入金融科技的關鍵領域。儘管現在就像是區塊鏈的戰國時代，不過以臺灣來看，銀行或金融機構要從理解並接受區塊鏈，到找出一套大眾都認可的區塊鏈，且真正應用於日常的交易活動上，筆者認為還需要一段時間。

⑤ Blockchain 5.0：成為元宇宙重要的價值傳遞支柱

2021年為元宇宙的元年，元宇宙是虛擬鑲嵌於真實的世界的交互技術、通訊技術、計算能、核算法彼此間補互產生的世界。

2019年末COVID-19疫情爆發，延燒至今都還沒有結束，在2021年我們人類很多的活動都轉為線上，例如購物線上化、社交線上化、學習線上化、娛樂線上化……等等，也因此促成元宇宙世界的概念加速生成。未來元宇宙裡最重要的技術之一就是區塊鏈，而區塊鏈中有一個應用尤為重要，那就是NFT，所以2021年既是元宇宙也是NFT元年。NFT將在元宇宙的世界裡扮演著資產證明的角色，甚至可

以說若沒有NFT，就沒有元宇宙。

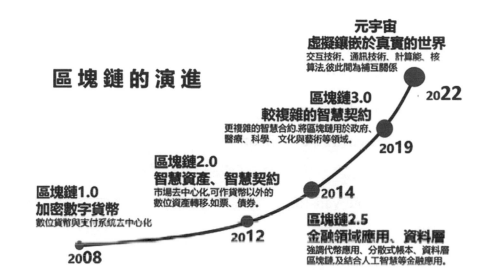

 技術演進：區塊鏈是怎麼來的

　　1982年，Leslie Lamport等人提出拜占庭將軍問題（Byzantine Generals Problem），把軍中各地軍隊彼此取得共識、決定是否出兵的過程，延伸至運算領域，設法建立具容錯性的分散式系統，即使部份節點失效仍可確保系統正常運行，讓多個基於零信任基礎的節點達成共識，並確保資訊傳遞的一致性。2008年出現的比特幣區塊鏈便解決了此問題，這也要歸功於David Chuam所提出的密碼學網路支付系統，此支付系統注重隱私安全，具有不可追蹤的特性，成為之後比特幣區塊鏈在隱私安全面的雛形。

　　1985年，Neal Koblitz和Victor Miller分別提出橢圓曲線密碼學

The Ultimate Guide on Building Your Digital Asserts in NFT.

（ECC），首次將橢圓曲線用於密碼學，建立公開金鑰加密的演算法，相較於RSA演算法，ECC可用較短的金鑰，達到相同的安全強度。

1990年，David Chaum又基於先前理論基礎，打造出不可追蹤的密碼學網路支付系統，也就是後來的eCash，不過eCash不是去中心化系統。之後，Leslie Lamport提出具高容錯的一致性演算法Paxos。

1991年，Stuart Haber與Scott Stornett提出用時間戳確保數位檔安全的協議，此概念之後被比特幣區塊鏈系統所採用。

1992年，Scott Vanston等人提出橢圓曲線數位簽章演算法（ECDSA）。

1997年，Adam Becker創造出雜湊現金（Hash Cash），為一種工作量證明演算法（Proof of Work，POW）。此演算法仰賴成本函數的不可逆特性，容易被驗證，但難以被破解，初期被廣泛應用於阻擋垃圾郵件。雜湊現金之後也成為比特幣區塊鏈的關鍵技術之一。2002年Adam Becker才正式發表雜湊現金之論文。

1998年，Dai Wei發表匿名的分散式電子現金系統B-money，引入工作量證明機制，強調點對點交易和不可竄改之特性。B-money未採用Adam Becker提出的雜湊現金演算法，其中許多設計同樣被比特幣區塊鏈所採用。Nick Szabo發表去中心化的數位貨幣系統Bit Gold，參與者可貢獻運算能力來解出密碼。

2005年，Hal Finney提出可重複使用的工作量證明機制（Reusable Proofs of Work，RPOW），結合B-money與雜湊現金演算法來創造密碼學貨幣。

2008 年，中本聰發表一篇關於比特幣的論文，描述一個點對點電子現金系統，能在不具信任的基礎之上，建立一套去中心化的電子交易體系。

中本聰發表比特幣白皮書，區塊鏈概念首次出現。

學習和了解比特幣及其底層協定的階段。

聯盟區塊鏈、分散式帳本技術的概念出現。

2009　2013　2015　2016　2017　2018　2020　2025

區塊鏈採用變成主流，整合至商業流程中。

區塊鏈走向賦能傳統產業。

區塊鏈開始走向企業，成為真正業務轉型的策略之一。

側重於如何超越概念驗證和試點，準備生產及部屬。

各產業和企業開始打造原型或概念驗證。

 區塊鏈始於學習

若想要應用區塊鏈，前提勢必為了解它，所幸培訓機構魔法講盟有開設元宇宙‧區塊鏈證照班，並邀請筆者擔任主講師。該課程是唯一在台授課結業經認證後發證照（三張）的單位，學員不用花錢、花時間，特地飛去中國大陸上課，在中國取得一張證照成本約 20,000 元人民幣（不含機酒），且現今飛往各國還要防疫隔離，真的不太方便，所以若能直接在臺灣學習考證，絕對是划算的，更何況此課程對接落地項目，南下東盟、西進大陸都有對接資源，上這門課不單只是為了

考證。

你可能會問：「為什麼區塊鏈市場人員需要專業認證？」

1 成為區塊鏈領域人才

認證核可者，可從事交易所的經紀人、產品經理、市場領導及區塊鏈項目市場專業人士或區塊鏈初級導師。

2 快速進入區塊鏈行業

升級成為區塊鏈資產管理師，懂得區塊鏈投資管理及資產管理。

3 區塊鏈＋企業

各大企業緊跟趨勢風口，區塊鏈賦能傳統企業，為現有的傳統企業在短時間內提高競爭力。筆者敢言，區塊鏈相關證照在不久的將來肯定是炙手可熱的，所有的證照都有其發展史，例如金融界的「財務規劃師」、房地產業之一的「經紀人執照」、保險業之一的「投資型保單證照」等等……這些證照初期考試取得較為簡單，付出的學費也相對低，可一旦市場成熟，那時候再來取得相關證照將會很困難，學費漲價不在話下，更要付出很多的時間去上課研讀考證資料，所以現在絕對是考取證照的最佳時機。

魔法講盟與CBPRO國際區塊鏈專業認證機構合作，一同推動華語區的區塊鏈教育及生態，並與大陸廣州數字區塊鏈科技公司攜手合

作，讓學員結訓後立即有落地的區塊鏈項目可以賺錢，若學員想朝區塊鏈講師發展，魔法講盟亦提供舞台讓學員發光發熱。

除上述外，筆者想再細論一下參加元宇宙‧區塊鏈課程的好處。

 與時俱進掌握最新資訊

區塊鏈是目前最新的趨勢，雖然區塊鏈發展已十個年頭了，但是真正的應用是在2017年開始，2017年也因此稱為區塊鏈元年。區塊鏈的技術、應用發展的非常快，所以隨時更新區塊鏈資訊非常重要，如果你想靠自學再消化吸收，這是非常困難的一件事情，但若是透過「借力」的話，就會變得非常容易，藉由參加課程，借老師的力、借同學間的力、借產業經營的力、借技術人員研發的力，就可以與時俱進，掌握最新資訊。

 可以認識全亞洲頂尖的人脈

區塊鏈的課程是全亞洲華語地區都會開班授課的，學員報名後可以終身複訓，更可以結交當地對區塊鏈有興趣的人脈或是願意付高額學費來上課的精準人脈，透過上課學習自然形成一個小團體，因為一起上課過，自然有一定的信任度，也是對學習有意願且想要成功的人脈，之後要談對接項目、共同合作、產業交流就會容易得多。

 有機會投資優質項目

ICO的報酬率相當可觀，少則數十倍，多則上千、上萬倍，但高

獲利勢必伴隨著高風險，據統計，ICO倒閉風險高達99%，其中成功的1%ICO項目，大多也是以誰發行來判斷，也就是說，發行團隊有沒有區塊鏈相關的經驗和資源尤為重要。

透過培訓而認識一些想要發展區塊鏈項目的人或團隊，至少可以確定這些人是真正想做區塊鏈項目的夥伴，而非用區塊鏈來圈錢割韭菜，避開那些被包裝過的圈錢項目。

且透過培訓，可以對接區塊鏈生態圈，從人才、培訓、市場、技術、行銷等等資源都有，項目成功的機會自然大很多；所以，透過培訓絕對有機會接觸到好的項目。且因為自己有上過課，對項目的判斷也有獨到之見解意見，若一群同學和老師相互討論，必能一同幹件大事。

且最重要的是，可以獲得三張區塊鏈認證證照，分別為……

● 中國工業和訊息化部發的「區塊鏈應用架構師證書」。
● 全球華語魔法講盟發的「區塊鏈培訓師資證書」。
● 元宇宙股份有限公司發的「元宇宙應用架構證書」。

很多學員問我說:「老師,區塊鏈證照能幹嘛啊?」筆者認為來上區塊鏈證照班進而取得證照將會有六大優勢。

① 比較好找工作

不論是在臺灣還是在中國的求職網上搜尋區塊鏈相關的工作,你會發現如果備有區塊鏈證照,會比沒有區塊鏈的薪水高出很多,聽起來沒什麼,但這只是區塊鏈證照最低、最少的優勢。

舉例,如果要靠車子來賺錢,你要開始研究車子的機械構造、電子配線、安全配備、引擎動力、材料科學等等,花了大半輩子的精力、

The Ultimate Guide on Building
Your Digital Asserts in **NFT**.

燒了大把的銀子，好不容易將一台車子製造出來，還要靠行銷方案、銷售專家去推廣你的車子，你才有可能靠這輛車獲利，過程耗時又燒錢。

而另一個靠車子賺錢方式為 Uber，它是世界上最大、最賺錢的計程車行，但沒有一台車子是自己的，區塊鏈就是這樣的概念，你不需要開發多了不起的技術，那個耗時又花錢，可能還沒研發出來，你就因為彈盡援絕倒閉。

所以，你反而應該懂得借力，借區塊鏈本身的特性，去結合一些你想發展的商業模式，或是用區塊鏈賦能傳統企業，這才是正確的思維。當初那些幫 Uber 寫程式、開發平台的工程師，他們也不會因為 Uber 賺大錢而有所分紅，因為他們是 Uber 付錢委託的工作人員，所以在區塊鏈風口下，學到區塊鏈技術後，找一份薪資高的工作，是最低的優勢。

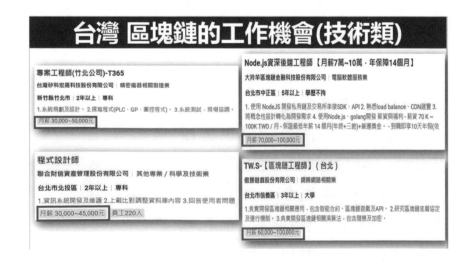

台灣 區塊鏈的工作機會(商應類)

不動產區塊鏈高級業務經理 (底薪 50,000 / 保障年薪13個月 / 月收入 100,000~200,000以上)

安盛財富股份有限公司 | 其他投資理財相關業

台北市中山區 | 2年以上 | 專科

高級業務經理:1.不動產區塊鏈業務推廣 (自行開發客戶) 2.海內外不動產物件開發 3.建立分組業務團隊 ● 月收入(底薪+獎金):100,000~200,000 以上,環境絕佳,福利好,學習機會多!● 公司完善教育

月薪 50,000~200,000元

傲爵遊戲股份有限公司 | 網際網路相關業

台北市信義區 | 3年以上 | 大學

●基於區塊鏈/加密貨幣架構的數位產品 (遊戲、商務與消費面行動裝置應用) 規劃 ● 資源導入與排程管理 ● 跨地區/國家工作項目:-需求單位與技術單位雙向溝通管理-專案風險、成本管理與控制-產品經營、行銷策略制定-市場調查分析

月薪 50,000~100,000元

PR Consulting Lead - Financial Service Industry (FSI)

布爾喬亞公關顧問股份有限公司 | 廣告行銷公關業

台北市松山區 | 5年以上 | 大學

性度參與 VOCAL MIDDLE 自有運營項目與策略聯盟項目。(一) Shine Your VOCAL Program (二) Be The VOCAL Program (三) 區塊鏈公關服務 (四) 運動生態圈公關服務 (五) You

月薪 50,000~140,000元 | 員工40人

② 為未來做好準備

你覺得自己每天都在驚喜中醒來?還是覺得每天日復一日,又老套了呢?請將自己的視野放大來看,在社會與科技快速的變遷下,你應該時常都會在驚喜之中度過,內心一定經常發生現實與理想間的碰撞,覺得生活好像無法休息,不斷追著你跑,剛適應一件事情後,又要適應另一件事情。

快速的生活容易使你焦慮,但好像又充滿著生命力,因此,在世界快速的轉變下,你更應該要有快速調適情緒與智慧的能力,才能追得上。且各式各樣的科技發展快速,你是否會覺得在驚奇之中,其實也帶著些許不安。

但未來到底還會帶來多少驚奇呢?要如何才能夠為這些驚奇做好充足的準備呢?人們通常會依賴過往的經驗來為未來做準備,這世界

變化很快,隨時都有新的趨勢發生,所以,每一個人都要隨時做好準備,不斷累積實力,等機會來臨的那一刻,你就可以全力出擊。

那些在風口下錯失機會的人,通常是機會來的太快而措手不及,現在這個世道,不是你的能力決定了你的命運,而是你的決定改變了你的命運。強烈建議你學習區塊鏈、拿到證照,時機到來你就可以盡情發揮、全力出擊。

③ 可以斜槓你的事業

「斜槓」這一年來非常夯,但很多人都誤解了斜槓,它是一個新概念,源自英文「Slash」,其概念出自《紐約時報》專欄作家Marci Alboher撰寫的書籍《雙重職業》。

他說,越來越多的年輕人不再滿足於「專一職業」的生活方式,而是選擇能夠擁有多重職業和身份的多元生活,這些人開始在自我介紹中以斜槓來區分,例如,Lenny Platt是律師/演員/製片人。於是,「斜槓」便成了他們的代名詞。

在大環境下多重專業的「資源整合」才是最稀缺的能力,它包含整合自身及外部的資源,這是一般人較少思考到的事情。很多人常誤解,認為學習多種專長就能創造多重收入,其實那只是專長,與收入無關,它沒有經過你內化後的整合。

且重點不是你花多少錢、報名多少課程、考了幾張證照,而是透過這些證照跟技能,你能賺多少錢回來?創業也是一樣的,大多數的老闆某程度上來說也是斜槓,他們同時具備業務、行銷、產品開發、

會計、管理、人資、企業經營、投資、財務管理等能力，並用於增加收入，把自己的時間價值提高只是第一步，真正的關鍵還是透過資源整合，讓你能更有系統地去運用資源。

斜槓不只是單純「出售時間」，千萬別說你成為斜槓的策略是「白天上班、晚上再去打工、半夜鋪馬路」，這是低層次的斜槓，甚至根本稱不上斜槓。成就斜槓創業，先從你專精的利基開始，不要一心想去學習多樣專長，因為多工往往源自於同一利基，所謂「跨界續值」是也！而現在的利基和風口趨勢，就是「元宇宙‧區塊鏈」。

④ 未來區塊鏈證照不好拿

從事過保險業的人一定都知道，若要從事保險相關工作，必須要有證照才可以販售相關保單。

成為一名專業的保險業務員，要歷經三次考試，第一張證照是人身保險證照和財產保險證照，第二張則是外幣收付保險證照，最後一張是投資型保單證照，以上三張證照都考到的話，基本上所有的保單都可以販售了，人身和財產保險證照非常容易考取，外幣收付保險證照比較難，而投資型保單的證照更是難上加難。

有人砸了幾十萬元的學費，花了整整一年的時間上課，才拿到財務理財規劃師的證照，但財務理財規劃師的證照在初期其實是不難考取的，現今是因為人數的增加，致使型態產生改變。同樣地，區塊鏈證照也是一樣的道理，目前臺灣還沒有官方發行證照的單位，現行可考取的就只有對岸中國官方發的區塊鏈證照。

以目前世界區塊鏈專利技術的數量來看，中國排名第一，狠甩第二名的美國，根據世界區塊鏈專利統計，中國有 1,001 項區塊鏈專利，美國僅有 138 項區塊鏈專利，兩國的區塊鏈技術專利相差 7.2 倍，所以，中國在區塊鏈領域可說是獨步全球，這時候拿到中國區塊鏈的證照自然是非常值錢。目前區塊鏈證照非常好拿，只要參加魔法講盟舉辦的兩天課程，課程專心聽講、不缺席，結業率高達 90%，第一次考試未通過也可進行補考，可說是 100% 過關，但再過半年一年、甚至兩年，可能就沒那麼好拿了。

在未來，區塊鏈將推出更多的場景應用，區塊鏈證書必將水漲船高，到那時候花大筆的學費和很多的時間都未必考得到，為什麼不現在就先取得區塊鏈認證的證書呢？

⑤ 可認識全亞洲區塊鏈精準人脈

現有許多實體和網路行銷的課程，絕大多數提到的概念都相仿，就是廣告要下對「受眾」群，人脈也是一樣的，並非認識越多人就越好，重點在於是否有認識對你有幫助的精準人脈。

那麼精準人脈怎麼尋找呢？透過上課的篩選便是一種很好的方式，例如知名大學都會開 EMBA 的課程，主要在培育高階主管的管理能力，因此在報考資格上，會有工作經驗門檻的要求，有些需要五至八年的工作經驗，少部份只要三年的工作經驗即可報考；且現在因應時代變遷，也有些學校開放應屆畢業生報考。

EMBA 主要著重在培育統籌管理的能力、具有全球化的視野、個

案分析與應用等，因此入學方式以書審、口試為主，藉由口試來了解該同學是否適合。報考EMBA的學生多為企業主管，希望能去認識精準人脈，用來開拓更深、更廣的生意。

魔法講盟未來將陸續在兩岸三地及東南亞開班授課，只要報名並完成繳費的學員，即可享受終身且異地複訓的資格，可以結交各地區塊鏈高手，對於想發展區塊鏈精準人脈及商機的人，絕對是最好的管道之一。

⑥ 有機會投資優質項目

元宇宙·區塊鏈認證班都會有來自各個不同產業的學員，因每個人產業、經驗、背景等差異，都會有些元宇宙和區塊鏈應用場景的想法發酵，這時候透過老師評估可行性與否，一旦覺得有可行性，此時再結合班上各個不同的資源對接，魔法講盟的資源分配，項目成功的機會將大幅提升，如果一個想法從開始階段就進行投資，一旦成功將是很可觀的報酬。

例如，筆者有一個朋友就是早期投資一個項目叫做「私家雲」，起初投資成本約十幾萬人民幣，之後一年多這項目很成功，當初的十幾萬的股權價值已經升到1.5億人民幣了。

尤其是區塊鏈項目，在2016至2017年的ICO階段，那時候就是割韭菜的豐產期，又為什麼一般投資人很容易淪為小韭菜呢？主要是因為小韭菜們總一窩蜂地跟投，根本不管項目本身是做什麼的，主要負責人是誰、項目可不可靠等，很多問題都沒有釐清就一股腦地搶進。

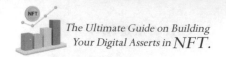

但如果發行的人是你當初上課的同學，你對這個人或是項目的掌握度自然就很高，成為韭菜的機會將大幅減少。

 **1-3 區塊鏈與數位經濟**

從農工業時代發展至今，經濟活動始終扮演著非常重要的角色，它能使社會生產力大躍升。現已漸漸數位化，經濟活動方面自然不能與數位化脫鉤，必須透過數位新技術，好比透過區塊鏈來發展新經濟。

 數位經濟的縱向關係

首先討論區塊鏈與數位經濟之間的縱向關係，請參考下圖，我會一一進行探討。

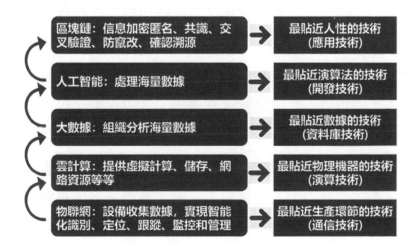

① 物聯網

物聯網簡單來說就是「物物相連」的網路，使用資訊傳感的設備，按協議把任何物品與網路連接進行資訊交換，以實現物理生產環境的智慧識別、定位、跟蹤、監控和管理。物聯網是未來數位經濟得以發展的最底層資訊基礎設施，能為數位化經濟發展提供精準、實時的數據。

目前的物聯網基礎設施尚未大規模部署和應用，導致數據的記錄和採集會因人為操作出現系統誤差、低時效等問題，致使後續分析不足，無法規劃更完善的生產方針，缺少真實數據支撐的數位經濟也會因此成為空中樓閣。

② 雲計算

雲計算（Cloud Computing）就是所謂的雲端運算，也稱為網路運算，是一種基於網路的運算方式，共享的軟硬體資源和資訊可以按需求提供給電腦各種終端和其他裝置，使用服務商提供的電腦基礎建設進行運算和資源享用。

雲平台將一定規模的物理資源轉化為服務的形式提供給用戶，客戶只需要告訴雲平台自己的需求及應用。雲平台還可以做到各種資源的全面彈性，透過可計量的虛擬化資源及時滿足使用者所需。

透過這種可計量的服務使用資源，數位化的門檻會越來越低且越來越快，有了雲計算在底層撐腰，漸漸不再需要考慮硬體設備，交由專業的公司維護升級硬體即可，但這樣的演變會使得資料數據量快速

增加，所以也需要新技術升級軟體設備，妥善存取龐大的數據量。

③ 大數據

　　大數據和雲計算的概念差不多，需要因應海量、快速增長的資料量，所以底層硬體架構和系統必須高於傳統技術，要能夠彈性擴張儲存容量。

　　大數據下的數據組織技術必須有效分辨沒有價值的數據，並將之剔除，同時還要將結構化和非結構化數據、業務系統實時採集數據等以分布式數據庫、關係型數據庫……等數據儲存計算技術進行分類儲存與處理，使各項數據能為企業所用，數位化轉型。

④ 人工智慧

　　組織好數據，接下來就要深度挖掘數據。就像人類發明語言和文字一樣，最終目的是幫助人類進行大規模分工，完成有意義的事情。面對這樣的海量數據，人類大腦會運算不過來，因而開始轉化為演算法交給機器，讓機器自行運算答案、提供結果，因為我們要關心的並非這些數據，而是數據背後隱藏的資訊，思考是什麼原因致使數據產生這樣的變化？能否避免或改善。

　　人工智慧幫助人類在海量數據中找到有用的資訊，因而有了各種意義的存在，為我們在進行新經濟建設的過程中指明出路和方向。

5 區塊鏈

試問你知道如何有效利用資訊嗎？在區塊鏈技術誕生前，基本靠人類的各種信念：「我們堅信人是有良知的！」還有一種就是靠強而有力的中心組織保障，但前提是這個中心化組織必須有良知。

在資訊化的進程中，人的信念是不可靠的一環，所以才會在中心化架構可能帶來各種弊端與問題的隱憂下，誕生區塊鏈技術，利用分布式網路和非對稱加密演算法，將已形成的資訊有效串聯起來，以保證資訊是達成共識的且不可任意修改，畢竟所有人都嚮往一個理想世界，那裡沒有任何欺騙，而區塊鏈技術便指明了一條方向。

數位經濟建立在虛擬網絡構建的資訊基礎設施之上，誠信在任何時候都是商業得以進行的基礎，區塊鏈構建的誠信網絡使得人們在毫無信任的條件下，開展商業活動、進行價值交換、促進經濟發展。

數位經濟的橫向關係梳理

討論完縱向，接著討論橫向的關係。

① 區塊鏈與物聯網

　　區塊鏈技術可以為物聯網提供點對點直接互聯的方式來傳輸數據，而不是經由中央處理器，這樣分布式計算就可以處理數以億計的交易。同時，還可以充分利用分布在不同位置的數以億計閒置設備的計算力、存儲容量和帶寬，用於交易處理，大幅度降低計算和儲存的成本。

　　另外，區塊鏈技術疊加智能合約的應用，可將每個智慧型設備變成可以自我維護調節且獨立的網路節點，這些節點可在事先規定或植入的規則基礎上，執行與其他節點交換資訊或核實身份等功能，這樣無論設備生命週期有多長，物聯網產品都不會過時，節省大量的設備維護成本。

　　物聯網安全性的核心缺陷，就是缺乏設備與設備之間相互的信任

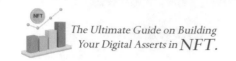
機制，所有的設備都需要和物聯網中心的數據進行核對，一旦數據庫崩塌，會對整個物聯網造成很大的破壞。而區塊鏈分布式的網絡結構提供一種機制，使設備之間保持共識，無需與中心進行驗證，這樣即使一個或多個節點被攻破，整個網絡體系的數據依然是可靠、安全的。

　　未來物聯網不僅僅是將設備連接在一起完成數據的採集，人們更加希望連入物聯網的設備能夠具有一定的智慧，在設定好的規則邏輯下進行自主協作，完成各種具備商業價值的應用。

② 區塊鏈與雲計算

　　從定義上來看，雲計算會按使用者的需求來妥善分配資源，區塊鏈則建構了一個信任體系，兩者好像並沒有直接關係。其實區塊鏈本身就是一種資源，是雲計算的一個組成部份，雲計算的技術和區塊鏈技術之間可以相互融合。雲計算與區塊鏈技術結合，將加速區塊鏈技術成熟，推動區塊鏈從金融業向更多領域拓展，比如無中心管理、提高可用性、更安全等。

　　區塊鏈與雲計算兩項技術的結合，從宏觀上來說，一方面利用雲計算已有的基礎服務設施，或根據實際需求做相應改變，實現開發應用流程加速，滿足未來區塊鏈生態系統中對區塊鏈應用的需求。另一方面，對於雲計算來說，「可信、可靠、可控制」被認為是雲計算發展必須要翻越的「三座山」，而區塊鏈技術以去中心化、匿名性及不可竄改為主要特徵，與雲計算長期發展目標不謀而合。

　　從儲存方面來看，雲計算內的儲存和區塊鏈內的儲存都是由普通

儲存介質組成，而區塊鏈裡的儲存是作為鏈裡各節點的儲存空間，區塊鏈裡儲存的價值不在儲存本身，而在於相互鏈接的不可更改的塊，是一種特殊的儲存服務，雲計算裡確實也需要這樣的儲存服務。

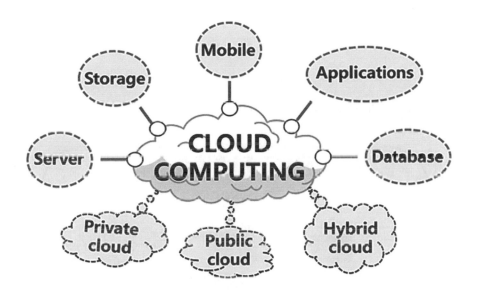

從安全性方面來說，雲計算裡的安全主要是確保應用能夠安全、穩定、可靠地運行；而區塊鏈內的安全是確保每個數據塊不被竄改，數據塊的記錄內容不會被沒有私鑰的用戶讀取。

利用這一點，把雲計算和基於區塊鏈的安全儲存產品結合，就能設計出加密儲存設備，且與雲計算技術不同的是，區塊鏈不僅是一種技術，它還包含著服務、解決方案的產業，技術和商業是區塊鏈發展中不可或缺的兩隻手。

區塊鏈技術和應用的發展需要雲計算、大數據、物聯網等新一代資訊技術作為基礎設施支撐，同時區塊鏈技術和應用發展對推動新一

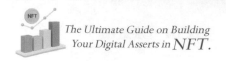
代資訊技術產業發展具有重要的促進作用。

 ③ 區塊鏈與大數據

　　區塊鏈是底層技術，大數據則是對數據集合及處理方式的稱呼。區塊鏈上的數據會形成鏈條，有著順序、可追溯的特性，相當於從大數據中抽取了有用數據並進行分類整理。所以，區塊鏈能夠降低企業對大數據處理的門檻，並讓企業提取更多有利數據。

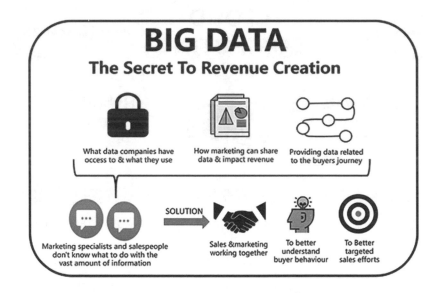

　　另外，一般可能會擔心大數據涉及隱私數據問題，但只要透過區塊鏈技術就不會出現這個問題，完全不用擔心私人資訊被偷偷收集，也不用擔心自己的隱私被公之於眾，隱私數據使用決定權完全在用戶自己手裡。

④ 區塊鏈與人工智慧

對於任何技術的進步，沒有什麼比缺乏信任具有更大的威脅，即便是人工智慧，也可能有信任的疑慮，因此想要在網絡上執行某些交易，信任是一個必要條件。

區塊鏈有助於人工智慧實現契約管理，例如透過區塊鏈對使用者進行分層註冊，讓使用者共同設定設備的狀態，並根據智能合約做決定，不僅可以防止設備被濫用，還能防止用戶受到傷害，實現對設備的共同擁有權和共同使用權。

人工智慧與區塊鏈技術結合最大的意義在於，區塊鏈技術能夠為人工智慧提供核心技能——貢獻區塊鏈技術中「鏈」的功能，讓人工智慧的自主運行和發展得到記錄和公開，從而促進人工智慧功能的健全和安全、穩定性。

數位經濟建設在數位新技術體系上，主要包括物聯網、雲計算、大數據、人工智慧、區塊鏈等五大技術。根據數位化生產的要求，物聯網技術為數位傳輸；雲計算技術為數位設備；大數據技術為數位資源；人工智慧技術為數位智慧；區塊鏈技術則為數位資訊，五大技術為一個整體，相互融合呈指數級增長，才能推動數位化經濟的發展。

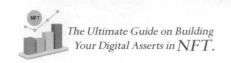

The Ultimate Guide on Building
Your Digital Asserts in NFT.

1-4 NFT 的重要屬性

相信不用特別講解，大家都知道貨幣為何，那代幣呢？應該有些人會認為代幣、通證跟貨幣差不多，其實他們有著極大的不同。

不管是代幣還是通證，都必須在區塊鏈上建構，最早開放代幣製作的區塊鏈為以太坊，用以太鏈建構的代幣稱為 ERC-20，他們允許用戶建立自己的代幣，進行不同的用途。

一般會將 Coin 和 Token 混用，統一通稱為代幣，這是錯誤的，Coin 和 Token 兩者意義有所不同，但如果單純以 Coin 來解釋「幣」，Token 稱為「代幣」的話，這樣的區分也不到位。筆者這邊從深層的意義探討，相信能助你釐清 Coin 和 Token。

起初比特幣（Bitcoin）剛誕生時，Coin（幣）的定義相對單純，用來支付或價值儲存，主要當作流通的貨幣使用。但後來又有以太坊這樣的公有鏈誕生，讓原先比特幣這類的加密貨幣（Coin）產生功能性，因而衍生出 Token，除原先 Coin 的支付與價值儲存外，還增添了不同的功能。

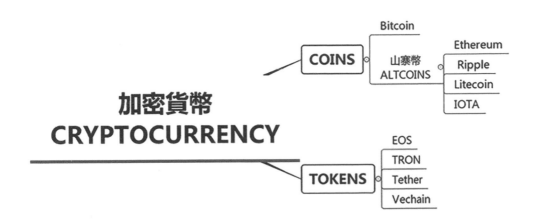

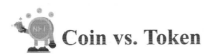 **Coin vs. Token**

Coin指在區塊鏈上建構的加密貨幣，具有貨幣的性質，能夠儲存價值和傳輸媒介。這些區塊鏈項目都是基礎鏈，擁有自己獨立的區塊鏈平台，這使它變得去中心化且更難於被攻擊破壞，它也讓任何人都無法單槍匹馬地侵入或破壞系統，這個設計保證了每次的資訊交換中，都具有充分的有效性和可信任。

簡言之，Coin必須具有與貨幣相同的特性：可互換、可分割、可接受，有便攜性和有耐用性以及供應量有限，除了充當貨幣之外，不執行任何功能。

而Token則是一種數位資產，為基於區塊鏈發行的項目，它可以作為其生態系統內的一種支付方式，廣義來說可以跟Coin執行類似的功能；但狹義來講，Token能另外賦予持有人參與網路的權利，且Token還可以執行數位資產的功能，甚至代表公司股份。

你可以把Token視為一張音樂會門票，在這種情況下，它被認為

是一種「真實的」Token，你只能在特定時間、特定地點使用它，這就好比你去餐館吃飯，不能用音樂會的入場券（Token）來付帳，音樂會的入場券只在音樂會上具有價值；同理，Token只有在特定項目中有特定的使用場景。

Token可分為兩種功能：資產和用途，因而又可區分成「證券型Token」和「用途型Token」，雖同為Token但本質不同，證券型Token主要用來代表公司股份，而用途型Token在項目中有特定的用處。

創建Token要比創建Coin容易得多，不用編寫新代碼或修改已有的代碼，只要透過以太坊等平台的底層架構就可發行自己的Token。

針對Coin和Token，筆者提出以下比較，能讓你更為理解。

① 發展

Coin項目由於難度較大，正常的發展路徑都是穩紮穩打，慢慢累積經驗值和用戶，時間週期以年為單位，週期較長，好的項目存活很久。

Token項目絕大部份經由ICO來募集資金，玩的是大張旗鼓的策略，豪華團隊＋機構投資＋大咖加持是Token必備的三項，大多能在財富效應下於非常短的時間內獲得足夠的資金和用戶，週期很短，大部份項目倒的也很快。

② 價值

Coin作為加密貨幣項目，一旦落地發展壯大，能夠在網絡效應和

規模效應的影響下，產生巨大的價值，價值空間也無可限量。

Token作為應用類的項目，適用於具體產業，但相較於Coin，其發展有限，價值空間與產業本生的發展性息息相關。

③ 價格

Coin項目大多沒有做市值管理，或者是有限的市值管理，導致Coin項目的價格相比Token項目而言，較為穩定。

Token大多有炒作的傾向，市值管理是Token項目非常重要的一個環節，主力控盤嚴重，價格有可能像坐雲霄飛車一樣大起大落。

④ 風險

Coin項目開發難度大，能存活下來的項目都有著過人之處，因而挺得過市場考驗，撐過大風大浪的洗禮，所以風險相對較小。

Token項目大多是基於以太坊底層架構建立，開發成本非常低，導致跑路騙錢的項目叢生，風險大。

　　總的來說，現在大部份的人並沒有分的那麼細，Token和Coin是加密貨幣領域中常用的兩個詞，許多人互換來使用，並把它們看作相關術語，所以其實也不太需要拘泥於文字上的意義，只要知道加密貨幣有這兩種不同的用途，但在設計商業模式或進行投資的時候，就必須謹慎判斷該項目是Coin還是Token了，而近期熱議的NFT，就是屬於Token。

非同質化通證（Non-Fungible Token，NFT）是一種架構在區塊鏈技術上，不可複製、竄改、分割的加密數位權益證明，你也可以將它理解為一種去中心化的「虛擬資產或實物資產的數位所有權證書」。

從技術層面來看，NFT以智能合約的形式發行，一份智能合約可以發行一種或多種NFT資產，包括實體收藏品、活動門票等實物資產，以及圖像、音樂、遊戲道具等虛擬資產。目前市面上使用最廣泛、知名度最高的NFT主流協議ERC-721中，一份合約只能發行一種NFT資產，如BAYC無聊猿；另一協議ERC-1155則支援發行任意種類的NFT資產，如NFT交易平台OpenSea的代幣OpenStore，而一種NFT資產又可映射多個NFT，BAYC項目發行總數便有10,000個。

NFT智能合約記錄了每個NFT資產的Token ID、資源儲存位址及各項資訊，儲存於區塊鏈上，但受到成本影響，其映射的實物資產或數位資產一般不上鏈，儲存於其他中心化或非中心化的儲存系統中，如IPFS，再透過雜湊值或URL映射上鏈。

因為NFT是基於區塊鏈技術發行的數位產權證書，所以區塊鏈技術會賦予其一些與同質化通證（FT）相同的性質，NFT的中繼資料及其交易記錄一旦上鏈就永久保存於區塊鏈上，無法被竄改或刪除，這確保了NFT的真實性。

此外，基於區塊鏈的儲存功能，數位內容（數位插畫、攝影、多媒體檔案等）能夠進行資訊溯源，實現可驗證性，保證所有權人實際擁有。FT與NFT在發行時基於不同的協議標準，以太坊的FT協議標準包括ERC-20、ERC-223等，NFT的協議標準包括ERC-721、

ERC-1155等。

由於協議的不同，NFT有著一些異於FT的特性，每個NFT都獨一無二，有特定的ID，即便是同種NFT也各不相同，更不能與同種NFT互換，所有數據都經由智能合約存在區塊鏈上，每個NFT都擁有固定的資訊，不可分割成更小面額。

 同質 vs. 非同質

非同質化通證（Non-Fungible Token，NFT），如遊戲寶物、《Crypto Punks》、《Crypto Kitties》、NBA球卡、數位藝術品。

- **不可替代性**：每個NFT都獨一無二、不可替換，彼此不等值，也無法被其他NFT取代。
- **不可分割性**：無法被分割成更小單位進行交易。
- **獨特性**：具有防偽功能、可流通的數位收藏品。

同質化代幣（Fungible Token，FT），如比特幣、以太幣、泰達幣、狗狗幣。

- **可替代性**：每顆加密貨幣的價值一樣、作用一樣。
- **可分割性**：1可以分成10個0.1；2個0.5；0.5+0.3+0.2。
- **一致性**：價值性、信任度、可靠性等。

The Ultimate Guide on Building Your Digital Asserts in NFT.

　　而在 **FT** 和 **NFT** 這兩個不同屬性下的產物又可分為虛擬和實體，簡單整理如下。

	同質化	非同質化
無形	比特幣	NFT
有形	法定貨幣、黃金	房子、藝術品

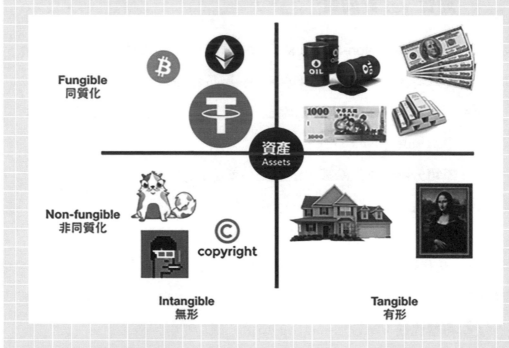

1-5 NFT 發展史

雖早期便有區塊鏈相關概念的釋出，但一直到2008年中本聰發表一種點對點的現金支付系統——比特幣，區塊鏈技術才真正被大眾看見，區塊鏈應用也在加密貨幣的熱議下，不斷推陳出新。

起初若想參與比特幣項目中，必須透過「挖礦」涉入，待比特幣有了價值和交易後，才又誕生交易所和場外交易，得以透過直接買幣來投入其中。2017年以太坊的出現，讓區塊鏈的應用更為多元，NFT便是因智能合約下誕生的產物《Crypto Kitties》才得以發光發熱。

在當時，區塊鏈相關的軟硬體設備並不完善，所以NFT商機僅為曇花一現，被更容易賺錢的ICO項目比下去，因為即便是在以太坊的架構下運作，發幣成本仍很高昂，約莫要300至500萬元，但只要打著ICO名號發幣，隨隨便便都能募資上百、上千萬，更甚者還能募到上億元，假如是你，還會選擇發行NFT嗎？

去中心化根本

去中心化計算平臺

去中心化應用
(Dapp)

去中心化金融
(DeFi)

虛擬貨品資產畫
(NFT)

OpenSea

虛擬時空
(元宇宙)

2009   至今

　　一個好的區塊鏈商業模式卻被當作收割韭菜的工具，ICO就是當時資金盤、殺豬盤、詐騙集團最常用的圈錢模式，2017至2018年間有太多人入坑了，ICO這三個字幾乎就等於詐騙、割韭菜的代名詞，致使一些正規ICO項目在市場上募不到錢，但山不轉路轉，ICO的商業模式漸漸轉變為IEO（Initial Exchange Offerings），即首次交易發行，項目方透過交易所合作發行代幣，由交易所協助出售代幣，以籌措營運資金。

　　ICO是一般項目方或是個人就可以發行的貨幣，當時市場對ICO不信任後項目方就改變銷售的管道，換成交易所來賣代幣，市場認為IEO是由交易所評估後的項目，才會放在交易所上來販售，間接代表該代幣有交易所的背書或被審視過，在信任度上大大提升。

　　對代幣的信任再加上交易所的背書自然會讓投資者感覺有保障些，但後來所謂的交易所背書和審視也沒有發輝太大的效用，部份

IEO項目還是倒的倒、逃的逃，損失慘重，唯一值得慶幸的是，IEO入坑的人數和規模不比ICO。

而在IEO跑不動後，市場的商業模式又變了，這時候各國政府也漸漸發現加密貨幣的影響力，紛紛對區塊鏈和加密貨幣訂定法條，促使STO（Securities Token Offering）就此誕生，將傳統的有價證券，如股票、債券、基金或房地產投資信託等資產，以虛擬代幣的形式證券化發行給投資人的募資方式，是一種受各國證券法規範而發行的「證券型代幣」。

之後又進展到DeFi（去中心化金融），但熱度維持不到一年，被NFT取而代之，同時還有元宇宙概念的出現，使得NFT熱度不減反增，那下一波又是什麼呢？筆者猜應該會是DAO & DeFi 2.0，就讓我們拭目以待吧！

下面筆者就上述的各個階段進行討論。

1 挖礦

利用電腦硬體去計算認證每筆交易並獲取獎勵的過程，透過挖礦賺取加密貨幣的人稱為之礦工（Miner）。挖礦就像讓全網礦工互相競爭去計算一道數學題 ，誰先算出答案，就相當於挖到這個區塊，可以向所有礦工（節點）廣播一聲「我成功了」，並得到一定數量的代幣作為獎勵。

解題過程並不簡單，礦工需要找到一串特定的數字——雜湊值（Hash）。解題方法可以大概理解為將版本號、上一頁的雜湊值、交

易位址、更新時間、當前難度與一個隨機數進行 SHA-256函數運算。

SHA-256函數運算可以將任何長度的字串，經由加密取得一個64位、16進制的數值，礦工要不斷重複運算，直到計算出來的數小於系統的目標值，簡單來說就是這個數的前若干數均為0，只要符合這個標準就算解題成功。

一旦有人解題完成，就會獲得那一頁（區塊）的記帳權，此外解題完成也稱工作量證明成功，全體礦工就會共同把那一頁帳本抄寫一份，更新於自己的帳本最後面，然後開始校對他的答案是否正確，只要超過六個人確認，該區塊裡的帳本交易內容就算生效，接著開始下一個新的記帳過程。

中本聰發明這套吸引大家貢獻自己電腦運算資源的獎勵機制，是比特幣發行的唯一途徑，這此架構下，不但可以確認交易，也能防止雙重花費發生，進而確保該加密貨幣系統的運行。

雖然挖礦過程不會停止，但不代表該加密貨幣可以無限發行、開採。以比特幣為例，它有一個挖礦難度機制去控制發行速度和數量，初期系統規定第一個破解題目（區塊）的礦工可以得到50顆比特幣；之後每解出21萬個區塊，獎勵就減半（平均約四年時間），直到西元2140年左右全部解完，所以比特幣的開採上限約2,100萬顆。

② ICO (Initial Coin Offering)，首次貨幣發行

一種類似IPO（Initial Public Offering，首次公開募股）的行為，只是ICO發行加密貨幣，IPO發行的是股票。ICO被視為一種籌措資

金的方式，一家公司希望籌集資金來創建一個新的加密貨幣或服務，就會推出ICO來募集資金，讓有興趣的投資人買入，透過ICO募集資金的公司提供類似於股份的加密貨幣，大部份情況下，投資人會用比特幣、以太幣等較知名的加密貨幣，來購買這些新發行的貨幣。

投資人的好處是獲得這間公司發行的新加密貨幣，這個貨幣在未來也許可以用來購買這間公司的產品或服務，但絕大多數ICO發行的貨幣僅是一種讓投資人獲得特定項目的功能，而不是公司本身的所有權。

整體來說，ICO就是虛擬貨幣公司發行一個新的加密貨幣來籌措資金，募集到的資金用來支付公司的營運，而投資人的回報則是獲得這個新的加密貨幣，至於該貨幣具體到底有什麼用途、是否有價值，則需要根據該ICO的項目細節而定。

任何人都可以發起ICO，假設小明想要創辦一個新事業，而要經營這項事業，他必須想辦法募集一些資金，所以他發行了一個新的加密貨幣「小明Coin」，並設定一個價值，提供一份白皮書（White Paper）簡介他的事業，說明「小明Coin」未來有什麼功能或價值，有興趣的投資人可以用其他加密貨幣（大多為比特幣或以太幣），來換取相對數量的「小明Coin」。

對發行者來說，他只需提供「小明Coin」給有興趣的人，並且清楚承諾未來的效益，不需要釋出本身的股權，在不用擔心經營權受影響的情況下完成籌資。ICO對投資人實際上很沒保障，因為你不像IPO一樣能買到實際的股權，買「小明Coin」是沒有經營權的，僅有

對未來的承諾,「小明Coin」在未來可能隨著企業成長而價值大漲,但也有可能一文不值,投資人必須自行承擔這個風險。

從這例子可以發現,ICO更像發行一種虛擬代幣,而不是一種證券資產,心懷不軌的人便可能運用ICO之名,行賣空圈錢之實,而且還不受監管。

以前在推ICO的人會用IPO來說明,解釋ICO就是加密貨幣的IPO,儘管名字很像,但其實差遠了,ICO和IPO最大的不一樣在於投資人買的不是股票,而是加密貨幣,所以投資時要特別注意,這些貨幣並不像股票,代表你擁有那間公司的一部份,它只是擁有一些事前訂好的權利,而且加密貨幣沒有任何內在價值或法律保障,ICO管理者只是根據條款生成代幣,再將代幣發給投資人。

對發行者來說,透過ICO可以在不用釋出股權、不用受到監管的情況下完成募資,減免稅務與募資成本。對投資人來說,透過ICO就可以先獲得新加密貨幣的所有權,若未來這個貨幣的價值上漲,之後就有很大的獲利空間。

其實ICO直白的說,大多時候就是投機用,無論對發行者或者對投資人,至少大比例是如此。雖然有少數ICO是不錯的案子,但這對投資人辨識成本其實是很高的,至於是否有其他實際用途,則是根據各公司在白皮書上對於該幣規定的用途而定。

許多投資人買ICO是希望快速獲得報酬,但ICO不受美國證券交易委員會等金融當局的監管,因此若是被詐騙,這些資金可能永遠都無法追回。ICO是一個對發行者和投資者風險報酬不對稱的項目,靠

ICO致富的絕大多數是發行者，以投資者致富的是少之又少。

　　目前在部份國家已全面禁止ICO，主要是認為ICO承諾的內容已經涉及證券交易的範疇，需要被當局管理，也避免一些詐騙吸金問題擴大變成社會問題。有些國家則是給出明確的法源或指引，對ICO做出更細的定義，來區別被監管的程度。

　　即便是在美國這樣金融開放的國家，也要求必須受美國證券交易委員會SEC管轄，不過加密貨幣本身的特性，就是它的交易可以不受監管，去中心化，所以這些法律基本上也禁止了，更保護不到那些硬是要買的人，因此ICO項目終究還是需要靠投資人自己去分辨。

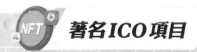

著名ICO項目

　　成功的ICO不下其數，最廣為人知的非以太坊莫屬，與各位分享幾個著名項目。

- ☑ **以太坊：**以太坊除發行加密貨幣「以太幣」外，也提供了虛擬帳本技術，可以建立去中心化的智能合約，並以他發行的加密貨幣作為這些運算的媒介及手續費。以太坊算是最早的ICO之一，當時大約0.31美元左右，在2014年剛推出時募集了1,800萬美元，現在是第二大加密貨幣。

- ☑ **IOTA：**主要提供物聯網上各機器之間資訊安全的通訊及付款，讓物聯網這種龐大資訊量的數據可以低成本且安全地傳輸與共

用。IOTA 發行時價格遠低於 0.001 美元，當時 ICO 募集了 40 萬美元。

☑ **NEO**：原名叫做 Antshares，人稱中國以太坊，同樣是以太坊的智能合約，主要應用在透過智能合約管理數位資產。跟傳統去中心化不太一樣，雖然它的運作仍屬去中心化，但它本身卻要求平台上所有使用者進行身份驗證，這相對更有安全性、可控管性，可是也和去中心化宗旨相衝突。這方面的特性，讓人們認為它可以做為中心化（政府或大機構管制）與去中心化之間的橋樑。NEO 發行時價格約 0.03 美元，第一次 ICO 募集了 55 萬美元，第二次 ICO 募集了 450 萬美元。

☑ **Stratis**：與以太坊、NEO 等功能類似，差別在於它是使用 Microsoft .NET 框架使用 C＃，與許多程式語言相容，因此對於開發者來說更友善、維護成本更低。Stratis 發行的加密貨幣是 STRAT，ICO 價格約 0.007 美元，募集約 1,000 顆比特幣。

☑ **EOS**：功能也和以太坊類似，但更加強於解決速度、彈性、可擴張性等問題，希望傳輸成本比以太坊更低、速度更快、能處理更大的交易量作為它的特點。EOS 最初 ICO 價格為 0.925 美元，幾天便籌集超過 1 億美元。不過後來被美國證券管理委員會盯上，付了一大筆罰款和解。

這些成功案例都是過去的情況，未來仍可能有變數。有些貨幣曾紅極一時，但並沒有經營起來，其實ICO本意沒有不好，但缺乏監管所以讓很多詐騙吸金透過同樣的名目管道混進來，最終對一般人而言也逐漸很難分清楚到底哪些ICO是可靠的。

③ IEO（Initial Exchange Offering），首次交易平台發行

想發行新代幣的公司，主動去找尋可靠的交易所來推動交易就稱為IEO，原理和ICO一樣，差別在於IEO並非投資人到發行團隊的網頁平台購買參與新幣種，而是透過交易所來進行ICO。

具體的好處就是交易所替投資人審核這些新幣種，初步過濾掉問題較大的新幣種，最後幫助這些新創團隊在交易平台上，做公開發售與提供市場交易的服務，整個過程就叫做IEO。

IEO等於是交易平台為新幣種做信用背書，在交易平台上直接進行一級、二級市場交易，新幣種上架前，交易所要對這些幣種進行調查、審核和評估，並提供安全保障上的技術支援，避免出現網路釣魚、惡意攻擊等風險，投資人也不用擔心新幣種募到資金後就消失。

④ STO（Security Token Offering），證券型代幣發行

STO的概念其實與ICO很類似，都是向投資者發行「加密貨幣或代幣」。但與ICO不同的是，STO是將傳統的有價證券，如股票、債券、基金或房地產投資信託等資產，以虛擬代幣的形式證券化發行給投資人的一種募資方式，並受各國證券法規範的「證券型代幣」。

　　而「證券」指的是「具有某種貨幣價值，且可交換、可轉換的金融工具」，並不是只有股票才是證券，我們手上的鈔票金錢，廣義來說也可以算是一種證券。簡單來說，你可以將STO視為加密貨幣ICO與股票IPO合併下的募資方法。

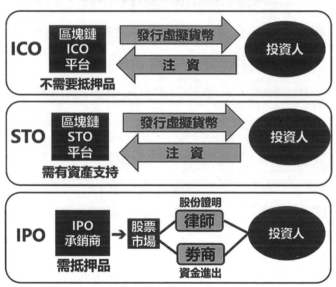

⑤ DeFi（Decentralized Finance），去中心化金融

　　DeFi指的是建立在區塊鏈技術的金融服務，區塊鏈的去中心化特性使得DeFi能對任何人開放使用，也不需要政府認證的身份證明。更具體地說，透過DeFi可以讓交易買賣雙方、借貸雙方（依照進行的金融交易服務而定）直接進行點對點的互動。

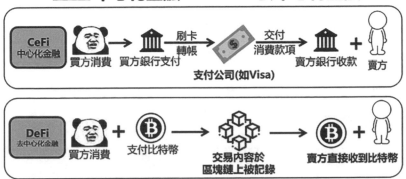

6 元宇宙（Metaverse）

　　元宇宙是一個聚焦於社交連結的3D虛擬世界之網路。關於元宇宙的討論，主要是探討一個持久化和去中心化的線上三維虛擬環境，人類將可以透過虛擬實境眼鏡、擴增實境眼鏡、手機、個人電腦和電子遊戲機進入人造的虛擬世界。

7 DAO（Distributed Autonomous Organization），分散式自治組織

　　DAO有時也被稱為分散式自治公司，是一個以公開透明的電腦代碼來體現的組織，其主要受控於股東，不受中央政府影響。一個分散式自治組織的金融交易記錄和程式規則是儲存在區塊鏈中，而目前分散式自治組織確切的法律地位還不清楚。

# NFT 發展

2021年被稱為NFT元年，在2021年前半年世人見證了這個小眾市場驚人的成長速度，也看到具有技術優勢、IP優勢、資金優勢、平台優勢的團隊、公司或機構逐步入局，包括自帶流量的交易所也紛紛布局NFT交易市場。

縱觀歷史演進，目前NFT項目的發展階段，產業布局和市場表現會走到何方，值得思考。元宇宙常稱為網路「次世代」，為現實世界和數位世界融合為一虛擬空間，可謂現實的另一平行時空。

自2008年比特幣帶出區塊鏈概念，到2021年GameFi爆發，帶出元宇宙世界，可以梳理NFT的歷史，主要經歷四個階段。產業格局上，NFT的基礎設施層還有很大的鑄造空間；NFT的蓬勃發展主要體現在中間協議層，又以藝術/收藏的鑄造為主流；應用層的發展較不平衡，比如NFT資料領域還未出現全面的資料提供商。但隨著越來越多的目光聚焦在NFT，其產業版圖將以更快的節奏拼湊。

網路的一切都可以透過複製貼上，得到出無數複製檔案，你看似擁有很多數位資產，但其實根本未擁有這份資產的所有權。而NFT製造出一種人為的稀缺，並經由這種稀缺獲得價值，因為它可基於區塊鏈技術，明確資產所屬權，實現永久保存且獨一無二。

NFT的概念是在2017年正式提出，但基於NFT的類似概念和應用其實在更早之前就出現了，下面簡述一下NFT的歷史演進，有利於了解NFT的價值和應用。

NFT相關概念最早於1993年由Hal Finney提出，直到2017年6

月，世上第一個 NFT 項目《Crypto Punks》才正式誕生；同年，一款區塊鏈遊戲《Crypto Kitties》將 NFT 推向高潮。2018 至 2020 年，NFT 進入建設期，生態不斷發展，2021 年則進入快速擴張期，交易量和交易額迅速提高，交易額達到 28.42 億美元，也因而被稱為 NFT 元年。

1 種子期（1993-2017）

NFT 概念最早源於 Hal Finney 在 1993 年對加密交易卡（Crypto Trading Cards）的闡述，但礙於當時發展技術有限，NFT 僅存於理論中。

彩色幣（Colored Coin）是第一個類似 NFT 的通證。RobertDermody、Adam Krellenstein 和 Evan Wagner 於 2014 年創立一個對等金融平台 Counterparty。

2 萌芽期（2017）

2017 年 6 月，世上第一個 NFT 項目《Crypto Punks》在以太鏈上發布。2017 年 10 月，Dapper Labs 團隊推出一款叫做《Crypto Kitties》的加密遊戲，將 NFT 推向高潮。

3 建設期（2018-2020）

2018 至 2019 年，NFT 生態大規模增長，發展出百餘個項目。在 NFT 交易平台 OpenSea 引領下，NFT 交易更加便利及完善，NFT 應

用領域逐步從遊戲、藝術品擴大到音樂等其他多媒體項目，並與DeFi結合，實現新的商業模式GameFi，推動NFT進一步發展。

 快速擴張期（2021）

《Everydays : The First 5,000 Days》以6,934萬美元在著名拍賣平台佳士得上賣出，引發各界關注。區塊鏈遊戲《Axie Infinity》銷量迅速上漲，帶動整個NFT市場板塊快速發展。

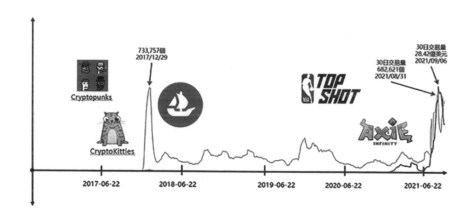

 NFT四階段

NFT的演化又可分成四個階段。

第一階段（1993-2014），為NFT概念前身。關於NFT的概念可追溯至1993年的加密交易卡（Crypto Trading Cards），依託加密學和數學的形式呈現，然後隨機排列組成一個系列套卡，Hal Finney將其定義為加密卡。

圖表1:1993年加密交易卡

Crypto trading cards.

Hal 74076.1041 at CompuServe.COM
Sun Jan 17 10:53:24 PST 1993

Giving a little more thought to the idea of buying and selling digital cash, I thought of a way to present it. We're buying and selling "cryptographic trading cards". Fans of cryptography will love these fascinating examples of the cryptographic arts. Notice the fine way the bit patterns fit together - a mix of one-way functions and digital signatures, along with random blinding. What a perfect conversation piece to be treasured and shown to your friends and family.

Plus, your friends will undoubtedly love these cryptographic trading cards just as much. They'll be eager to trade for them. Collect a whole set! They come in all kinds of varieties, from the common 1's, to the rarer 50's, all the way up to the seldom-seen 1000's. Hours of fun can be had for all.

Your friendly cryptographic trading card dealer wants to join the fun, too. He'll be as interested in buying your trading cards back as in selling them.

Try this fascinating and timely new hobby today!

資料來源:來源于網絡

2012年第一個類似NFT通證的彩色幣（Colored Coin）誕生。彩色幣由小面額的比特幣組成，雖然彩色幣在設計上存在著很多缺陷，但彩色幣透過鏈上的備註，實現多種資產的象徵及其他用途，展現出現實資產上鏈的可塑性，奠定了NFT的發展基礎。

真正推動NFT概念誕生的是 2014年創立的Counterparty，其推出的「Rare Pepes」將熱門meme悲傷蛙做成NFT應用。meme被翻譯為迷因，其實就是一種表情包、圖片、一句話、甚至一段視頻、動圖，可以簡單理解為我們熟知的「梗」。

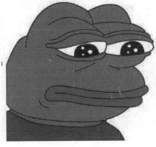

this is common pepe. there are plenty of them and theres nothing special about him. thats why hes sad. one upvote one less suicidal thoughts

　　第二階段（2015-2017），NFT開始以實驗模型出現。2015年史上第一款基於區塊鏈設計的手遊《Spells of Genesis》上架，將遊戲的經濟系統與區塊鏈技術結合，遊戲中的卡牌即為NFT虛寶。

　　2017年，真正的NFT鼻祖《Crypto Punks》誕生，啟發ERC-721協議，透過改造ERC-20協議發行代幣，生成10,000個完全不同的藝術圖像，將圖像變身為加密資產，帶入加密貨幣領域。

Dapper Labs團隊也因受到《Crypto Punks》啟發，推出專門構建非同質化通證的ERC-721協議，並基於ERC-721協議推出一款《Crypto Kitties》加密貓遊戲，遊戲中的每一隻貓都獨一無二，其價值不可複製。

加密貓在價值塑造呈現方式上的創新，使得《Crypto Kitties》迅速走紅，並成為市場主流，曾佔據以太坊網路16%以上交易流量，造成以太坊網路嚴重擁堵，轉帳交易延遲、無法轉帳。

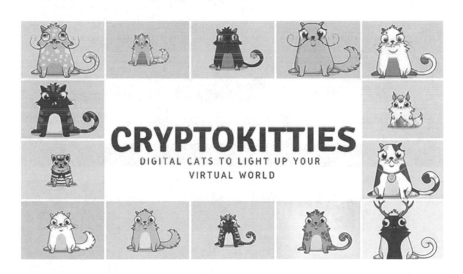

NFT的進程來到第三階段（2018-2019），2018年初經歷一個炒作週期後，NFT進入建設階段。NonFungible.com推出一個NFT市場追蹤平台，並整合「非同質化」這個新興詞彙作為主要術語來描述新資產類別。

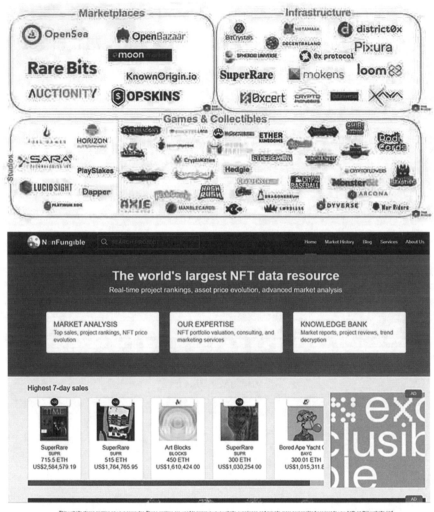

　　NFT交易平台也應運而生，諸如OpenSea、SuperRare、Known Origin、Makers Place和Rare Art Labs都建立了用於發布的平台，而Mintbase和Mintable則另建立一些工具，幫助一般大眾輕鬆創建自己的NFT。

　　虛擬世界的擴展，讓交易紙牌遊戲、去中心化功能變數名稱服務等其它實驗也開始興起。

　　而現正處於NFT的第四階段（2020年迄今），仍為NFT發展熱潮初期。2020年，疫情的爆發成為NFT發展的機遇，西方各國透過寬鬆的貨幣政策刺激經濟，導致部份投資案缺乏吸引力，在風險投資上，投資人變得激進，促使加密貨幣市場繁榮。

　　NFT市場上，數位藝術家Beeple在2007年開始每天創作一幅圖畫，最終將5,000幅畫作拼在一起，製成一個JPG檔作為NFT出售，並將其命名為《Everydays: The First 5,000 Days》，以6,934萬美元的價格在佳士得拍賣會上賣出，在此之後，諸如Zion Lateef Williamson、村上隆、Snoop Dogg、Eminem、Twitter執行長、Edward Joseph Snowden、Paris Hilton、姚明等各界明人、藝術家都透過NFT平台發布各種NFT，再一次將NFT推向大眾視野，NFT的影響力進一步提升。

　　2021年，NFT交易更趨於繁榮，最大的NFT交易平台OpenSea的交易額於8月達到頂峰，金額為34億美元。NBA巨星Curry將自

The Ultimate Guide on Building
Your Digital Asserts in NFT.

己的Twitter頭像換成一個猴子的卡通圖案，而這個頭像是Curry用55顆以太幣（時價約18萬美元）在NFT市場上的社群之一《Bored Ape Yacht Club》（簡稱BAYC，又稱無聊猿）上購買的，《BAYC》與《Crypto Kitties》一樣，每個都不相同且獨一無二。由於Curry擁有廣大的影響力，其球迷紛紛購買該系列頭像，並替換為自己的Twitter頭像，使BAYC熱議。

　　且在疫情重創下，世界各國政府選擇發放貨幣，以刺激經濟復甦，致使傳統的投資方案失去吸引力，許多人在風險投資的操作上變得大膽，將目光投向看似藍海的領域，接連著Flow公鏈上線、NFT與DeFi的結合衍生出GameFi，NFT也因此迎來春天。

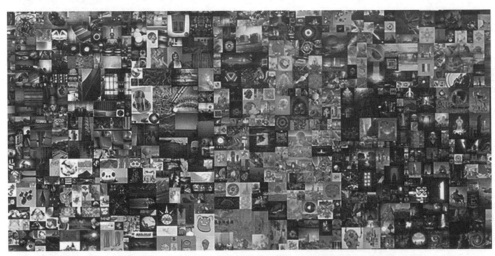

《Everydays: The First 5,000 Days》。

姚氏高檔葡萄酒配限量版NFT。

頂流藝術家村上隆宣佈推出首個NFT作品。

　　2021年，GameFi、元宇宙概念釋出，也讓NFT遊戲《Axie Infinity》的銷售暴漲，據Crypto Slam資料顯示，《Axie Infinity》累計交易量突破10億美元，在當時NFT市場中的成交量位列首位，間接帶動整個NFT市場板塊快速發展。

 # NFT 的全球市場

2017年10月，《Crypto Kitties》引爆NFT市場，NFT市場活躍錢包數量及市場交易量迅速提高。2017年底至2018年初，活躍錢包數量達到5.6萬個，30日市場交易量超過70萬。

2020年底至2021年初，隨著區塊鏈遊戲《Axie Infinity》熱度持續上升，《Everydays: The First 5,000 Days》又以6,934萬美元的成交額成為在世藝術家拍賣作品的第三高價，各界紛紛開始參與鑄造和購買NFT，獲得消費者廣泛關注。

NFT市場30日活躍錢包數量持續增加，NFT市場交易活躍度持續提高，交易量和交易額也大幅提升，2021年8月的30日交易量達到68.26萬，2021年的30日市場交易總額達到28.42億美元，其成長趨勢確實不容小覷。

1-6 NFT 的核心要素

在NFT還未問世前,數位畫作可說是一文不值,主要的原因就是沒辦法證明數位畫作屬於你,也就是沒有「所有權證明」,若沒有所有權證明,即代表那幅數位畫作可以被任何人擁有,產生確權不明確的問題,不如真跡來得有收藏性。

在真實世界裡重要的資產幾乎都有資產證明,例如每個人證明自己身份的「身份證」,房子和土地則有「權狀證明」,交通工具諸如轎車、摩托車、卡車等等,也有「行照」證明車主是誰。

就連去全家便利商店買一杯咖啡都有資產證明,一張是統一發票,

代表你完稅外還可以用來兌獎,另一張就是交易明細,代表你用多少錢買那杯咖啡,那杯咖啡就是屬於你的,但一般消費者拿到這兩張收據憑證後,通常會保留發票兌獎,將交易明細丟棄,因為在現實世界裡,咖啡我已經拿走了,若再用交易明細來證明那杯咖啡是我的,意義其實不大。

但在虛擬世界裡交易憑證卻非常重要,因為虛擬世界沒有實質的物品可以拿取,全憑交易憑證來證明資產屬於何人,而虛擬世界裡的「交易明細」、「資產證明」,就是非同質化通證,NFT是也。

丟棄

全球最大的NFT交易平台:OpenSea

NFT的格式基本上大多數位檔案都可以,但還是依平台規定而有所不同,目前全球最大的NFT交易平台OpenSea可接受的規格如下。

✅ **檔案規格**:圖像、視頻、音頻或3D模型。

☑ **檔案類型：** JPG、PNG、GIF、SVG、MP4、WEBM、MP3、WAV、OGG、GLB、GLTF。

☑ **檔案大小：** 最大 100 MB。

　　很多人會搞不清楚比特幣、以太坊跟NFT之間的關係為何，筆者以「錢」和「證明」來說明。在現實世界中，我們都是用錢來買證明，例如用 1,000 萬元買一間房子，那個房子的證明就是房屋所有權狀，等於就是用錢來買證明，買車子也是一樣，用 100 萬元買一台轎車，而轎車的證明就是行照，等於是用錢來買行照的證明。

　　在現實世界裡，所謂的錢就是指法定貨幣（新台幣），用現金換房屋所有權狀或是行照；而在虛擬世界裡，新台幣沒辦法在區塊鏈上流通，能在區塊鏈上流通的只有加密貨幣，也就是大家熟知的比特幣、以太幣這類虛擬貨幣，所以整個概念是一樣的，在區塊鏈的世界裡就是……

● **用錢（比特幣）來買證明（NFT）。**
● **用證明（NFT）來賣錢（比特幣）。**

　　當然，你可以把比特幣換成任何加密貨幣，主要是依平台可以使用的加密貨幣為主，所以「NFT」可說是虛擬世界裡的「所有權證明」。

 訊息傳遞 vs. 價值傳遞

　　過去以往的網路技術屬於訊息傳遞，現在的區塊鏈技術則屬於價值傳遞，訊息傳遞和價值傳遞是完全不一樣的概念，透過訊息傳遞的產品有E-mail、Line、微信、MSN等等，而現在的價值網路有Coin、Token、比特幣、以太幣、NFT等等，筆者說明如下。

　　首先來看一下「訊息」網路的運作方式，假設A要將一封E-mail寄給B、C、D、E、F這五個人。

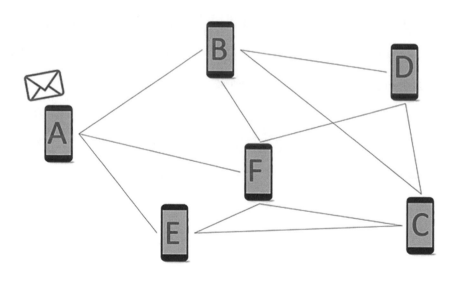

　　A發送出去後，B、C、D、E、F都會收到跟A一模一樣的內容及附件，如果裡面有一幅數位畫作，那就會變成A、B、C、D、E、F六個人都有一模一樣的數位畫作，這時候網路使用的傳輸概念是「複製」。

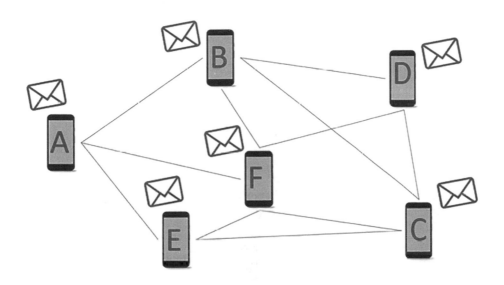

但如果是用區塊鏈技術來進行傳遞，那結果跟訊息傳輸會截然不同，來看看區塊鏈的「價值」網路是如何運作的。

A現在要將一顆比特幣輪流轉給B、C、D、E、F五個人。

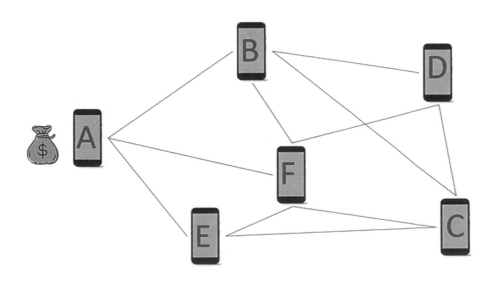

A首先將比特幣轉給B，A按下發送鍵後，B就會收到A傳給他的比特幣，這時候A錢包裡的那顆比特幣也會消失不見，因為那顆比特幣到B錢包裡了，B錢包擁有一顆A轉給他的比特幣。

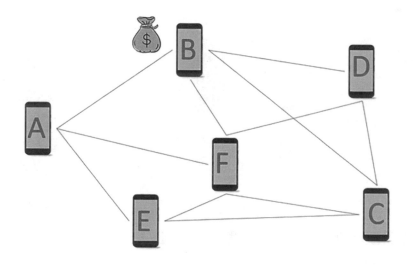

而B要再將A的那顆比特幣轉給C，B按下發送鍵後，錢包裡的比特幣同樣不見了，轉移到C的錢包裡，這時候最初A的那顆比特幣又跑到C的錢包中。

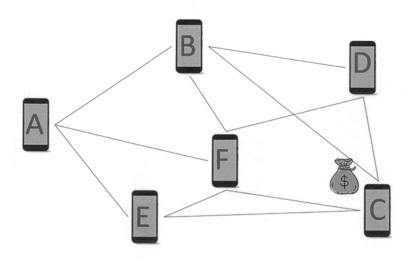

　　同樣的，C要把比特幣轉給D，這一顆比特幣就會到D錢包裡，之後的操作就這樣以此類推。

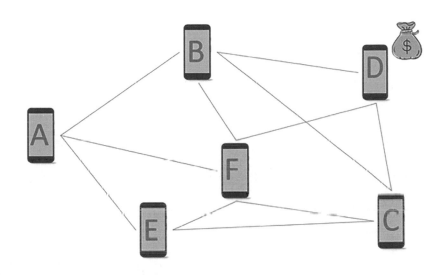

　　現在，你可以清楚知道傳統網路的訊息傳遞，跟現在區塊鏈網路的價值傳遞是完全不同的概念，訊息網路旨在「複製」；價值網路則是「轉移」。

NFT的價值為何

　　NFT的價值來源於以下三方面：

● 使數位內容資產化，在現行網路下，擁有的僅是數位內容的使用權，無法讓數位內容真正成為我們的資產，而NFT的出現拓寬了數位資產的邊界，數位資產不再單指加密貨幣，任何一種獨特性資產都可

The Ultimate Guide on Building
Your Digital Asserts in NFT.

以被鑄成NFT，無論是實體資產還是各式各樣的數位內容，如圖片、音視頻、遊戲道具等，提高了數位內容的可交易性，如遊戲《Axie Infinity》中的一塊虛擬土地賣出888顆以太幣。

● 依託於區塊鏈技術，保證資產的唯一性、真實性和永久性，並有效解決確權問題。這有三點好處：第一、去中心化儲存保證資產能永久存在，不會因中心化平台停止運營而消失。第二、為智慧財產權保護提供新思路。第三、提高資產交易效率和降低交易成本，如鑑定收藏品真偽的成本，增強資產的流動性，吸引更多的數位資產買家進行交易活動。

● 去中心化的交易模式一定程度上提高了創作者的商業地位，減少中心化平台的抽傭分成，透過NFT內嵌的智能合約，創作者能在後續的流轉中，持續獲得版稅收益。以OpenSea為例，NFT創作者最高可設定收取10%的版稅費用。

NFT網路	現行網路
每個NFT都獨一無二，具有唯一的 Token ID，保證資產的唯一性和所有權，有助於交易流轉。	檔案的副本，與原始檔相同。
數位內容資產化，使用者能真正且永久地擁有數位內容所有權，並能夠自由處置數位資產，甚至可以使用藝術品作為去中心化貸款的抵押品。	使用者雖擁有數位內容，如線上音樂、遊戲道具等，但並非真正獲得所有權，且使用者在運用數位資產上受到很大的限制，無法自由轉售，當中心化平台或機構停止營運後，數位資產不復存在。

每個NFT都有一個所有者，其所有權會記錄於區塊鏈上，任何人都可以驗證。	數位物品的所有權記錄存在發行該物品的伺服器上，沒有授權將無法進行驗證。
NFT與其生態鏈上建構的任何東西相容，例如在以太坊上架的NFT，可以在所有以太鏈上進行交易，換取不同的NFT。	擁有數位產品或專案的公司，必須建立自己的基礎建設，例如要發行電子票券，就要新建立一個電子票證交易系統。
內容創作者可以在任何地方出售他們的作品，並得以進入全球市場。	創作者依賴於使用平台上的基礎設施，通常會受到使用條款約束及地域的限制。
創作者可以保留對自己作品的所有權，並要求轉售版稅。	音樂流媒體服務等平台掌握了絕大部份的銷售利潤。

 NFT的六大特性

　　因NFT搭建於區塊鏈基礎上，所以具備幾大特性，討論如下。

① 可驗證

　　NFT及其代幣中繼資料和所有權是可公開驗證的，NFT底層技術以區塊鏈為核心，而區塊鏈的特性就是去中心化、去中間化及去信任化，所以NFT自然也有相對應的特性。區塊鏈上所有資料都會被永久保存，資料的來龍去脈一清二楚，NFT也同樣可以被驗證，不會像真實世界裡的藝術品，要驗證其真偽必須花費許多費用及精力，且驗證成果可能未必是真的。

虛擬世界是由一連串的010101數字構成，所以在區塊鏈裡的驗證將是輕而易舉的一件事情，當然可驗證是指該NFT是否為當初鑄造時的那個產品，至於被鑄造的那個產品是不是真品，就要另行討論、證明了。

② 執行透明

NFT相關活動如鑄造、銷售和購買都是透明公開的，因區塊鏈為公開的分散式帳本，所有人都可以上鏈查帳，不存在任何模糊地帶，尤其是區塊鏈中的智能合約更是如此，所有的智能合約都公開且透明地存於鏈上供眾人查詢，所以NFT在鑄造、銷售和購買一樣透明，不會有現實世界中的丟包情況發生，甚至於前幾手的交易也非常清楚呈現，沒有模糊地帶。

③ 有效性

NFT搭建在區塊鏈之上，所以永遠不會消失。換句話說，所有的代幣和已經發行的NFT可以永久被交易買賣，不會因為當初購買的平台關閉，你儲存在平台上的NFT就因此不見，NFT的所有資料都存於區塊鏈上，透過分布式帳本的技術由全球共同的節點一起維護，除非全世界的網路都沒有了，不然區塊鏈上的所有資料都將永久有效。

④ 不可竄改

NFT中繼資料及其交易記錄是持續儲存的，一旦交易被確認就不

能被操縱或竄改。區塊鏈不可竄改與不可抹滅的兩大特性，可以保障資料的完整性，為了確保全程不可逆的操作與活動記錄可追溯，就會使用一些特定的手段來保全。

當要交易的時候，資訊會被傳播到網路中的每個節點，只要將交易資料封包至區塊鏈上時就不可更改了，除非你能掌控51%的算力，才有可能竄改資料。而所謂的不可竄改不只是資料不可更改，換個說法是區塊鏈增加了更改的難度，讓資料、系統更安全。

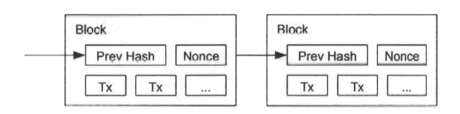

除創始區塊外，其餘在鏈上的區塊皆都包含前一個區塊（父區塊）的交易雜湊值，因而可以儲存完整的歷史資料，每條記錄都可以被找到，得以追尋其本源。區塊鏈的帳本記錄會把所有跟信譽記錄、交易誠信度相關的行為都存進去，每筆記錄也存有時間戳，如同郵局信件會蓋郵戳，以做時間的證明確認，任何人皆無法更改，是為可驗證的公證人。

⑤ 可訪問性

每個NFT都包含最新所有權資訊，這些資訊是公開透明的，因為NFT的資料儲存在區塊鏈公鏈上，而且每個公鏈都可在區塊鏈瀏覽器

被查詢，去中心化的機制確保了最大的可信任性，所以在區塊鏈上查詢的所有資料100%正確，不需要由協力廠商或第三方來確保資料的正確性，在區塊鏈世界裡，所謂代碼即法律。

6 可交易性

每個NFT及其對應的產品都可以任意交易和交換，在現實世界裡有時候產品會因某些條件而被限制交易，例如時空背景不同、交通運輸、安全機制等等外在條件，交易流通受限，使得市場的客戶數量減少，但在區塊鏈技術下，你面對的是全球市場，交易速度快、安全性高、去中間化、點對點的現金支付系統等等。

現在NFT處於發展階段，所以有很多的軟、硬體介面還沒有那麼人性化，相信不久的將來操作介面會更加簡單、安全，就像現在發一封簡訊那麼簡單，不過這就要靠時間經驗值的累積來改良了。

 NFT崛起原因

NFT之所以崛起，筆者認為主要基於需求、供給、商業這三大面向，分別討論如下。

1 需求層：NFT價值共識的形成

NFT由於其複製生成的成本過高，因而無法大量複製，也無法過

度擴張。尤其是近年推出的新協議ERC-1155和ERC-998，甚至具備了一定的FT特性，在保證不會過度擴張和過度複製的同時，提升自身複製和傳輸的效率。

過去幾年在資本市場吸引大量資金，價格也飆升的FT，如比特幣等作為加密貨幣，與現實缺少關聯，這類加密貨幣本身的價值沒有現實依存，其價值是由市場共識決定，若大多數使用者認可其貨幣屬性就有價值，但這樣很有可能產生價值滑坡的風險，尤其是前些年各國政府介入監管問題和安全問題後。

但NFT不一樣，它本身就可作為儲存現實資產的載體，比如藝術品或其他金融資產等，對比FT的極強貨幣屬性，NFT可作為依存「共識」存在的加密貨幣，也可作為現實價值的載體，具備價值商品的特性，價值更穩定也具備更強的激勵特性，應用範圍甚廣。

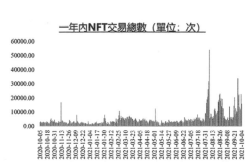

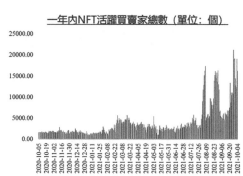

② 供給層：基礎設施健全和創作者持續蓬勃

Dapper Lab開發一款專為NFT 收藏品和大型加密遊戲等事物的區塊鏈Flow，旗下《Crypto Kitties》便充分展現出應用程式的可組

合性、鏈上儲存和消費者應用加密技術，用戶可以添加新功能和可擴展性，不影響收集者的核心信任。由Dapper Lab開發的《NBA Top Shot》也迅速轉移至Flow鏈上，使Flow快速聚集大量創作者。

除Flow外，還有其他將服務建設於NFT的基礎設施，包括Ardor區塊鏈、Rootstock和xDai等，這一切都為NFT創作者生態的繁榮創造了基本條件。同時，NFT的創作者也不斷攀升，據Nonfungible統計顯示，一級市場出售交易數已達到近年巔峰，二級市場也在一級市場的帶動下，達到市場活絡的狀態，整體供給端實現全面繁榮，使得NFT崛起。

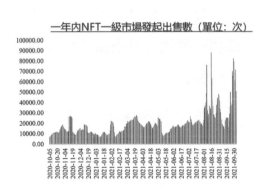

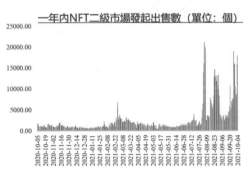

 ## 商業層：市場情緒

COVID-19疫情蔓延成為數位資產增長的助力，由於NFT資產本身的不可複製性，因而具有一定的收藏價值，如騰訊推出的NFT收藏品和付款碼，在藝術性上有極高的價值，又兼具虛擬產品容易儲存，便於展示等特點，所以紀念意義比現實收藏品還要高，受歡迎程度遠超於同類型實體產品。

　　元宇宙概念推出後，成為市場關注的焦點，市場都非常關注元宇宙的開始模式和最終形態。而大多數業內專家都認為，元宇宙的最終形態將成為一個集合大量廠商的共同體，在這樣的共同體之下，元宇宙會成為多極化的宇宙，尤其是不同國家占市場頭部地位的遊戲廠商將提供大量的用戶。而NFT已經獲得了大量共識價值的代幣，可以在元宇宙的概念匯總扮演重要角色。

NBA夏洛特黃蜂隊推出NFT球票。

　　名人效應的炒作也加劇了NFT的快速發展，比如前面提到Curry和其球迷一起更換BAYC的頭像、NBA球隊也相繼推出相應的NFT門票、甚至ChinaJoy也有類似NFT的門票形式，在使用後依然有收藏價值。

1-7 NFT 的功能

　　NFT最初的應用場景是數位收藏，這是因為NFT對藝術品進行編碼，符合藝術品稀缺的特性，對於收藏家、藝術家和創作者來說很有價值。未來，NFT將在更多領域拓展出更廣泛的應用，從藝術品投資逐漸擴展到更廣泛的串流媒體、房地產、貸款抵押品等，下面筆者針對目前NFT衍生的幾大功能討論。

 保護版權

　　傳統網路時代，只需要複製貼上就可以大量傳播作品，致使版權問題衍生，因為在網路上盜版幾乎沒有成本，且數位圖片、作品可以在短時間內被無限次傳播，若要追蹤源頭和使用方式相當困難，工程浩大。

　　NFT平台上，透過區塊鏈協議來對買家購入NFT享有的權利作出明確限制和約束，根據平台區塊鏈協議不同而有所不同，例如某平台稱允許買家在購買NFT時，也能購買底層一籃子版權；也有平台禁止在其平台上購買的NFT進行商業使用。

　　每個NFT都是獨特的，NFT買家應該在購買前考慮NFT平台和

每個特定NFT的相關權利限制，避免侵權風險，因為NFT的獨特性和不可複製性，在侵權後追究問題相較於傳統網路會非常簡單。

區塊鏈分鏈的多樣性下，雖然每條區塊鏈都能保證其NFT是唯一的，但在全區塊鏈之下，多個區塊鏈分鏈的權威性與全區塊鏈的權威性可能衝突，容易衍生難以解決的問題。

針對這類問題，已有規模較大的NFT交易平台展開合作，統一將「一個代幣」的可識別性拓展到全平台，即在轉移過程中，代幣的唯一性不會改變，而且這個合作機構數正在擴張，未來可能全域通用。

藝術家在Twitter上展示自己被侵權。

NFT的存在意義就是為每個創意作品提供一個獨特、有區塊鏈技術支援的網路記錄，基於其不可大量複製、非同質化的特點，可以經由時間戳記、智能合約等技術，為每一件作品進行版權登記，保護創

作者的權利。

版權保護功能成為NFT初期應用於數位收藏的主要原因，比如藝術家WhIsBe在Nifty Gateway上以NFT形式將一部16秒的金熊動畫以100萬美元售出；Twitter執行長Jack Dorsey也將他的第一條推文鑄成NFT，以290萬美元售出。

甚至連紐約證券交易所也將歷史上有里程碑意義的IPO項目做成系列NFT，《紐約時報》將一個專欄變為NFT刊載……越來越多創作者、藝術家及單位透過NFT形式來發表作品，這代表大眾對NFT對保護作品版權的看好。

紐約證券交易所製作NFT以紀念Spotify公司IPO。

 資產數位化

資產數位化讓企業將資產進行處理後，轉變為NFT上傳至區塊鏈，資產數位化除前面討論的流動性優勢外，還有其他優勢，比如將

NFT進行基於ERC-20的拆分，可再將價值拆分成不同數量的NFT或FT，然後進行抵押，與傳統銀行的貸款作業有著很大的區別，傳統銀行發放需經過一系列驗證、信用考核及價值評估，NFT的抵押貸款可更快速地貸款，放款速度、驗證效率在區塊鏈下也更為快捷。

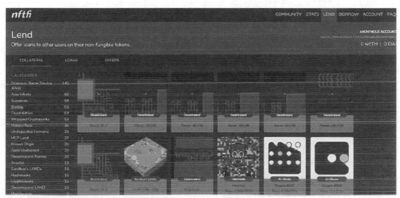

NFT抵押借貸平台：NFTfi。

資產流動性

　　傳統資產的流動性受到監管、物流以及交易效率等多重影響，但若將資產製作成區塊鏈上的代幣NFT，透過去中心化的處理方式，能大大加速資產的流動性。目前最大的應用領域還是以收藏藝術品市場為主，只要藝術家在平台上進行完整認證及作品授權，就可以進行自由交易。

　　長期來看，各個領域都可以用NFT形式來實現資產的流動性，促使各行業的數位化進程。比如NBA近期製作的NFT數位卡牌，對比

傳統數位卡牌，NFT卡牌的估值透明、交易方便，還能呈現更精美的樣式，因而在市場上迅速走紅。

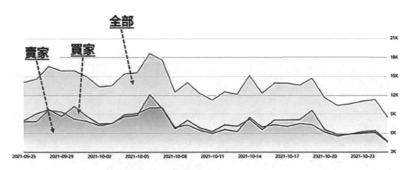

nftgo平台統計NFT買賣家數量。

元宇宙的身份識別標誌

　　近期獲得廣泛討論的「元宇宙」也離不開NFT。元宇宙是一個平行於現實世界，又獨立於現實世界的虛擬世界，可以映射現實世界的活動，在虛擬世界中的活動又可能對現實世界產生實際影響。

　　元宇宙要有新的基礎設施及配套的服務產品，其中NFT將扮演重要角色，元宇宙中的社交屬性需要更強的沉浸感和開放包容的環境，這是當前網路遊戲的短板之一。元宇宙允許來自全球各個角落的用戶隨時隨地進行互通和交流，而身份識別是最基礎的需求，NFT的不可重複、不可複製和相對簡單的架構正符合這一需求。

　　傳統身份管理系統需要委託中心化機構，在保證資訊穩定不可修改的同時，損失了透明度和傳輸效率，尤其是在參與人數眾多的系統。

但在基於區塊鏈生態系統的NFT系統中，並沒有傳統模式集中身份的組織，而是採取去中心化的管理模式，當前最受歡迎的身份管理區塊鏈軟體是Hyperledger Indy，雖仍存在多方面不足需改良，可絕對比過往模式好上許多，舉證如下。

● 使用者資訊沒有儲存在區塊鏈上，容易丟失。
● 如果使用者更換公司，該使用者需要向原公司申請所有身份資訊，消耗時間和精力。
● 每次申請需要擁有去中心化識別字，每次申請都要新建用戶名和密碼，佔據很大記憶體，效率低下。
● ID長度過短可能造成安全資料洩漏，引發安全問題。

　　NFT包含獨特商品資產或身份認證資訊，每個人都擁有獨特屬性和身份資訊，NFT可以集成個人資訊、教育資訊、病例記錄和通訊位址，並將其數位化，儲存於區塊鏈上輕鬆掌握，實現去中心化內容儲存，這在未來擁有大量用戶的元宇宙中，既可以實現資訊安全，又可以實現去中心化。

　　中國大陸的身份資訊認證平台ID Chain，目前應用於金融系統的身份識別和資訊安全領域，以優惠價格授權使用中國地區六億多名用戶，菲律賓一億多位使用者的基礎資料。其技術團隊先在香港向大型銀行提供金融大資料解決方案，之後逐漸將業務擴展到中國內地和菲律賓。金融場景中，跨平台的身份認證相當重要，將影響用戶體驗的

滿意度。

而ID Chain的底層基於以太坊ERC-20協議開發，但沒有將全部資料上傳至區塊鏈，而是將身份確認的關鍵部份和信用上傳，一筆交易可以在0.2秒內完成處理，不影響用戶體驗。

 元宇宙的數位形象

元宇宙平台不會與單一的數位及真實應用程式或場景綁定，正如虛擬場景持續存在，但數位物品和身份必須能在虛擬場景中轉移。在元宇宙，每個參與者都需要一個虛擬形象，基於虛擬形象，人與人可以在元宇宙中建立虛擬的社交關係。

在現代的遊戲社交中，各個玩家在進行社交識別和了解的第一步就是外觀識別，而元宇宙是一個獨立於現實世界的虛擬世界，社交過程會脫離現實世界，高級好看的數位形象會帶來更多的社交需求和社交意願，類似身份地位的象徵。

好比NBA球星Curry在Twitter上帶起的NFT頭像熱潮，其無聊猿頭像便是一種數位形象，《Bored Ape Yacht Club》（BAYC，無聊猿）即由10,000個猿猴組成的NFT收藏品頭像，其中包括帽子、眼睛、神態、服務及背景等170個不同屬性，每個猿猴都有不同標籤及穿著，BAYC製作團隊生成了10,000個獨特的NFT集合，全都由以太鏈提供支援並在OpenSea上出售。

BAYC 的不同猿猴頭像。

 ## 元宇宙金融體系中的重要角色

去中心化的元宇宙若要建成,需要世界各國的網路公司公共同參與,類比現實世界的金融體系,若要有一個穩定的金融環境,就需要一個具備「網路共識」的代幣來支撐其體系。且元宇宙允許世界各個角落的用戶進行互通和交流,在社交互動如此強大的環境下,其金融體系顯得更為重要。

GameFi是指將去中心化金融產品以遊戲方式呈現,把DeFi的規則遊戲化,將遊戲中的道具衍生品NFT化,一個最顯著的特點就是用戶的資產成為DeFi遊戲中的裝備或工具。目前區塊鏈遊戲方向已獲得逾10億美元資金的挹注,涉及基礎設施、交易平台、遊戲、體育、DeFi、開發團隊等項目,無論是投資機構還是加密社群,對GameFi的期望值之高十分明顯。

但和整個DeFi市場規模相比，GameFi仍處於初期發展階段，DeFi＋NFT，即在DeFi中引入NFT抵押，好比Metaminers推出的礦業博弈NFT《Staking-Mining Tools》，就是一個以NFT質押的礦業博弈，玩家可以透過鎖定加密貨幣來獎勵採礦。

Metaminers推出的礦業博弈遊戲NFT《Staking-mining Tools》。

 ## 元宇宙中重要的數位資產

對比前幾項應用，NFT的數位資產及收藏品功能為目前最主要的NFT應用。數據分析平台DappRadar統計，2021年8月NFT交易量突破52億美元，2021年9月交易量也超過40億美元，使第三季交易量季增幅高達704％。2021年第三季交易量就高達107億美元，較前季暴增七倍以上。

NFT正逐漸成為虛擬世界社會地位的象徵。NFT可廣義解釋為加密貨幣的一個類別，相較於比特幣無差別、可互換的同質化特性，但

這也讓NFT代表的資產具有唯一性。在人們將大量時間應用於元宇宙時，其數位資產就成了展現其身份地位和財富實力的象徵，類似於現實世界的收藏品。

比如遊戲《Cryptovoxels》，創造者將其定義為一個「屬於用戶的平行世界」，這個遊戲世界裡的土地、房間都可以在OpenSea上進行交易，遊戲中的資產全部以NFT形式存在，於區塊鏈上得到永久保護。

《Cryptovoxels》這類遊戲被認為是元宇宙的雛形，即所有資產以NFT形式存在更容易得到保護和自由交易的權利。尤其在元宇宙中，NFT的數位資產去中心化交易可能出現龐大的交易流量，NFT的底層邏輯正滿足這一要求，也是目前最好發展的NFT應用之一。

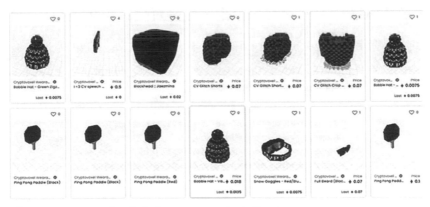

《Cryptovoxels》道具在OpenSea上出售。

NFT 的商業化價值

公平定價的交易機制是NFT定價的基礎，在過去的線上遊戲架構中，營運方與玩家或參與者之間往往呈現割裂的狀態，一來是因為缺

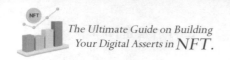

乏統一的溝通管道，二來則是因為營運方與玩家往往站在對立面，無法實現共同的利益所得。

NFT包含資訊的多樣性與稀缺性，以及本身的非同質性，在同一網絡中的營運方和玩家需要進行大量的溝通，其市場的價值並非由營運方確定，而是由遊戲或專案的市場價值決定。

在這樣的背景下，以往營運方佔據主導位置的情況會有所改變，雙方聯繫會逐漸增多，在收集資訊、市場交易甚至商品定價上，都需要雙方共同參與，才能讓營運方達成營利的效果。

另一方面也會增加粉絲的活躍度和用戶的黏著度，目前市場對NFT的滿意度反應不錯，也是因為這個原因。比如《Crypto Kitties》上每隻貓的價格都不是由官方指定，而是玩家在市場上自由交易，由玩家自行出售。

How much does it cost to play CryptoKitties?   −

- It costs money to buy a Kitty or breed Kitties. There's also a small 'gas' fee paid to conduct transactions on the blockchain.
- Buying: When you buy a Kitty, there's no standard price. Users choose their own starting and ending price when they create an auction for their Kitty, and the price goes down until the Kitty is bought or the auction ends. Once an auction ends, the Kitty stays for sale at the final low auction price until its bought or the owner cancels the auction.
    - The CryptoKitties team releases a new "Gen 0" CryptoKitty every fifteen minutes. These Generation 0 Kitties started it all! They are born from the "Kitty Clock" and they have no parents. Only 50,000 will ever be created — collect them before they're gone! The starting auction price of Gen 0 Kitties is determined by the average price of the last five CryptoKitties sold from the Kitty Clock, plus 50%.

《Crypto Kitties》官網Q&A中關於定價的解釋。

NFT的商業化價值主要體現在資產購買和拍賣，目前NFT的收

入手段有透過拍賣藝術品獲得收入、購買屬意的NFT產品和盲盒收入等。其中最令人關注的就是盲盒方式，目前的大多數盲盒裡的作品款數有限，隱藏款也有限，NFT的盲盒往往會透過較低製作成本，來大量製作不同款類、不同細節的NFT作品。

又因為每一款都有細微差別，會大大降低盲盒購買者的厭煩情緒。對於B端，可以透過控制一部份特徵的稀有性來進行饑餓行銷，獲取更高的收入。以Curry的無聊猿頭像為例，看起來平平無奇的頭像，卻僅有3%的猿猴有僵屍眼，1%猿猴穿著花西裝，因而能將價值炒至18萬美元的高價，更帶動其Twitter粉絲一起更換同類型頭像。

NBA球星Curry帶動其粉絲更換BAYC頭像。

NFT商業案例分析：OpenSea

NFT交易平台市場的頭部市場當屬OpenSea，創始人Devin

Finzer致力於將平台打造為NFT界的eBay，使用者可以在上面找到以太坊和其他區塊鏈上的任何NFT，還可以查詢每個NFT歷史，包括來源、銷售地點等。

OpenSea於2017年12月成立，現發展為最大的去中心化數位商品交易市場，涵蓋最廣泛的市場類別，包括藝術類、音樂類、遊戲資產及卡牌等，據OpenSea官網資料顯示，當前平台上有逾80萬種收藏品類型，NFT數量超過3,000萬。

OpenSea的競爭優勢除可以自由買賣NFT外，用戶還可以透過平台上架自己的NFT作品。同時，OpenSea也是一個開放平台，需要各類NFT資料的服務商，可以透過API獲取資料資訊，對於NFT創作者，也可以直接將NFT交易市場的連結放到OpenSea上，簡化銷售手續，專注於項目本身。

雖然OpenSea對比正常加密貨幣交易所的手續費高出近10倍，收取2.5%，但以NFT領域來說仍較低，且傳統藝術拍賣品行業的手續費更高，諸如蘇富比、佳士得等國際拍賣行，向買賣雙方收取13至25%不等的傭金。相形之下，OpenSea在同類競品中佔絕對優勢。

OpenSea作為最大的NFT交易平台，自2021年迄今，在市場上的銷售金額和利潤依然保持歷史高位激增，且仍持續累積當中，從各個角度來看都可以認定其霸主地位。

NFT商業案例分析：NBA Top Shot

《NBA Top Shot》是由Dapper Lab和NBA官方合作推出的數位

收集卡，以NFT的方式讓收藏者獲得正版NBA球星的精彩瞬間，可以在交易平台進行交易，對比實體印刷的球星卡，《NBA Top Shot》的球星卡除了圖文之外，還有多視角的GIF或視頻等動態展示，相對豐富且動態。

球星卡分為三種稀有度：Common（普通）、Rare（稀有）和Legendary（傳奇），其價格根據卡牌的球星、稀有程度和編號決定。一般來說，知名度越高的球星、數量越稀少或投籃時機越關鍵，卡牌價格越高。

數據顯示，2021年一季度《NBA Top Shot》銷售額達到4.7億美元，市場對該類IP的新形式尤其歡迎。開發商Dapper Lab會從二級市場的每筆交易抽成5%，根據Top Shot官網的卡牌價格和銷售資料，光一季度Dapper Labs便賺取4,900萬美元，同時NBA官方和球員工會也會從中抽取一定比例的收入。《NBA Top Shot》由於NBA官方的推廣和球星直播開卡和新賽季開啟的加持，《NBA Top Shot》的交易總額、買家人數、總交易數每筆交易金額仍持續提升。

《NBA Top Shot》資料統計。

NFT市場

The Ultimate Guide on Building Your Digital Asserts in NFT

2-1 市場綜觀與現況

2021年3月11日，藝術家Beeple的作品《Everydays: The First 5,000 Days》在佳士得拍賣以6,934萬美元成交（折合台幣約19.4億元），成為最貴NFT藝術品，同時該作品成為在世藝術家拍賣作品的第三高價。

據佳士得統計資料顯示，該次拍賣共有來自11個國家的33位活躍競價者。競拍者的年齡分層中，58%來自千禧一代（1981-1996），33%來自X時代（1965-1980），6%來自Z時代（1997-2012），3%來自嬰兒潮一代（1946-1964）。

從地域來看，競爭者多為歐美發達國家，其中美洲的競價者高達55%，歐洲的競價者為27%，亞洲的競價者僅為18%。

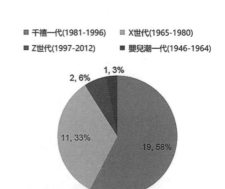

競拍《*Everydays: The First 5000 Days*》者年齡畫像（共33人）

加密藝術熱的第一槍

藝術家BeePle自2007年7月至2021年2月每日上傳一副數位作品，然後將所有圖畫拼接成一幅作品，時間跨度長達14年。

☑ 作品名稱：《Everydays：The First 5,000 Days》。

☑ 鑄造時間：2021年2月16日。

☑ 成交價格：69,340,250美元。

☑ 成交日期：2021年3月11日。

☑ Token：MakersTokenV2。

☑ Token ID：40913。

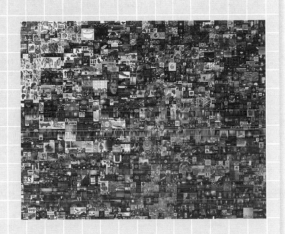

NFT是建立在區塊鏈技術的應用，元宇宙到來後，人類的交易、社交、收藏……等各種習慣不會改變，即便在元宇宙，社群一樣是社群，消費交易行為也不會在元宇宙中消失，會改變的只有展現各項功能的載體和模式，並確保專屬於你的權利，而這些就要倚靠NFT了。

元宇宙必然都是由虛擬物件組成，好比虛擬土地、虛擬鞋子、虛擬形象……等，在未來，人自然也必須透過貨幣，進行虛擬物件的交易買賣，而這貨幣指得便是加密貨幣，虛擬物件則是指NFT。

元宇宙中虛擬物件的轉移，必須保障其所有權歸屬，否則會變得

人人都能複製，並宣稱擁有該物件，因為只有虛擬物件能被忠實記載出處、價格和所有權人，該項物件才會在元宇宙中彰顯稀缺性，展現出價值。

從中你可以發現，NFT重要的價值在於，它能在記載並保障虛擬物件的價值與所有權，所以只要在有價並能交易的前提下，甚至可以說「萬物皆能NFT」，且這一概念其實已存於《The Sandbox》中。

而數位藝術品的交易，也能保障原始創作者的自主權，每一位收藏家能從區塊鏈中的記錄，得知歷年來有誰收藏過，增加該藝術品的故事性和價值。因此，NFT其實也存在一種文化留存的可能性，記錄著一些特殊事件、里程碑、出自某位大師或某標竿人物的延伸……等等，這個特質也是讓NFT備受關注的原因之一。

為什麼很多NFT推不動？

最近很常看到新聞媒體報導XX推出NFT以天價賣出，或是一上架即秒殺……這類新聞數不勝數，但假如你因此製作一款NFT並上架到交易平台上，你會驚覺怎麼乏人問津？而且有99.99%的NFT跟你的情況一樣。

這就好比之前一堆人做網路行銷，想說只要把商品上架到蝦皮之類的拍賣平台，就會有人買一樣。所以，如果你想NFT能夠順利交易，就要思考讓人購買的誘因為何？

從行銷的角度來看，促成NFT交易的整個過程，關鍵在於你的目

標受眾是誰和怎麼讓你的NFT有價值。現在NFT市場屬牛市，如何讓大家明確知道你NFT的價值顯得格外重要，因為你製作NFT就是為了趕上這波熱潮，自然要把握機會呀！只要市場認為有「價值」，你的NFT就有機會交易成功。

所以，關鍵便在「價值展現」上！筆者在這要特別說明，這裡指的價值，是市場對你NFT作品的評價，因為賣家絕對不可能覺得自己的作品不好，所以要站在買方的角度，如創作者、項目方等，當買家認同你的「價值」時，你的NFT才真正有價值，自然而然能夠被交易。

這個價值可能是有精緻的畫功，或是其它格外具有意義的內涵甚至是BM，你必須換位思考，找出買家心中認為的價值，才能真正提升NFT被交易的可能性，而絕大多數人走不通的原因，便是少了這部份的商業布局和設計。

簡單來說，就是為你的NFT「賦能」！替你的NFT建立吸引買家的價值，從人性需求、貪婪……等層面來看，思考現實社會中購買這些商品的原因是什麼，只是你要將場景切換到虛擬世界上。

可能是解決生活或心理上的需求，如療癒小物；可能是情有獨鐘於某些人、事、物上，如球星、藝人、動漫人物；可能想參加某個別具意義的活動，如周杰倫出道三十年的地球無與倫比演唱會；可能未來存有投資漲幅空間，如陳年老酒、土地；也可能是想取得某高級俱樂部的資格。

種種交易的背後，都存在一種滿足或期待，而這些因素在NFT中一樣存在，一般購買NFT背後的原因，可能是對某藝術愛好的收藏，

或某種歷史意義或回憶典藏，背後存在著其他更物超所值的誘因。

下面，筆者從投資、收藏、社群、效應、認同這五方面，和探討NFT的價值。

① 投資方面：找有價值的投資

NFT有沒有未來性、稀缺性，預期未來漲幅的空間，思考是否有增值的可能？也許有著名人效應，讓NFT被不少粉絲關注與搶購，因而具有漲幅空間；也許是某經典人、事、物，邁向元宇宙所創作的第一個NFT，所以有成長空間。

當然，也可能純粹是藝術的角度上認同，某創作者很有才華，雖然現在還沒有知名度，但你相當看好他，所以先做投資，等他紅了，其創作的NFT價格勢必水漲船高，讓你賺到一筆為數不小的財富。

② 收藏方面：找認同、值得珍藏

NFT有沒有什麼歷史意義、是不是限定（量）款、有沒有什麼特別條件才可以收藏、是否具有獨特的美感設計、有沒有帶給一些人美好的回憶？另外，針對NFT認同族群，是否具有某種意義？或是其他讓人懷念的回憶？

像師園鹽酥雞NFT就存在全球第一的歷史意義，同時也具有新聞性，成為第一間發行NFT的台式炸雞店，或你特別喜愛的IP角色推出，例如之前爆紅的《Phanta Bear》，就是因為它背後有周杰倫在支撐熱度，形成熱度的原因也大多在他。

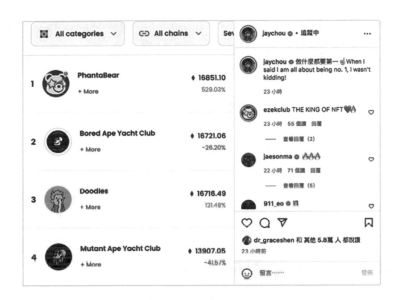

③ 社群方面：我想加入，學習外更取得凝聚力

NFT是否代表什麼身份、地位、榮耀、虛榮、特權等，是不是一個VIP入場券，還是俱樂部入會門檻，又或是社群的信物？持有這類NFT就可以參與社群的聚會與活動，還能在特定店家享有優惠，也就是賦能，所以要有營造共識的力量，讓大家清楚知道加入該社群的好處與未來是什麼？

以筆者實際有參與的項目來說，Demi-Human NFT便建立起亞洲第一個頂級NFT，以股票來說就好似績優股，內部的風氣友善，且社群定位鮮明。

④ 效應方面：找物超所值的項目

NFT有沒有什麼附加效益，持有NFT有沒有什麼好處，參與特殊的活動有沒有什麼獎勵，讓你有物超所值的感受？持有後是否具有特殊功效或功能？遊戲虛寶是商業應用上最直接的模式，打遊戲穿上傳奇裝備時，打怪傷害會有額外的加成或其他效果。

在擁有該NFT後，是否有什麼特殊的加值回饋？比如品牌VIP寵愛卡，享有購物優先權與特別優惠，透過與品牌的各種互動模式，累積積分或透過特定條件取得。所以，如何透過虛實應用，除了能讓NFT擁有物超所值的效益外，還能加入現場互動與遊戲性。

⑤ 認同方面：表示個人的認同與支持

擁有該NFT後，可以代表對朋友、家人、同好情感的支持、公益支持、某種特殊意義支持。你是否想要支持自己人、支持朋友或同好的創作與創意？出自於內心情感面上的支持，想成就一個你支持的人；

想支持你喜歡的意見領袖;想跟著某團隊實踐有善社會的價值與公益……等,這些基於內心的認同,都能讓NFT成功售出的機會增加。

價值背後更深的層面

上面探討的五大關鍵,足以推動NFT的行銷,但筆者想再深度討論,思考影響NFT價值更深的層面為何?

從發行單位來看,將一個作品以NFT型式投入市場時,會評估它在市場的價值有多少,然後給它一個訂價,這段過程會由發行單位內部評估它有多少價值性,可以支撐在哪個價格區間。

發行單位可能是一個人或一個團隊,但不論是多少人組成,內部會在討論後得出一個反應市場價值與價格的共識。但這個共識究竟能否被市場接受呢?答案是不一定,因為需要買家的認同才行,而這股來自外部認同,也是一種共識!

當外部買家開始認同,形成另一股外部共識時,買賣雙方就可能產生議價或交易。所以,從值得認同的價值、值得收藏的價值、值得加入會員的價值、值得投資的價值,與物超所值的價值來看,推動NFT的五大關鍵都來自於買賣雙方之間的「共識」。

① 外部共識高於內部共識(交易強化)

外部共識大於內部共識,即代表買方共識高於賣方共識,此時交易就是屬於強化階段,這時候NFT銷售狀況會最好,外部共識強過內

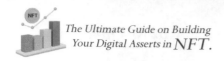
部,將帶動交易熱潮。

因周杰倫而被熱議的NFT項目《Phanta Bear》可以看到這個現象。杰威爾官方微博發出聲明,周杰倫與該項目切割,交易價格雖然隨受到影響,但仍有市場價值。

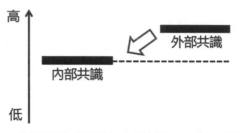

外部共識「**高於**」內部共識 → 交易「**強化**」

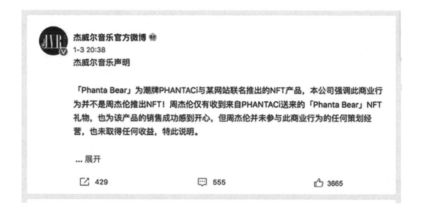

且切割過後,周杰倫與昆凌的IG頭像仍為該NFT,使得外部共識不減反增,持續帶動該項目起飛,交易量提升,持有者的身價水漲強高,演藝圈藝人也陸陸續續更換為該頭像,風氣持續帶動,名人效應已不僅聚焦在周杰倫身上,其中編號#9999的頭像,成交價更高達148顆以太幣,相當驚人。

所以,外部市場的共識是NFT產生交易的關鍵,當一大群體認同其價值時,該項目的價格就有機會竄升,而如何讓一大群人認同並產生共識,這就是推廣NFT時需要思考的。如果由某個名人、主力或機

構進場炒作，價格自然也會水漲船高，這也是為什麼有些品牌會尋找明星、知名人士擔任代言人，就是想透過他們帶動市場性。

② ▸ 外部共識近似內部共識（交易正常）

當內外的共識近似時，市場交易即正常發展。有可能是處於導入期，市場對價值還不熟悉；或是已發行一段時間，市場對該項目的價值已趨於平衡，暫時也沒有可預期的未來性。

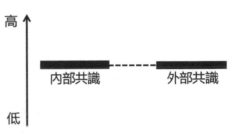

外部共識「**近似**」內部共識 ，交易「**正常**」

這時帶動交易成長的因素，將來自發行方能否提供市場更高的價值感，又或是外部突然產生一股推力，比如某名人、機構開始進場，或突然發生什麼議題與你的NFT相關，這些因素便會讓交易量往上爬升。所以，發行NFT後若無法持續賦能，那這項目就不容易被持續交易。

③ ▸ 外部共識低於內部共識（交易弱化）

當外部共識低於內部時，可能代表發行方認為的價值，不是一般人所能接受的，或發行方認定的價值未受外部市場認同，一個處於成熟期，一個

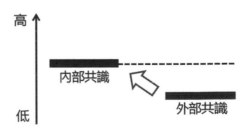

外部共識「**低於**」內部共識 → 交易「**弱化**」

處於導入期。

導入期階段要持續努力，強化NFT的賦能，內部組織能再投入什麼，能跟什麼扯上邊？可以是別出心裁的經營方式，或贏得什麼大獎、完成什麼具有意義的里程碑，這都可能改變滯礙的局勢，帶動交易；而外部取得權威人士、名人影響力等喜愛，也能改變現況。透過一連串策略行銷的運作，絕對能讓交易變強，試想如果周杰倫突然買你的NFT，你能不起飛嗎？

成熟期時，可能經歷過一波交易推動該NFT到一個高點。此時，外部共識也不低，只是不容易承接所要負擔的價位了。交易會弱化，也可能面臨持有者高點變現的可能，要維持水位也是仰賴持續賦能有關。

共識變化，來自內、外部相互的影響，在內部與外部相互影響與角力，展現出整個NFT上市後的交易與價位的歷程變化。如果僅將NFT視為話題跟風的話，的確不需要考慮太多，但如果你想要NFT持續成長、被交易，這些都是值得深度思考。

共識的能量，來自於兩個重要的因素，一個是數量值，一個是信仰值。內部的發行單位與持有者，擁有信仰的數量值低，那發行單位在市場的影響力自然弱化。

群體共識 = 信仰值×數值量

尤其是當發行單位與持有者數量達到一個水平，但外部口碑擴散與分享上卻感受不到其他熱情或值得投入的價值時，很可能不再吸引外部市場的投入。

或者，持有者雖然多，但感受不到發行方的經營方向與未來性，也可能降低信仰值從內開始衰敗，自然無法再吸引外部投入。所以，內部共識的重要性，來自發行單位與持有者的信仰與數量。

同樣，外部的共識也來自這兩個因素。當發行 NFT 後，有共識的買家僅止於家人或朋友，那推行的數量必然有限；但如果有共識的是一群粉絲的話，那發行量自然能有一定的規模。

另外，透過所謂增值/賦能帶動的高度信仰，也可能帶動高交易與高關注。當一個含金量極高的俱樂部要發行限量會員券 NFT 時，因為高度認同該俱樂部的價值而產生的信仰，會在市場上產生極大的吸引力、口碑擴散、FOMO（Fear of missing out，錯失恐懼症）……等，而帶動交易。

像《Phanta Bear》在外部共識上不僅是明星加持，在市場上更與無聊猿遙相呼應，有創造「東熊西猿」的歷史性與目標，因而能有極高的信仰值與數量值，成為全球第一的藝術品 NFT。

可想而知，當充滿信仰且極高的數量群時，產生的共識會多強，影響 NFT 上市後的歷程變化有多可觀。所以，指鹿為馬的情況其實是很有可能發生的，只要有一大群體認同它是「值錢貨」，那它就是！

NFT 推動成功的關鍵因素

2021年8月後，全球NFT市場交易量與平台用戶大量提升，臺灣Google Trend也同樣有增長趨勢，目前臺灣雖處於萌芽期，相信不久將出現雨後春筍的盛況。而掌握NFT本質，有益於日後推行與發售。

《Crypto Kitties》曾颳起一陣NFT小旋風，一直到近年大炒數位藝術品，NFT才被大眾廣為得知，所以你必須了解NFT背後的價值，才能應用且放大於市場。如前所述，NFT能呈現的不單只有藝術美感，可能是某俱樂部象徵，也可能是某種歷史意義表現，更可能是某種文化留存。

筆者相信，剛接觸NFT的朋友一定無法理解為什麼某些NFT作品會這麼值錢？其背後的原因就來自於認同它背後價值的共識群，而你會無法理解，便是因為對其價值尚未產生共識。

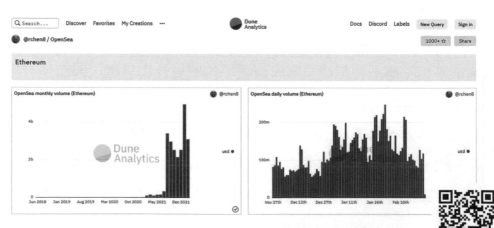

更多數據資料請掃描QRcode

更多熱門搜尋請掃描QRcode

「NFT是什麼」為2021年Google快速竄升「什麼」的關鍵字。）

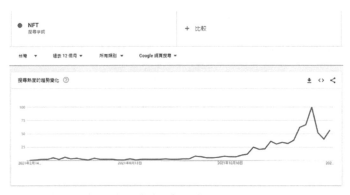

NFT關鍵字搜尋熱度趨勢變化。

簡言之，一個具有市場性的NFT作品，可能有認同、效益、社群、收藏與投資等面向來支撐價值，但其背後更有共識的力量。

所以，當你要推行NFT時，可以先從根本思考要以什麼價值贏得

市場？若有問題是誰買單？這領域水很深，存有很多詐騙、黃牛等，導致真正想投入的客群被影響，這情況對原先就有的品牌可能產生影響？且如果過度依賴粉絲、老客戶買單，他們會不會因此被消耗、流失？最重要的是NFT能不能刺激新受眾進來。

市場現況

2021年1月開始，數位收藏卡《NBA Top Shot》銷售額陡增，於2月突破2億美元，促使加密貨幣市場的投資者將目光轉向NFT領域。3月，藝術家Beeple作品於佳士得拍出高價，間接帶動更多藝術家了解、涉足NFT市場，後續無論是《Crypto Punks》還是《Bored Ape Yacht Club》，均在這場NFT熱潮中爆發。

其中，鏈遊代表《Axie Infinity》創造了一系列驚人的數字，它在遷移到以太坊側鏈Ronin後，《Axie Infinity》在第二季實現爆發式增長，成為第二大NFT市場。一、二級市場亦開始活躍，OpenSea獲得1億美元融資，也取得有史以來最好的NFT銷售量，展示了整個NFT生態的增長。

據CoinGecko資料顯示，現在全球NFT總市值近445億美元，在加密貨幣市場下行影響中，NFT項目熱度呈逆勢上揚，銷售額屢創新高，說明在全民瘋NFT的熱潮下，用戶參與度不斷加深，市場已開始重新評估NFT的價值。

關於NFT市場的發展現狀，可以從以下筆者提供的幾個具體項目評估。

1 銷售額（USD）

　　據DappRadar平台的追蹤，2021年上半年的銷售額接近25億美元，高於2020年上半年的1,370萬美元，但另一網站NonFungible.com所統計的數字是13億美元，為什麼會有如此大的差異？這是因為後者統計時不包括「DeFi」的NFT。

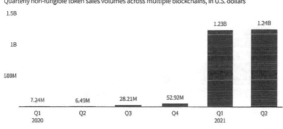

　　Dune Analytics是強大的區塊鏈研究工具，它可用於查詢、提取和可視化以太鏈上的大量數據，據該網站資料顯示，全球最大的交易平台OpenSea，累計交易量逾8.8億美元，日交易量達6,200萬美元。另外，OpenSea上目前共計銷售逾80萬件NFT，產生的收益（包括OpenSea和合作夥伴費用）超過6,000萬美元，活躍交易者更突破10萬人。

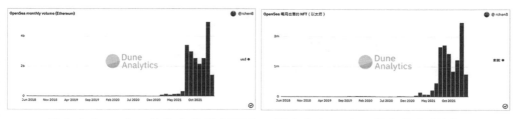

圖左為OpenSea每月交易量(ETH)；圖右為OpenSea每月售出(件)。

② 按類別劃分的 NFT 銷售量

體育和收藏品仍是目前最受歡迎的NFT類型，但值得注意的是，先前大火的NBA珍藏卡NFT交易量萎縮，買家數量從40.3萬人下滑至24.6萬人，接近減半。平均價格從182美元的峰值跌至27美元，大幅震盪。

Sports and collectible NFTs are most popular

Number of non-fungible token sales in popular categories in the first six months of 2021

Metaverse	37,144
Game	72,796
Utility	75,378
Art	124,188
Sports	299,684
Collectible	367,129

Note: Data only shows sales on the ethereum blockchain, which is used for the majority of NFT sales. Data does not include sales which took place "off-chain".
Source: NonFungible.com

各類型 NFT 數量統計，以收藏類型居冠。

③ NFT 買家/賣家數量

據NonFungible.com統計，自2021年3月份以來，每週買家的數量大多在1萬至2萬，超越賣家，但這網站資料只匯總了以太鏈上的NFT交易資料。

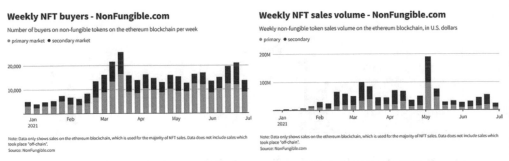

左圖為2021年NFT買家數量；右圖為2021年NFT賣家數量。

④ NFT收藏品銷量排名（All-time、30 days）

根據Cryptoslam資料統計，NFT收藏品歷史銷量排名前三位為
《Axie Infinity》、《Crypto Punks》、《Bored Ape Yacht Club》。

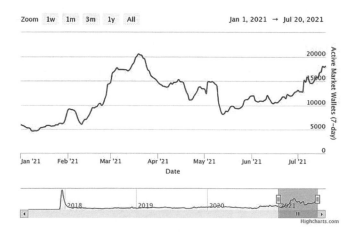

30 Days的交易。

⑤ 市場錢包活躍度

2021年5月，加密貨幣市場動盪，加密錢包活躍度一度跌至
10,000以下，但沒過多久又回升，呈現逐漸增長趨勢。

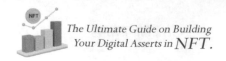
6 市值

　　NFT的市場總值飛速發展，據CoinGecko統計，從2018年4,000萬美元至2020年增長至3.5億美元，到2021年上半年，金額又增長到近130億美元，現2022年更成長至445億美元，增長勢頭猛烈。

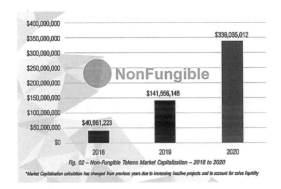

Fig. 02 – Non-Fungible Tokens Market Capitalization – 2018 to 2020
*Market Capitalization calculation has changed from previous years due to increasing inactive projects and to account for sales liquidity

7 投資

　　隨著大眾對NFT接觸和理解也日亦加深，區塊鏈基礎設施也越發成熟，NFT平台和項目成為新的投資風口，越來越多資金流入NFT及相關公司和專案，據統計，已有超過10億美元的資金流入NFT產業。

　　在投資週期牛市後期，儘管整體市場表現不佳，但仍有不少大筆投資。2021年3月，Dapper Labs宣布完成一筆3.05億美元融資，這是NFT領域2021年最大的一筆融資。2021年7月，全球最大的NFT市場OpenSea在B輪融資中融資1億美元，估值達15億美元。區塊鏈遊戲及NFT開發商Animoca Brands也成功融資到1.39億美元。同樣引起關注的還有獲得3,700萬美元資金的Certik，領投方包括雷軍旗下的順為資本。

注1：圖中項目呼應近日超跌均為成點另題
數據來源：Crunchbase, Coinmarketcap

在 NFT 上拍賣的經典作品

　　有許多企業、名人販售 NFT 產品，筆者整理出曾造成轟動的知名產品。

- Twitter 創辦人 Jack Dorsey 的首篇推文，以 275.5 萬美元售出。
- NBA 數位球卡《NBA Top Shot》，臺灣地區無法登入該網站購買。
- 新竹街口攻城獅的數位球員卡，為亞洲首款職籃 NFT 數位球員卡。
- 哥吉拉怪獸也推出多種 NFT，包含影像、漫畫封面與動態卡片。
- 知名網路迷因圖彩虹貓（Nyan Cat）作者將彩虹貓製成 NFT 販售，以 300 顆以太幣的價格售出。
- 知名梗圖火災女孩以 50 萬美元售出。
- Uniswap 團隊限量發行 500 雙 NFT 襪子 UNISOCKS，一雙要價 16 萬美元。
- 藝術家 Banksy 的畫作 Morons，由團隊 Burnt Banksy 買下並燒毀，

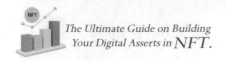
隨後製成NFT在OpenSea上販售。

● 知名藝術指導Ben Mauro在VIV3上出售傳奇卡包，Ben Mauro曾參與遊戲《決勝時刻》、《最後一戰》；電影《哈比人》的設計。

● 藝術家Beeple的《Everydays: The First 5,000 Days》，在佳士得上以6,934萬美元賣出；《Cross Road》以660萬美元賣出。

● 品牌Playboy宣布和Nifty Gateway合作，在Nifty Gateway上架以往的雜誌內容。

● 蘇富比拍賣藝術家Pak的作品，共拍得1,680萬美元。

● 《TIME》雜誌於SuperRare上販售三幅NFT作品，分別為《Is God Dead？》、《Is Truth Dead？》、《Is Fiat Dead？》

2-2 早期的 NFT

廣為人知的NFT作品《Crypto Punks》可稱為NFT鼻祖，啟發ERC-721協議，透過改造ERC-20協議發行代幣，一些圖像以數百萬美元的高價售出，在 2021 年NFT熱潮下更受歡迎，使它們成為最昂貴的NFT之一。

驟眼看，這些細小的像素圖案沒有特別之處，有些在叼著煙斗，有些則戴著帽子，有些甚至是外星人，但在NFT世界中絕對不能以貌取人，這些像素圖的價值高得嚇人。

Largest Sales
See all top sales

#3100
4.2KΞ ($7.58M)
Mar 11, 2021

#7804
4.2KΞ ($7.57M)
Mar 11, 2021

#4156
2.5KΞ ($10.26M)
Dec 09, 2021

#5217
2.25KΞ ($5.45M)
Jul 30, 2021

#8857
2KΞ ($6.63M)
Sep 11, 2021

#2140
1.6KΞ ($3.76M)
Jul 30, 2021

#7252
1.6KΞ ($5.33M)
Aug 24, 2021

#2338
1.5KΞ ($4.32M)
Aug 06, 2021

#6275
1.32KΞ ($5.12M)
Sep 04, 2021

#7252
1KΞ ($2.53M)
Aug 04, 2021

#6275
1KΞ ($3.89M)
Sep 04, 2021

#8888
888.80Ξ
($2.87M)

《Crypto Punks》為紐約Larva Labs的創意之作，該公司位於紐約，由Matt Hall及John Watkinson創辦，是2017年一個對NFT及

藝術品進行價值實驗的項目，現演變成今日備受追捧的項目。

這些8位元風格的《Crypto Punks》共有 10,000個，為目前市場相當熱門的NFT系列。 這些人物不會戰鬥、不可質押，不能做任何事， 就只是一個小小的龐克角色頭像。

更多《Crypto Punks》
資訊請掃描 QRcode。

它們雖是透過區塊鏈技術生成，但與比特 幣或以太幣截然不同，這10,000個角色為以太鏈上獨一無二的NFT， 其中有3,840人是女性，6,039人是男性，還有一些猿人、外星人及 殭屍，每個角色的元素都不盡相同，所有角色都是獨一無二的。

Attributes

Attribute	#	Avail	Avg Sale ❶	Cheapest ❶	More Examples
Beanie	44	11	103.07Ξ	249.99Ξ	
Choker	48	6	48.23Ξ	111Ξ	
Pilot Helmet	54	10	89.77Ξ	160Ξ	
Tiara	55	8	75.13Ξ	119.99Ξ	

最初，這些角色免費發放給大眾，也允許民眾主動領取，只要支 付以太坊的交易手續費就能領取，但在NFT熱潮掀起後，這些頭像人 氣急升，炙手可熱，在交易平台上以高達數百萬美元成交。

目前售價前二高的龐克頭 像。左圖為編號#5822， 以2,370萬美元售出。右 圖為編號#3100，以758 萬美元售出。

140

《Crypto Punks》如何布局運作

　　《Crypto Punks》剛推出時，現在製作NFT普遍運用的ERC-721協議尚未提出，其團隊Larva Labs以最早之前的ERC-20協議來製作，修改ERC-20的代碼，才創造出此龐克系列NFT，也影響了後面ERC-721協議的誕生。

Token CRYPTOPUNKS ⓘ

Featured: Review and revoke dApp access to your tokens with our Token Approvals tool!

Overview [ERC-20]

PRICE $0.00 @ 0.000000 Eth	FULLY DILUTED MARKET CAP ⓘ $0.00
Max Total Supply:	10,000 Ȼ ⓘ
Holders:	2,002
Transfers:	22,656

　　任何人都可對其圖像進行計算，並與協議中的指定圖像哈希值相互比較，從而驗證每個《Crypto Punks》的真實性，可參考下圖《Crypto Punks》協議中相應的哈希值。

```
// You can use this hash to verify the image file containing all the punks
string public imageHash = "ac39af4793119ee46bbff351d8cb6b5f23da60222126add4268e261199a2921b";
```

　　Larva Labs團隊直接在官方網站設置賣場，有意願購買者可在官網上出價、購買及出售，只要安裝及連接自己的錢包，就能進行交易，可以不透過其他NFT交易平台。

當然，《Crypto Punks》還是有在OpenSea上架，但在該平台上交易的頭像略有不同，為ERC-721協議包裝的NFT，未來買主要出售時，也可轉換為ERC-20在官網上販售。

於OpenSea上交易的《Crypto Punks》頭像。

《Crypto Punks》有別於《Crypto Kitties》具有遊戲元素，它每個獨立角色就只是一張簡單圖像，現在有好多類似《Crypto Punks》的NFT相繼推出，反映出它受歡迎的程度。

《Crypto Kitties》裡的貓。

 # NFT為何能大火？

2021年3月11日，佳士得首次拍賣以NFT形式創作的數位藝術作品《Everydays: The First 5,000 Days》，以高達6,934萬美元成交，Beeple先前的作品很少賣超過100美元，而這幅NFT創作為他的「日

常」系列全數 5,000 張圖像的集合拼貼,寫下在世藝術家拍賣第三高價,成為藝術史上亮眼的一筆!Beeple 也一舉躋身當今在世最有價值的前三大畫家,更象徵著 NFT 爆發起點。

數位藝術的歷史始於 1960 年代,但由於數位檔案容易複製,無法確定作品來源,因而難以評定其價值。所幸,在區塊鏈技術下創造出的 NFT,有著區塊鏈的特性,讓收藏家及藝術家能核實數位藝術品的擁有者及真偽性,NFT 形式的數位藝術品將會由創作人或當時的擁有者直接傳送給買家,該 NFT 有無法偽冒的藝術家加密簽名和獨一無二的區塊鏈識別印記,因而能被賦予價值。

2021 年十大最貴 NFT

2021 年 NFT 交易風潮席捲全球,眾多名人、企業相繼追捧,競相加入拍賣,更進一步掀起收藏家天價競標,打響 NFT 名號。對 NFT 市場來說,2021 年是具有突破性意義的一年,買家在數位收藏品上的花費幾乎相當於傳統藝術品,甚至更高。

據 Chainalysis 數據顯示,2021 年收藏家、投資者光在以太鏈上的 NFT 就投入 410 億美元,如果把 Solana 等其他區塊鏈也算進去的話,數字應該會更驚人,NFT 生態系在這一年間創造了令人驚艷的輝煌成就,下面筆者整理出十大最貴的 NFT 作品。

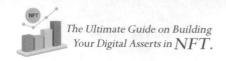
1 第一名：《Merge》

《Merge》為藝術家Pak創作的實驗性NFT，在數位藝術品拍賣平台Nifty Gateway銷售，售價近9,200萬美元。

而在Nifty Gateway平台推出的實驗性作品《Merge》，這項作品並非在以太鏈上生成的NFT，而是透過「mass」代幣，該代幣在賣出後會被另外組合成動態且獨特的NFT收藏品。

據Nifty Gateway社群經理的說法，Pak的Merge NFT透過mass進行鑄造，Merge NFT是在鏈上以智能合約生成，其視覺大小和其他元素會基於每個錢包中持有的mass代幣數量而改變，也可以在二級市場上出售mass代幣。且在Pak生態系統，NFT可以透過銷毀平台進行燒毀來提高稀缺性，並獲取社群代幣ASH。

根據Nifty Gateway最終統計，《Merge》共賣出266,444顆mass代幣，價值約9,180萬美元，共有28,984名買家參與，其中購買最多的買家出價8,695顆mass，《Merge》也因此成為Nifty Gateway平台史上收入最高的項目。

稍微聊一下創作者Pak，他是NFT藝術產業早期明星之一，也是第一位從NFT藝術品中賺取超過100萬美元的藝術家，及第一個透過蘇富比出售NFT作品的藝術家，但始終匿名出現。

2021年4月，Pak在的蘇富比拍賣會上拍賣《The Fungible》系

列NFT，銷售額約1,700萬美元。2021年9月，另一NFT系列《Lost Poets》，銷售額約7,000萬美元。

② 第二名：《Everydays：The First 5,000 Days》

《Everydays：The First 5,000 Days》NFT在佳士得拍賣以6,934萬美元售出，讓「NFT數位藝術」正式走進大眾的視野中。

這幅創作是由藝術家Beeple從2007年5月到2021年1月每天在網路上發布的圖拼貼而成，共計5,000幅。

這5,000幅畫多半以抽象、奇幻、怪誕風格繪製，裡面充滿Beeple本人對時事、社會的反思，已逝美國流行音樂天王Michael Jackson、社群媒體FB創辦人Mark Zuckerberg、前美國總統Trump、北韓領導人金正恩……等，重大時事人物也都有入畫。

③ 第三名：《Human One》

《Human One》於佳士得上以2,900萬美元成交，為藝術家Beeple首件實體作品，這是一個以不斷探索為主題而創作的實體及數位混合作品，以NFT共同呈現的元素為藝術家儲存在以太鏈上的視覺藝術作品集，《Human One》設計從該作品集中隨機抽取動態圖像來播映。

該作品會應不同的日夜觀賞體驗，在四個相互連接的屏幕播放超過24小時的動態影片，底部連接電腦，影片中的主角無視永無盡頭又徒勞無功的薛西弗斯式命運，在這不斷變化的反烏托邦風景中，有節奏地邁向前方。

《Human One》的有趣之處在於，Beeple希望在他有生之年能不斷改變它，這意味著擁有者會看到《Human One》隨時被更改為Beeple所想的任何內容，而這些變化可能取決於他的心情和創作者近期正在考慮的事情。

④ 第四名：《Crypto Punks》編號#7523

《Crypto Punks》編號#7523在蘇富比上售出，售價1,180萬美元。該頭像為一個帶著口罩的外星人，是《Crypto Punks》9個外星人龐克角色之一，也是所有頭像中唯一戴著口罩的。

⑤ 第五名：《Crypto Punks》編號#4156

《Crypto Punks》編號#4156售價1,026萬美元，是該系列NFT作品中僅有的24隻猿猴種類之一，原先的持有人也以編號#4156為

名，在Twitter上打響名號，成為NFT領域的
KOL，超過10萬人追蹤。

　　但該KOL之後因發行商Larva Labs未正視
《Crypto Punks》的版權問題，對項目方失去信
心，最終選擇將編號#4156以2,500顆以太幣售
出。

6 **第六名：《Crypto Punks》編號#3100**

　　　　　　　《Crypto Punks》編號#3100售價758萬美
元，該頭像是《Crypto Punks》9個外星人皮膚
NFT中的其中之一，為一個配戴運動髮帶的外星
人。

7 **第七名：《Crypto Punks》編號#7804**

　　《Crypto Punks》編號#7804售價756萬美
元，是《Crypto Punks》9個外星人皮膚NFT中
的其中之一，為一個帶著帽子、叼著煙斗的外星
人。

8 **第八名：《Ringers》編號#109**

　　《Ringers》是由藝術家Dmitri Cherniak所設計，為知名生成藝
術平台Art Blocks Curated上最受歡迎的系列作品，其中編號#109討

論度最高，以711萬美元售出。

有許多人對Dmitri Cherniak的靈感來源持疑，認為生成藝術NFT，並非由藝術家所創作，僅是透過演算法自動生成作品，因而不能稱為「藝術」。

但即便如此，《Ringers》系列作品仍相當受關注，在NFT市場上大放異彩，畢竟只要NFT作品能持續被討論且交易，就具有價值。

9 第九名：《Crossroads》

《Crossroad》是一支10秒的短影片，於NFT交易平台Nifty Gateway以660萬美元成交。

該影片極具諷刺意味，在一個鳥語花香的公園，巨大的美國前總統川普雕像倒在草地上，身上蓋滿標語，像是「魯蛇（LOSER）」、「可憐的男孩（POOR BOY）」等等，反映出創作當下的時事或觀點。

10 第十名：《Ocean Front》

《Ocean Front》描繪了一個巨大的集裝箱、一個大篷車和一棵樹的融合，高高地矗立在大海中央，十分有氣勢，由波場（Tron）創

始人孫宇晨在Nifty Gateway平台上以600萬美元的價格拍下該NFT。

孫宇晨購入後公開表示，此拍賣屬公益性質，平台會將拍賣所得捐獻給Open Earth基金會，用以對抗全球氣候變化帶來的挑戰。

該幅NFT作品的所有權則會以TRC-721協議對應發行於波場鏈上，儲存於波場鏈與BTFS去中心化系統。

而孫宇晨斥以鉅資購入NFT，代表的不僅僅是他個人對於藝術產業趨勢的判斷與支持，更象徵著其領導的波場將全面進軍NFT市場，筆者拭目以待。

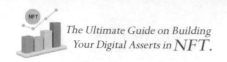

2-3 NFT 熱門項目

在了解NFT的歷史、分類、現狀後，筆者整理出幾個目前 NFT項目中，引人關注的熱門案例討論。

NFT 藍籌股和分叉

不管是證券還是DeFi市場，都有所謂的藍籌股，NFT也不例外。藍籌（Blue Chips）概念來自賭場，由於賭場內藍色籌碼最值錢，所以人們將其衍生為證券市場中那些市值高、經營業績好的股票，就稱為「藍籌股」。

藍籌股在其所屬行業內，通常都佔有重要支配性地位，在市場相當活躍。一般來說能被稱為藍籌股的項目應該具備以下特點。

● 市值排名較前。

● 銷售額高且穩定。

● 交易活躍，流動性佳。

● 於其產業處領導地位。

● 被其他機構廣泛學習且採用。

　　根據以上幾點來看現在NFT市場上所謂的知名項目，有些熱門項目其實不能算是藍籌股，就好比《NBA Top Shot》球星卡，該NFT雖然銷售額名列前茅，但流動性和交易額的穩定度其實都差強人意。

　　筆者常看到帶有抨擊性的報導：「斥資上百萬美元來買一個JPG圖檔，風險其實是很大的，這類的投資項目並不適合一般小白入場。」確實，但不管是何種項目，只要是投資都存在風險，所以要理解NFT的背景和其中價值為何，這時選擇NFT中的藍籌項目是一個不錯的方法，較能找到優秀且有價值的NFT項目，降低可能承擔的風險大小，賺取長期獲利。

 藍籌股代表：《Crypto Punks》

　　筆者目前最認同的藍籌股為《Crypto Punks》，其價值層面可以從以下四點分析。

① 設計理念

　　《Crypto Punks》具有顛覆性的設計理念，和其他以太鏈產出的NFT項目不同，《Crypto Punks》使用ERC-20協議，其稀缺性與恆定供應與另一NFT項目《Crypto Kitties》可以無限量生成不同，《Crypto Punks》數量固定，總共只有10,000個，且每個屬性都不同，充分表現出此NFT項目的稀缺性。

② 價值敘事

《Crypto Punks》該數位化的龐克藝術品，旨在向Timothy May在九〇年代初參與開創的加密龐克運動致敬。

且《Crypto Punks》沒有任何特別的行銷手段，也沒有找知名IP背書，僅是純鏈上生成的資產。項目最初發布時相當公平、簡單，免費提供給大眾索取，官方也將其中9,000個作品以贈送的方式贈予社群。

③ 社交貨幣

《Crypto Punks》於2017年發布，為NFT鼻祖，擁有絕佳的社交貨幣屬性，代表了區塊鏈行業名片，以及高端投資通行證。

圍繞《Crypto Punks》NFT所開發的產品，形成一個去中心化收藏家社群，該社群有其遊戲規則，例如加入社群的人，都會將其持有的《Crypto Punks》作為個人資料頭像。

④ 社群賦能

《Crypto Punks》的收藏家們不是被動地持有而已，彼此之間會相互合作，再從《Crypto Punks》角色中啟發出的新故事。例如，有一群收藏家將他們收藏的龐克人物結合，創作了一部包含系列中16位人物的龐克漫畫，架構背景故事和敘事線，為這些頭像創造完整的IP身份。

　　《Crypto Punks》推出時，ICO當道，整個鏈圈以發幣為主，《Crypto Punks》同樣使用區塊鏈技術，創造出以太坊上第一批具有驗證所有權的數位藝術作品，開闢NFT之先河。

　　幾年沉浮後，《Crypto Punks》現已經發展為NFT生態系統中極具代表的項目，並擁有自己的拍賣網站Punk House，其增長背後主要來自原生設計理念與後期內容創作增值，當然，整個區塊鏈社群對於NFT狂潮的關注，也是助長《Crypto Punks》爆紅最根本的動力。

　　除了上述因素外，筆者認為還可以從下面幾點思考。

① 在設計敘事中實現價值主張

　　龐克精神、公平性的價值主張與稀缺性的供應設計，讓《Crypto Punks》成為一種富有敘事性的資產，也因此成為以太坊文化層面的代表。

② 將社群創作與商業獲益結合

　　濃厚的社群氛圍使二次創作沒有停留在傳統UGC（使用者生成內容）層面，收藏者以最初的龐克圖像為靈感啟發，創作出全新的藝術，並將其二創產物作為NFT，當作粉絲藝術品出售，不僅讓原有龐克圖的曝光率增加，更創造出新的需求，讓二創作者、原創開發人員，以及《Crypto Punks》社群內的成員共同受益。

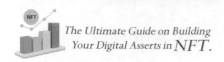
③ 發揮其社交性

位元式的藝術圖像適合作為社交軟體的頭像和人設形象，加上龐克的歷史意義賦予更多層面的價值，使《Crypto Punks》成為一種社交貨幣，頭像本身就是「社交資本」中的一個「權益證明」。

🐱 **Top #3 highest sales in Q2 2021 [Collectibles]**

	Project	Asset name / details	Sale date	Sale type	Crypto price	USD Price
	Cryptopunks	Ⓒ #3011	04.27	Secondary	667 ETH	1 764 108
	Cryptopunks	Ⓒ #2066	05.02	Secondary	500 ETH	1 459 440
	Cryptopunks	Ⓒ #1190	05.18	Secondary	400 ETH	1 410 736

據 NonFungible 調查，收藏品最高售賣記錄前三名均為《Crypto Punks》。

所以，在 NFT 市場仍以頭像為主流，這類 NFT 為個人在網路、元宇宙上代表自己而設計，因此受到極大的推崇，日趨瘋狂，《Crypto Punks》不斷刷新售價記錄就是最好的證明。

盲盒代表：《Hashmasks》

《Hashmasks》是一個蠻特別的 NFT 項目，其商業模式圍繞著 NFT 畫作，但另外結合兩種玩法：盲盒和 ENS（Ethereum Name Service，以太坊域名服務），這在當時屬較創新的玩法。

買家透過拍賣平台購入《Hashmasks》，但他們不會馬上知道自己到底買了什麼樣式的圖片，也就是說初期所有購買者購入的NFT都處於未知狀態，也因此稱為盲盒，必須等到拍賣結束後才揭曉答案，這樣的商業模式讓收藏者充滿期待感。

《Hashmasks》也將作品的部份創作權下放給收藏者社群，持有者開啟盲盒後，只要花費些許NCT代幣，就可以為NFT命名，待NCT全部被官方銷毀後，藝術品的最終形態才能得以確定。

這種與ENS功能變數名稱設計的大膽嘗試吸引了眾多用戶參與，同時，由於NCT本身對應著一種改動作品的權利，這個權利可能會增加作品本身的價值，所以該代幣本身也是有價值的，再加上其本身的通縮屬性，因而能形成一個炒作的買賣市場。

《Hashmasks》引入的創作權市場是最大的創新之處；命名權的下放，會影響藝術品接下來在市場的表現，也將影響對NCT的供應需求，替藝術品的流轉和價值帶來一定程度的挑戰，所以《Hashmasks》雖創新，但後續的市場交易量並不高。

NBA球星也瘋狂：《Bored Ape Yacht Club》

因NBA球星Curry的購入讓《Bored Ape Yacht Club》（以下稱BAYC）在市場形成一股炫風，BAYC除受到NFT的稀缺性社交貨幣等價值敘事充滿話題外，還有幾點增長要素值得討論。

BAYC最初開賣定價為0.08顆以太幣，收藏者可以用較低的金額入場，因而產生極高的財富想像。

而一項NFT要有所價值，除了持續賦能外，不斷炒作話題也相當重要，起初BAYC因為球星Curry購入而備受關注外，其實它也在同時期的NFT項目《Meetbits》上炒作一波，借力東風來操作話題性。

《Meetbits》背後的團隊與《Crypto Punks》相同，《Meetbits》推出時免費發放給有花費以太幣購買《Crypto Punks》和《Autoglyph》的買家，其他人若要購買，就必須花費近8,000美元搶購。但BAYC推出時，每個NFT只要0.08顆以太幣，形成強烈對比，市場因而形成一隻無形的手，將用戶推向BAYC的懷抱。

為什麼會這樣？因為在價格如此懸殊的對比下，向消費者傳達出一種價值感受，《Meetbits》的模式使那些富有的收藏家變得越發富

有，但BAYC讓一般大眾也能涉入其中，引起熱議，也因而讓市場認為BAYC比《Meetbits》更有潛力成為下一個《Crypto Punks》。

點燃 GameFi 熱潮的引信：《Axie Infinity》

《Axie Infinity》是基於回合制的卡牌戰鬥遊戲，為目前排名第一的NFT遊戲，也是以太坊上流量最高的應用程式之一。遊戲行業獨特的吸引力之一在於其面對宏觀動盪的出色韌性，這一點已經在2008年金融海嘯和2020年COVID-19疫情中充分證明。

加密遊戲領域也出現類似的態勢，加密市場陷入低迷狀態時，《Axie Infinity》開啟了NFT的另一項目，點燃一股新的熱潮，帶有「DeFi Summer」的味道。可以客觀地從幾個數據來看。

① 交易量

據CryptoSlam資料顯示，NFT遊戲《Axie Infinity》累計交易量突破10億美元，在NFT市場中按成交量計算位列首位。在二級市場上，《Axie Infinity》遊戲中的NFT交換量也爆炸性增長，在OpenSea和Axie Marketplace的超過7億美元。

② 遊戲收益

2021年4月，《Axie Infinity》產生的收益約為67萬美元。2021年5月份，其收益為300萬美元。2021年6月份，其收益為

The Ultimate Guide on Building
Your Digital Asserts in *NFT*.

1,220萬美元。2021年7月份，其收益已經達到1.6億美元，排名高於以太坊、幣安智能鏈或比特幣，成為收入最高的加密協議。

3 玩家

根據《Axie Infinity》Twitter官方消息，《Axie Infinity》在2021年8月突破102萬名日活躍用戶，兩個月用戶成長超過 1,000%，玩家有60%來自菲律賓。

4 應用排名

《Axie Infinity》大多數活動發生在Ronin側鏈上，但據EtherScan資料顯示，《Axie Infinity》仍是以太坊上Gas消耗量排前三的應用。

5 代幣價值

《Axie Infinity》遊戲的代幣AXS於2020年11月初發布，至今市值已增長到20億美元。

6 收藏價值

從NFT收藏品價值來看，《Axie Infinity》成為有史以來最有價值的NFT收藏品。據marketplace.axieinfinity資料顯示，《Axie Infinity》編號#3070以30顆以太幣成交，約95,887.9美元。《Axie Infinity》遊戲內的寵物仍不斷升值中，市場報價最高的一隻寵物目前喊到987,987顆以太幣。

7 社群增長

《Axie Infinity》在Discord伺服器上擁有76萬名成員，是世界上為數不多，擁有超過50萬名用戶的Discord伺服器之一。

8 市盈率

據Delphi Digital統計資料顯示，《Axie Infinity》的市盈率從2021年4月底的800以上，跌至近期低點7.59。

儘管《Axie Infinity》缺乏傳統中心化遊戲在用戶體驗、遊戲設計和圖形方面的複雜程度，和傳統遊戲相比，它依舊停留在《魔力寶貝》級別，不曉得你知不知道這款遊戲？但和第一代NFT遊戲《Crypto Kitties》比較，《Axie Infinity》的寵物除了能拿來培養，還能用於戰鬥，遊戲中的寵物是資產，戰鬥就能獲得獎勵，重點是可在鏈上交易。

總體來說，第二代NFT遊戲在可玩性和遊戲體驗方面表現更好，具有開放式世界，支持對戰等玩法模式，還有更豐富的美術效果和開

The Ultimate Guide on Building
Your Digital Asserts in NFT.

放玩家生成內容，依舊有著相當高的可玩性，隨著鏈遊市場不斷擴大，玩家不斷加入，對遊戲品質的要求自然也會越來越高。

從商業模式來看，《Axie Infinity》的「Play-to-Earn」邊玩邊賺錢模式中，交易收益的95%都歸玩家所有，《Axie Infinity》協議獲取的大約5%收益將流入其「Community Treasury」（社區金庫）。且側鏈Ronin推出後，透過支付2AXS來代替以太幣的Gas成本，金庫有了新的收入來源，得以改善遊戲的收入結構。Staking部份上線後，金庫也會分配給代幣持有者，這才是最真實形態的留存收益。

在傳統中心化遊戲規則中，沒有透明的經濟系統，遊戲道具也不屬於持有者，只要遊戲停運或關閉，裡面的道具將不復存在，而且道具只能在遊戲中使用，但現在把遊戲建立在區塊鏈架構下，一旦遊戲內的資產上鏈，玩家便能擁有遊戲中的資產（積分、道具、武器、角色）之所有權。因此，這類商業價值體現在對數位資產所有權和產權的需求，《Axie Infinity》用創新的遊戲賺取生態系統激勵玩家擴大NFT遊戲的潛在市場，將更多玩家帶入加密生態系統，並提高參與度。

這也是「Play-to-Earn」與傳統線上遊戲「Free-to-Play」最大的差異，在現今注意力經濟下，企業賺取用戶的眼球，用戶也應獲得相應的獎勵，其付出的時間與勞動也屬於資產，為個人財富的一部份，只要遊戲成為橋樑連結起鏈上與鏈下時，這份價值便可以帶到現實。

《Axie Infinity》能否持續火爆？這個問題就交給時間解答，但它確實展現了區塊鏈經濟潛在的社會價值，在「GameFi」的發展下，NFT成為一種生產力工具，它不僅生產價值（SLP／AXS），也承載

了凝結在勞動上的價值（Axie NFTs），並透過鏈上流動，改變生產關係（遊戲開發商、工會和玩家）。

　　NFT目前的項目主要在收藏品、遊戲、元宇宙、藝術、DeFi、公共事業等領域，但不限於實物和數位資產的所有權證明、遊戲道具、可程式設計數位藝術、音樂、視頻、房地產的部份所有權、智慧財產權檔、歷史文物的記錄、社交代幣、VR可穿戴設備、虛擬房地產、活動門票、訂閱徽章、區塊鏈功能變數名稱等等。

　　除NFT頭像外，在元宇宙概念的催化下，目前最值得注意和高度期待的是虛擬房地產和遊戲，2021年業內第一股Roblox上市，後疫情時代對線上場景價值的迫切需求，元宇宙概念造成熱潮，目前正在建立和提出元宇宙相關概念應用的包括：《Decentreland》、《The Sandbox》、《Cryptovoxels》等等。

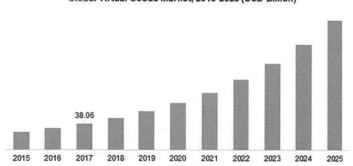

Global Virtual Goods Market, 2015-2025 (USD Billion)

38.06

2015　2016　2017　2018　2019　2020　2021　2022　2023　2024　2025

　　據估計，虛擬商品市場規模約為500億美元，預計2025年將增長到1,900億美元。可口可樂也宣布與《Decentraland》合作；一塊

《The Sandbox》土地以863,000美元售出,而《Axie Infinity》土地的交易價格也超過500,000美元。

但相比起其他區塊鏈領域,元宇宙目前缺乏貼合自身優勢的玩法和造富效應;應用硬體門檻較高,優化不完善;玩家群體還是局限於圈內的用戶,觸及不到區塊鏈之外的大眾群體。

且長期來看,元宇宙將是許多獨立工具、平台和由共用基礎設施和協議支撐的世界不斷融合的結果。其所需的 VR/AR/MR、AI、NLP、電腦視覺繪製、雲端虛擬化、腦機介面等多種技術,儘管發展速度都相當猛烈,但目前仍處於生產內容階段。

大部份人認為,在二維網路世界和區塊鏈世界中,NFT只是現實資產的數位憑證,但在三維的鏈網融合和元宇宙世界中,NFT代表的不僅是現實資產之延伸,還是原生虛擬世界資產的起點,更會成為一個代表身份、資產、權益、各類屬性的「通證」。

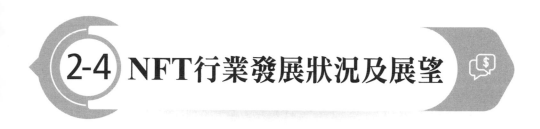

2-4 NFT行業發展狀況及展望

雖然說NFT是從2017年開始，但真正被關注及應用卻是在2021年，目前的NFT應用在藝術相關類居多，也就是投資賺錢相關的發展，這個跟區塊鏈初期的發展是有比特幣帶動是一模一樣的道理，隨著時間推進，企業賦能應用會越來越多，因為NFT的應用程面本來就很廣，可謂萬物皆能NFT。

下面來探討一下NFT架構的發展。

 **基礎設施層**

隨著NFT行業的持續升溫，會有越來越多區塊鏈開始NFT生態布局，因為現有以太坊網路存在著手續費過高、網路擁堵、使用者體驗差等問題，所以尋求可以承載高頻交易、規模化市場的解決方案是NFT行業進一步發展的關鍵。

目前Flow、Near等公鏈，Polygon、xDai、WAX等側鏈以及Immutable X等Layer 2擴容解決方案均在不斷豐富各自的NFT生態系統。

受成本影響，NFT映射的數位內容一般不上鏈，儲存於其他中心

化或非中心化的儲存系統中，透過雜湊值或URL映射上鏈。目前，
《Axie Infinity》、《Crypto Kitties》等很多NFT映射的數位內容便存
在中心化系統中，有著內容資源丟失或被竄改的風險，因而有越來越
多NFT專案的數位內容儲存在IFPS等去中心化儲存系統中，且隨著
技術的發展，更加安全可靠的去中心化可修復的儲存系統會日漸推出，
諸如Filecoin、Memo等，都有望成為未來NFT儲存的解決方案。

項目創作層

　　文娛行業IP將延伸至NFT領域，尤其是音樂、影視、遊戲等數位
內容產業與NFT簡直是天作之合，憑藉IP的影響力豐富盈利的同時，
亦擴大自己的IP影響力。美國漫威便與數位收藏品平台VeVe合作，
推出五款不同類型的蜘蛛人NFT；網易旗下遊戲《永劫無間》IP授權
澳洲NFT發行商MetaList Lab發行《NARAKA HERO》系列NFT盲
盒，於幣安NFT市場上架；歌手胡彥斌將自己二十年前珍藏的《和尚》
未公開Demo鑄成限量2001份的20周年紀念黑膠NFT，作為七夕節
禮物送給粉絲。

　　現也有越來越多傳統消費領域的企業擁抱NFT市場，利用NFT
來行銷，好比Audi基於New Audi A8L 60 TFSIe的插電混動特質
及經典設計項目再次創作，限量發行「幻想高速（Fantasy Super
Highway）」系列五款NFT。

　　法國奢侈品牌LV為慶祝創辦人路易威登200周年誕辰，亦推出

一款NFT遊戲《Louis: The Game》，玩家可以透過遊戲更加認識其悠久的品牌故事，遊戲還會向玩家發送LV與藝術家Beeple合作的限量版NFT。

前面也有稍微提到，區塊鏈遊戲和元宇宙領域將驅動未來NFT行業的擴張，隨著基礎設施層側鏈、Layer 2等擴容解決方案和去中心化可修復儲存系統的技術突破，交易速度與交易成本對區塊鏈遊戲的限制大幅降低，區塊鏈遊戲和元宇宙的經濟體系有安全儲存保障。

衍生應用層

在衍生應用領域會有更緊密的結合，NFT目前在收藏品、藝術品及遊戲領域發展較迅速，其他領域尚處於起步階段。但應用場景會不斷被擴展，與各領域的結合更緊密，好比DeFi（如MEME）、保險（如iEarn.finance，現改名為yearn.finance）、社區代幣（如whale）、元宇宙（如The Sandbox）等。

另外，隨著NFT的發展，部份熱門NFT項目可能會形成自有的數位內容IP，在未來衍生至傳統文娛行業，與影視、潮玩等領域結合，如創作相關動漫、發行盲盒等。

NFT未來的方向推演其實有幾個方向可以討論，如下。

1 DeFi + NFT

流動性協議，指代表NFT作為底層資產，提供NFT定價的協議，

比如NiftEx、Upshot、NFT20、NFTX、NiftEx、TopBidder。而這些流動性協議為上層複雜應用提供NFT價值發現，比如Unicly，NFT持有者在Unicly協議上創建自己的uToken，該協議一般是對一組NFT的集合進行抵押碎片化後，鑄造對應數量的ERC-20代幣，進而參與流動性挖礦、交易等。

筆者認為目前NFT面臨幾個主要問題，那就是用戶參與門檻低、資產價值效率低、市場估值不準確、交易流動性差。真正的難點不在於建立二級市場，而在於獲取充沛的流動性，針對這些問題，目前最常見的一種NFT碎片化形式是把NFT發行質押到一個池子裡，然後發行出對應的ERC-20通證，碎片化後的NFT提高了交易流動性，也會發揮出資產流動性的價值。

對用戶來說，他可能會覺得：「我為什麼要購買碎片化藝術品其中一小塊份額呢？」其實這和買股票的概念類似：「股票」是對公司的碎片化定價。公司以「股票」的形式，使大量散戶成為投資者，看好一個公司無需收購它，只要買入股票就好了。且股票市場帶來的流動性使公司蓬勃發展，股票市值也成了公司定價的標竿，因此，若要讓NFT走向大眾化，那就必須提高資產流動性。

DODO NFT是打造最低成本的流動性市場，碎片化還不夠，還需要高效的流動性市場。一直以來，DODOEX為標準資產提供定價、發行、建池、交易、眾籌等功能，DODO NFT將打開非標準資產流動性的閘門，利用PMM演算法，為NFT提供新的定價與流動性解決方案。

NFT的流動性協議仍處早期階段，目前該領域前四名專案加起來的TVL（Total Value Locked，總鎖倉量）還不到1億美元，應用也屈指可數，但對於那些無法接觸高價NFT的普通人來說，碎片化無疑是一個更加切實可行的路徑，筆者整理出更具體的好處如下。

● **提供價格發現：**被碎片化的ERC-20代幣每一次被交易，都會產生新的價格，從而更新該NFT的總價值。

● **提升交易流動性：**碎片化的解決方案相當於創建了一個二級市場，讓買家和賣家都有動力參與市場交易，讓NFT市場進出貨更加容易，從而解決NFT交易的流動性難題。

● **降低收藏門檻：**碎片化意味著，你能以更小的價格投資一個稀有藏品《Crypto Punks》，這使建立更多樣化的NFT投資組合成為可能，但不是所有NFT都需要碎片化，沒有流動性的長尾資產不會因為碎片化而改觀，所以應該優先關注代表著「共識」的高淨值資產的流動性問題。

● **利於治理和權利：**讓NFT以交易的方式分散所有權，讓持有NFT的「權利」（例如收益共用和投票）成為一種有形的概念，治理權（例如收益共用和投票）也更加去中心化。

② Financial NFT

利用NFT作為資產表示工具的協議，NFT可以看作Token的進化，比如Uniswap LP Token和yinsure保單。Yinsure.finance 使用了

The Ultimate Guide on Building
Your Digital Asserts in NFT.

NFT的格式，將保單代幣化，稱之為yInsure NFT，這類NFT保單除了可以持有外，還能在NFT市場交易或參與挖礦。而Uniswap V3中提出的方案中創新性的使用NFT作為LP Token，NFT的金融屬性得以被彰顯。

此外，還有Solv Finance在這個領域所帶來的創新。他們根據金融票據設計了表達加密專案鎖倉Token的Financial NFT，並設計了vNFT這個全新的資產協議，基於全新的票據型通證協議，Solv支援長期合約、NFT份額拆分、按揭分期支付等全新功能。

Solv Vouchers則是Solv推出的首個Financial NFT產品，致力於重構鎖倉Token的管理方式，大幅提高鎖定資產的流動性。Solv IC Market則是Solv團隊基於原創資產協議vNFT推出的首個創新應用，嘗試用NFT將一級市場帶入DeFi領域。

DODO便已在Solv平台將10萬顆DODO鑄造成Voucher，並以市價五折價格發售，目的在回饋DODO深度使用者。

③ 抵押借貸

這一類主要代表NFT作為底層資產實現抵押借貸的協議，例如NFTfi、Pawnhouse、Taker Protocol。以NFTfi為例，NFTfi是一個P2P的NFT抵押借貸平台，允許NFT資產持有者將NFT作為抵押品來貸出資產（目前支持wETH和DAI），從而提高NFT資產的流動性。

④ 資管工具

類似DeFi裡的Zapper、DeBank等資管平台。DeFi合成資產平台Synthetix創始人Kain在推特上發表觀點：「DeFi屬於金融領域，金融給世界帶來的影響很大，但是遊戲和藝術NFT會比金融更能贏得人們的注意力。」

儘管NFT是目前加密領域最令人興奮的市場焦點，但DeFi仍是推動NFT不斷拓展邊界、重塑價值的驅動力，一個是Money Lego（DeFi），一個是Social Lego（NFT），當二者碰撞於一起，相信會有更多充滿想像力的情境、應用。

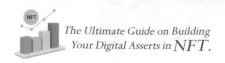

2-5 臺灣討論度最高的NFT

2021年臺灣掀起一波NFT熱潮，一張製作成NFT的數位圖片、影片，在短短幾天價格便能翻好幾倍，知名項目甚至可以賣到百萬、千萬新台幣，少數還創下破億的驚人天價，讓很多想要一夜致富的人趨之若鶩，許多品牌、網紅、藝人也掌握此波「熱潮」，紛紛推出自己的NFT項目。

但國外熱門追捧的項目在臺灣不一定會受歡迎，下面筆者整理出臺灣最熱門的NFT項目有哪些。

排名	台灣網友熱議的10大NFT項目 NFT	發行方	網路聲量
1	路吸派	謝和弦	9,196
2	Phanta Bear	周董旗下潮牌	7,034
3	OnionMeta	網紅洋蔥	4,726
4	YOLO Cat	陳零九	4,553
5	Bored Ape Yacht Club	Gargamel、Gordon Goner等	3,403
6	蔣中正總裁指揮刀	國民黨	2,956
7	CryptoPunks	Larva Labs	2,265
8	Shiyun fried chicken shop	師園鹽酥雞	2,166
9	Demi-Human	DemiVerse Studio	862
10	Ghozali Everyday	印尼男大生GhozaliGhozalo	619

路吸派

綜藝天工吳宗憲的兒子鹿希派，2021年耶誕節晚間在台北市信義區知名夜店狂歡喝酒，席間有一名「才剛認識」的酒客拿菸給鹿希派，於是他走到夜店附近微風南山前人行道上抽菸，卻被警方查緝他抽的是歸類為二級毒品的大麻煙，其父吳宗憲生氣地說：「哪有人這麼傻B，在路邊抽大麻。」

此事震撼娛樂圈，被網友封為臺灣大麻教父的藝人謝和弦，不僅發文聲援，事後更無預警地在FB宣布

發行NFT，將兩人在路邊吸菸的圖片取名為「路吸派」，總發行量僅有70張，最初發行的初始價格為0.0042顆以太幣，上線不到幾小時，一度漲至0.5顆以太幣，暴漲逾百倍，謝和弦本人也開心在臉書分享此事，並表示持有者未來有機會獲得互動機會、回饋。

此NFT搭上時事話題的熱度，又加上謝和弦本身的人氣加持效應，成為臺灣近期最具話題性的NFT項目。

Phanta Bear

2022年元旦，加密貨幣圈有一驚天動地的大消息，亞洲流行音樂天王周杰倫旗下潮牌PHANTACi與平台Ezek共同推出NFT《Phanta

Bear》，限量10,000隻，用以太幣交易，可兼作Ezek俱樂部的會員卡，每個《Phanta Bear》都有一套獨特的特徵，並為其持有者解鎖不同、獨特的訪問權限和特權。

《Phanta Bear》一隻起價高達0.26顆以太幣，但僅僅40分鐘完售，更在短短7天登上全球最大的NFT交易平台OpenSea總榜第一名，超越長期霸主《Bored Ape Yacht Club》。又在上架18天後，登上紐約時報廣場的那斯達克電視牆，成為另類臺灣之光，當天也剛好是周杰倫生日。

《Phanta Bear》雖然並非周杰倫親自發行，就算如此，仍憑著亞洲天王周杰倫的超高名氣形成另類的「帶貨效應」，價格也從公開發行的0.26顆以太幣上漲至最高7.3顆以太幣，漲幅高達28倍。周杰倫實力帶貨，從發售到售罄只用了40分鐘，10,000個《Phanta Bear》對應上千萬美元的首發交易額，《Phanta Bear》NFT的火熱程度可見一斑。

周杰倫僅有收到來自PHANTACi送來的NFT禮物《Phanta Bear》

編號#10000，穿著印有他的生日日期18號籃球球衣，一手拿著籃球，一手扶著籃框，非常符合周董的籃球愛好。昆凌收到的《Phanta Bear》編號#8938，則為保齡球主題，一手拿著保齡球，並以保齡球瓶作背景。

周杰倫也為該產品的成功感到開心，但他並未參與此商業行為的任何策劃經營，也未取得任何收益，為此發出官方聲明。可是周杰倫的人氣和知名度，確實為這次NFT發行增添不少關注度。

在周杰倫加持NFT項目的官網免責聲明中，Ezek也表示：「本商品並非金融商品或任何投資理財型商品，商品之設計目的並非作為投資之用，無論購入或出售本商品，為購買者自行決定且自行負責之行為，本公司就商品未來的價格變化無法預測或控制，如有任何價格波動，皆與本公司無關。」

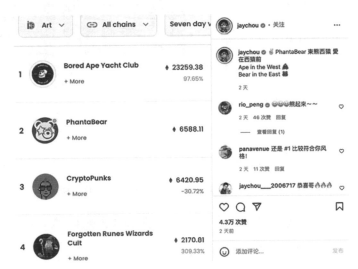

2022年1月8日，周杰倫於個人IG發文——《Phanta Bear》在OpenSea藝術品交易量排名第二。

Collection	Volume ▾	24h %	7d %	Floor Price	Owners	Items
1　PhantaBear	🔷 4,439.72	+10.42%	+742.43%	🔷 6.5	5.1K	10.0K
2　Bored Ape Yacht Club	🔷 3,060.44	-9.78%	-20.49%	🔷 77.77	6.1K	10.0K
3　ALPACADABRAZ	🔷 500.39	+25.68%	+336.53%	🔷 1.2	3.8K	9.7K
4　Creepz Genesis	🔷 448.89	-25.92%	---	🔷 0.71	3.6K	11.1K
5　Rainbow Cats NFT	🔷 414.71	+518287.12%	---	🔷 0.07	1.7K	5.0K

2022年1月10日，OpeanSea Top NFT藝術品交易量排名第一名。

OnionMeta

《OnionMeta》是插畫家兼YouTuber洋蔥發行的NFT，共1,024組，上架便一掃清光，此NFT也是日後「Onion元宇宙」世界的通行證，不僅有機會參與洋蔥實體世界的發展，還能成為虛擬世界的夥伴。

只要擁有洋蔥發行的NFT就可以成為一員，且除了享有加入專屬社群、不定時抽獎洋蔥限定週邊、官方商品五折優惠、限定LINE貼圖外，未來還有機會獲得銷售分潤，發售價格0.3顆以太幣。據此商業模式，《OnionMeta》與前兩個NFT項目相比，似乎有較好的發展性。

 YOLO Cat

由藝人陳零九推動發行，
限量999隻的《YOLO Cat》，
每隻要價0.9顆以太幣。他為了
增加NFT的價值，祭出多項福
利給收藏者，如可換取演唱會
門票、限量T-shirt，還會抽出

一位幸運兒，享有「獲得陳零九一年經濟收入的9%」，相當有噱頭，
也成功吸引不少人的關注。

　　但首波銷售時卻出現開賣「前一分鐘」即售罄的情況，據該NFT
的鏈上合約交易記錄，開賣時間設定為13：30，可在13：29區塊鏈
上便湧入大量地址成功搶鑄NFT，待正式開賣時間已無任何《YOLO
Cat》可供購買，且價格快速從0.9顆以太幣被哄抬至8.05顆以太幣，
令不少人質疑其中有著割韭菜意味，具爭議性。但陳零九事後公開表
示為系統問題，並提出補償方案，包括全額補償交易失敗的手續費。

👁	0x6a9ed694b7647cbd7d...	Mint Yolo Cats	13969457	2 hrs 41 mins ago	0x041b50875dc4714f90...	IN	0x7169687b550f625a81...	0.9 Ether	0.24991657
👁	0x2a3143247df5ca31418...	Mint Yolo Cats	13969457	2 hrs 41 mins ago	0xe130a4cd7a5a4da782...	IN	0x7169687b550f625a81...	0.9 Ether	0.24991657
👁	0x3b21709954b24bb4a3...	Mint Yolo Cats	13969457	2 hrs 41 mins ago	0x8c5fb39489920d0a42...	IN	0x7169687b550f625a81...	0.9 Ether	0.25307103
👁	0x6193c6ff8be0111ca9b...	Mint Yolo Cats	13969457	2 hrs 41 mins ago	0xd32a0017b693fa55c9...	IN	0x7169687b550f625a81...	0.9 Ether	0.25307103
👁	0x5c1a07d748f818561d...	Mint Yolo Cats	13969457	2 hrs 41 mins ago	0xbf648874e86781bf203...	IN	0x7169687b550f625a81...	0.9 Ether	0.25307103
👁	0xeebe08b5a88ed83b12...	Mint Yolo Cats	13969457	2 hrs 41 mins ago	0xa5f5906d2b4f255307e...	IN	0x7169687b550f625a81...	0.9 Ether	0.25307103
👁	0xd07def02a48063fae8b...	Mint Yolo Cats	13969457	2 hrs 41 mins ago	0x9e2aaecb7ed693d3dd...	IN	0x7169687b550f625a81...	0.9 Ether	0.25307103
👁	0xe35083fea5fe783cee...	Mint Yolo Cats	13969457	2 hrs 41 mins ago	0x4accf236b77be4cb253...	IN	0x7169687b550f625a81...	0.9 Ether	0.25307103
👁	0xed06849c8bc97054cdf...	Mint Yolo Cats	13969457	2 hrs 41 mins ago	0xece2099802ea64c63d...	IN	0x7169687b550f625a81...	0.9 Ether	0.25059168
👁	0x33c98f7c216f56af7a9...	Mint Yolo Cats	13969457	2 hrs 41 mins ago	0x9b1ce5cb30775fe2c5c...	IN	0x7169687b550f625a81...	0.9 Ether	0.25059168
👁	0x6f009b22aa0b4834c1...	Mint Yolo Cats	13969457	2 hrs 41 mins ago	0xd4ba098da01197fdfa7...	IN	0x7169687b550f625a81...	0.9 Ether	0.25059168
👁	0xbb83f1af33ec5089cfb...	Mint Yolo Cats	13969457	2 hrs 41 mins ago	0x6ba377976fa142bda7...	IN	0x7169687b550f625a81...	0.9 Ether	0.25059168
👁	0x627b11505fa681c2342...	Mint Yolo Cats	13969457	2 hrs 41 mins ago	0x31894f3a83bd09720c...	IN	0x7169687b550f625a81...	0.9 Ether	0.213712

Bored Ape Yacht Club

《Bored Ape Yacht Club》（以下簡稱BAYC），於2021年4月推出，為當今NFT市場價值最高的項目之一，與歷史悠久的《Crypto Punks》並駕齊驅。它同樣是透過演算法，隨機生成

的10,000張圖片，許多名人相繼公開表示自己買進或曾持有，形成強烈的「名人效應」。

此外，BAYC團隊動作頻頻，透過各種方法替NFT賦能，日前宣布空投給每個持有者一瓶「變種血清」，可用來改變特徵外觀，馬上就傳出血清以580萬美元天價賣出的消息，熱度居高不下，不斷拉抬價格創下新高。

《Bored Ape Yacht Club》在幣圈稱為「猴子」、「無聊猿」、「BAYC」或「Bored Ape」，被歸類為獨家會員或社會組織，只要擁有其NFT即可成為該俱樂部的會員。

BAYC由Yuga Labs於2021年4月29日推出，創作者共有四位，透過演算法編程混合並匹配猿猴，創作出10,000個不同的猿猴圖像。此項目的最初發想是在加密投資狂潮後，提前退休會想要做什麼，他們一致認為只要財務自由之後，生活會變得「無聊透頂」、「無事可做」，《Bored Ape Yacht Club》的概念應運而生。至於選擇猿猴作為代表動物，其想法來自幣圈中「無腦跟風進場」（Ape In）中的

Ape（猿猴）一詞而來。

 蔣中正總裁指揮刀

在全民瘋NFT的催化下，此熱潮也同樣吹向政治圈，國民黨也召開記者會宣布進攻元宇宙，因為在元宇宙趨勢下，NFT將是各行各業跨足最便利的方式。國民黨全代會通過新版《政策綱領》當中的文化篇，提到要創造數位藝術新時代，推動數位藝術作品資訊平台，要用尖端科技在世界舞台讓更多人感受到國民黨的「老傳統，新風貌」。

國民黨也將「蔣中正總裁指揮刀」製成加密藝術品，推行線上展覽、收藏，未來也考慮推出限量NFT收藏品，讓更多人感受黨史、國史文物風采與發揚歷史精神。這次指揮刀以NFT的形式呈現給中外媒體、買家，獲得很大的迴響，眾人也相當認同這樣的方式，能讓世界上更多人了解過去的歷史故事。

The Ultimate Guide on Building
Your Digital Asserts in NFT.

　　「蔣中正總裁指揮刀」推行NFT的新聞報導數量超多，但沒有一個新聞有提供NFT購買連結，似為國民黨公關人員廣發新聞稿，所以沒有更詳細的報導跟上架說明，筆者從新聞仔細推敲，只看得出該NFT委託景鵬科技（Media app）製作上架。

　　記者會隔天，藝術家郭佩奇在臺灣NFT平台Oursong上發行像素版「蔣中正指揮刀」，購買者可以解鎖內容，炫耀與蔣公一起揮刀。據購買的朋友所說，解鎖內容是國民黨記者會新聞截圖與像素指揮刀模樣，所以國民黨官方的「蔣中正總裁指揮刀」NFT尚無法得知其呈現樣式。

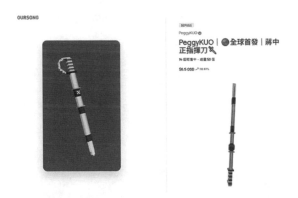

藝術家郭佩奇所發行的像素版「蔣中正總裁指揮刀」。

 Crypto Punks

　　相較於最近許多以賺錢為出發點，如雨後春筍般出現的各種奇怪NFT，《Crypto Punks》代表的意義不僅僅是NFT鼻祖，也可說是歷史最為悠久的「骨灰級」NFT項目之一，前面都有詳細討論過，這裡

就不再贅述。

Largest Sales
See all top sales

#3100 4.2KΞ ($7.58M) Mar 11, 2021
#7804 4.2KΞ ($7.57M) Mar 11, 2021
#5217 2.25KΞ ($5.45M) Jul 30, 2021
#8857 2KΞ ($6.63M) Sep 11, 2021
#2140 1.6KΞ ($3.76M) Jul 30, 2021
#7252 1.6KΞ ($5.33M) Aug 24, 2021

#2338 1.5KΞ ($4.32M) Aug 06, 2021
#6275 1.32KΞ ($5.12M) Sep 04, 2021
#7252 1KΞ ($2.53M) Aug 04, 2021
#6275 1KΞ ($3.89M) Sep 04, 2021
#8888 888.80Ξ ($2.87M) Aug 28, 2021
#3831 850Ξ ($2.08M) Jul 30, 2021

師園鹽酥雞

　　不曉得各位沒有有吃過擁有逾三十年歷史的師園鹹酥雞？他們也跟上NFT熱潮，成為全球第一家NFT鹽酥雞店，話題十足加上本身的品牌知名度，使NFT一上架就立刻掀起討論，更在短短一天內漲幅高達130倍。

　　師園發行的NFT包括炸魷魚、杏鮑菇、四季豆、花椰菜等，每種數量都不一樣，較特別的是，購買該NFT項目，只要每轉手交易一次，買家就可以憑NFT到師園鹽酥雞實體店面免費兌換鹽酥雞，筆者常笑這是「真的能吃的NFT」，不過如果只是想吃鹽酥雞，倒不如直接去店裡買，因為相較於NFT的售價，遠遠便宜不少！

The Ultimate Guide on Building
Your Digital Asserts in NFT.

Demi-Human

　《Demi-Human》翻譯為「亞人」，創辦團隊主要是想打造一個關於亞人的元宇宙，整體風格相當帥氣又有特色，背後還有獨一無二的設定與世界觀。項目本身除了社群活絡，共識凝聚力強大外，還與不少業者合作，只要持有該系列NFT就可以獲得專屬優惠，像是萊客早餐吧、優卡輕食、沐恩溫泉飯店等都是合作對象，透過賦能使NFT不只是拿來收藏，因而在臺灣社群上引發不小的討論度。

《Demi-Human》立志成為亞太區最友善，也最成功的NFT社群，並以一個首發「DAO IP」的概念去發展元宇宙，讓持有《Demi-Human》（Demi-Pass）的所有人都可以參與這個項目的發展，帶著大家一起體驗。

除了DemiVerse Studio網站上的Roadmap規劃外（空投/社區錢包/漫畫/慈善），《Demi-Human》首創開設「Demi-Knowledge」&「Demi-Culture」，致力於打造屬於Demily的新手學堂，來獲取Web3.0正確的知識，並逐步構建屬於Demily的文化。

未來，隨著Demily成員的增長，將規劃Demi-DAO，讓Demily一同決議DemiVerse的發展，人人皆有投票決策權，只要你提出想法大家覺得可行，團隊就做！

這樣也能讓項目發展越來越好，社群討論度也高，只要社群還有人支持，團隊絕對一路走下去。且《Demi-Human》只是DemiVerse第一個系列作品，後續其實還有很多事情和規劃要做，這也需要集合大家的想法。

《Demi-Human》已跟許多店家合作，不限任何產業像是早餐店、飲料店、旅館、寵物食品都有，因為你有Demi-Human而有優惠，因為這就是Demily。

其實光是這幾點筆者就覺得值得考慮可以加入，畢竟現在參與的人肯定都算是早期，越早期投入，後面所帶來的報酬與價值是很難衡量的。

我們不能去控制二手市場的價格是多少，但只要價值建立起來，價格只是價值的附加產品，到時只會越來越貴而已。

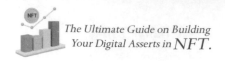

The Ultimate Guide on Building
Your Digital Asserts in NFT.

Ghozali Everyday

　　越來越多品牌和明星搶進NFT市場，據Dune Analytics資料顯示，OpenSea目前總交易量超過150億美元。NFT市場中也有名沒沒無聞的年輕印尼男子抓住眾人的注意力。印尼一位大學生Ghozali Ghozalo就把自己18至22歲期間，每天坐在電腦前拍的自拍照發行為系列NFT販售，在多位社群影響力人士推波助瀾下，這組NFT總交易量超過280顆以太幣，最低價格0.3顆以太幣，較最初售價0.001顆以太幣漲300倍！

　　Ghozali的NFT為什麼短時間創造驚人成績，在YouTube坐擁267萬訂閱的印尼名廚Arnold Poernomo功不可沒，是他發現Ghozali NFT，然後不斷發布大量迷因式貼文，成功引起社群注意力，多位有影響力的KOL也開始加入這波風潮。

2-6 NFT產業鏈

NFT的產業鏈可大致分為三個階段，討論如下。

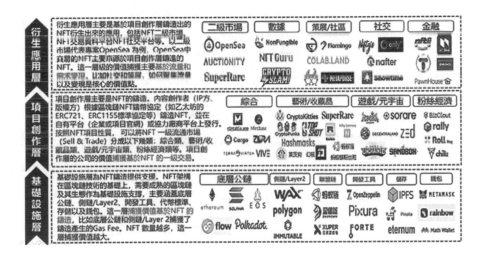

基礎設施層

　　基礎設施層為NFT鑄造提供支援。NFT架構在區塊鏈技術的基礎上，需要成熟的區塊鏈及其生態作為基礎設施支撐，主要涵蓋底層公鏈、側鏈/Layer 2、開發工具、代幣標準、儲存以及錢包。

　　這一層價值基於NFT的鑄造，比如底層公鏈和側鏈/Layer 2捕獲鑄造產生的Gas費用，只要NFT數量越多，這一層捕獲價值越大。

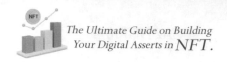

對於單個NFT，尤其是新項目來說，容易受到以太坊手續費過高（高Gas費）、網路擁堵嚴重、使用者體驗差的限制，而很難形成規模化市場。對此，基礎設施解決方案主要分為三大類：一是除了以太坊之外對於NFT友好的其他Layer 1區塊鏈，適用於NFT發展的優質公鏈包括Flow和Near；二是側鏈，包括Polygon，xDai以及Ronin；三是以太坊的Layer 2擴容解決方案包括Immutable X。

一些NFT大項目方或IP自行或聯合開發Layer 1公鏈或Layer 2擴容方案，旨在解決以太坊交易速度、交易成本與使用者使用體驗等問題。例如《Crypto Kitties》團隊Dapper Labs開發出公鏈Flow，知名區塊鏈卡牌遊戲《Gods Unchained》其開發公司聯合零知識證明技術公司推出Layer 2擴容解決方案Immutable X。

也有一些NFT大項目方或IP定制化區塊鏈網路用於自身NFT的發行，以改善用戶體驗，例如《Axie Infinity》團隊專門為遊戲推出的定制化以太坊側鏈Ronin。

 項目創作層

項目創作層主要是NFT的鑄造，內容創作者（IP方、版權方）根

據區塊鏈協議，如以太坊的ERC-721、ERC-1155等標準協議來鑄造NFT，並在自有平台（企業、項目官網）或協力廠商平台上發行。

按照NFT項目性質，可以將NFT一級流通市場（Sell & Trade）分成以下幾類：綜合類、藝術/收藏品類、遊戲/元宇宙類、粉絲經濟類等。項目創作層的公司的價值捕獲基於NFT的一級交易。

創作層也稱為協議層，NFT的鑄造遵循底層基礎設施的標準協議，目前以太坊最常見的三大NFT標準協議包括ERC-721、ERC-1155和ERC-998，其中ERC-721協議和新晉的ERC-1155協議是目前應用最廣泛、知名度最高的NFT主流協議。

● ERC-721誕生自《Crypto Kitties》開發團隊，ERC-721標準定義了NFT的四個關鍵中繼資料，分別為全域ID、名稱NAME、符號SYMBOL、URI統一資源標示符號，這也成為當今絕大多數NFT的中間協定層。但ERC-721協議只能發行一種NFT資產，以太坊平台的Solidity語言目前還做不到統一管理不同合約的資產，因此難以勝任需要調用大量資產的應用場景，如遊戲道具、活動門票等。
● ERC-1155在ERC-721的基礎上進行延伸，支援一份合約發行任

意種類的NFT資產，大幅節約了發行和交易NFT時的手續費支出，同時支援批量轉移，如轉帳多數量的同一類別資產或多類別資產，提高轉移的便捷度。但ERC-1155協議移除了中繼資料的名稱（NAME）和符號（SYMBOL），犧牲了本身的描述能力，且在進行多種資產轉移過程中無法追蹤單個資產，這一定程度上是嚴重的資訊損失，並將描述資產的權力讓渡給上層的應用層後端（如二級交易市場），犧牲了網路的去中心化程度。

除三大NFT標準協議外，市面上還有EIP-1948（可儲存動態資料的NFT）、EIP-2981（專注於NFT版稅的以太坊協議）、ERC-809（可租用的NFT）等。

NFT項目集中度較高，歷史成交額Top 5項目佔據超一半的市場份額。根據Cryptoslam的資料顯示，NFT市場累計成交額達到106.28億美元，排名第一的專案為《Axie Infinity》，歷史交易總額達到23.78億美元，占比22.37%，第二至第五的項目

NFT項目創作層市場集中度較高

- ■ Axie Infinity
- ■ Art Blocks
- ■ Bored Ape Yacht Club
- ■ Top21-Top50
- ■ 其他
- ■ CryptoPunks
- ■ NBA Top Shot
- ■ Top6-Top20
- ■ Top51-Top100

7.04% 2.92%
22.37%
12.98%
19.75%
13.70%
9.19%
5.17% 6.88%

分別為《Crypto Punks》、《Art Blocks》、《NBA Top Shot》和《Bored Ape Yacht Club》，Top 5市場份額合計超過50%；Top 50項目市場

份額合計超過90%；Top 100項目市場份額合計達到97.08%。

NFT集中應用於收藏品、藝術品和遊戲領域目前NFT的應用領域主要集中在收藏品、藝術品和遊戲領域。按照NFT映射資產的不同，NFT專案可分為以下幾種類型：收藏品、藝術品、遊戲、元宇宙、應用程式、體育運動、去中心化金融等。

根據Nonfungible在2021年的統計來看，收藏品類NFT交易最為活躍，30日交易額超過14億美元，占總額的比例高達48.09%，其中《Crypto Punks》和《Bored Ape Yacht Club》專案交易額互占第一名寶座。

1 Crypto Punks：稀缺性層級體系奠定收藏價值

2017年6月，世界上第一個NFT專案《Crypto Punks》發布，由10,000個獨一無二的24x24、8位元的不規則像素組成。每張圖都有自己隨機生成的獨特外觀和特徵，例如飛行員頭盔、牛仔帽、紫色頭髮、藍色眼影等等。

過去一年《Crypto Punks》的銷售數量為11,752個，總累計銷售額為14.3億美元。其中，售價最高的圖為《Crypto Punks》編號#3100外星人，其售價高達758萬美元，目前售價最低的《Crypto Punks》價格也超過40萬美元。

2 Bored Ape Yacht Club（BAYC）：社交資本和社區建設

《Bored Ape Yacht Club》（以下稱BAYC）是架構在以太鏈上

的一組猿猴NFT收藏品，團隊透過程式生成10,000隻猿猴。BAYC專案的成功離不開其社交屬性和社區建設，從發行以來，在短時間內迅速成長成了一個龐大社群——遊艇俱樂部，NFT則是這個俱樂部的會員卡。

根據一名BAYC的使用者Ong評論BAYC就像是大學時期的社團、學生會或俱樂部，每個人會相互聯繫，並把社交網路的頭像設為猿猴，互相關注，刮起Ape follow Ape的潮流。

跟隨潮流者中不乏NBA球星Curry、DJ組合The Chainsmokers、陳柏霖、余文樂等國內外明星，給予持有人額外的社交資本。俱樂部會員會被授予會員專享權益，包括使用官網的協作塗鴉板THE BATHROOM（一個隨意繪畫創作的地方）、免費領養一隻Club Dog NFT（只需要支付Gas費）、在《The Sandbox》遊戲中購買土地並建立僅面向俱樂部成員的的場所、投放一件可穿戴連帽衫使其成員能快速識別元宇宙《Decentraland》中的同類。

③ Axie Infinity：區塊鏈遊戲，邊玩邊賺錢

前面章節有介紹過《Axie Infinity》是一款去中心化的開放式回合制策略類數位寵物遊戲，包括戰鬥、繁殖、地塊和交易市場四個系統。遊戲資產體系包括NFT Axie、地塊和治理代幣AXS、SLP等，NFT可在官網及其他二級交易市場進行交易，治理代幣可在主流加密貨幣交易所交易，筆者就不再討論。

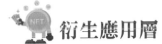 **衍生應用層**

衍生應用層主要是基於項目創作層鑄造出的NFT所衍生出來的應用，包括NFT二級市場、NFT交易資料平台和NFT社交平台等。以二級市場代表專案OpenSea為例，OpenSea中交易的NFT主要來源於項目創作層鑄造的NFT，這一層級的價值捕獲主要基於流量和需求變現，比如社交和策展，如何聚集流量以及變現是核心的價值點。

OpenSea創立於2017年，是第一個和目前世界上最大的NFT綜合交易市場，為使用者提供鑄造、展示、交易、拍賣NFT等一站式

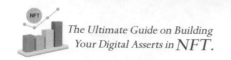
服務。2021年下半年，OpenSea的使用者數量、交易量和交易額隨NFT擴張迅速拉升，創造了新的成交額記錄。

OpenSea的優勢在於以下三方面。

● 免Gas費鑄造、交易NFT和較低的NFT交易手續費，憑藉支援多區塊鏈，用戶無需支付任何Gas費即可創建、購買和出售NFT，而且OpenSea上一級和二級銷售的交易手續費只收取2.5%，大大降低新手玩家的參與風險，給予創作者和收藏者很大的利潤空間，有利於平台交易活躍度的提升。

● 二是跨區塊鏈、多品類綜合發展，OpenSea架構在以太坊、Polygon等多個區塊鏈上，不同鏈上的資產均可在OpeaSea進行交易，OpenSea的品類範圍覆蓋藝術品、收藏品、體育、音樂、集換式卡牌、虛擬世界等多元種類。

● 三為低用戶門檻，任何人都可鑄造自己的NFT，相當簡單，提高大眾參與度，豐富平台的生態。

基礎設施層的價值捕捉基於NFT的鑄造和交易，在區塊鏈上記錄鑄造和交易資訊需要支付一定的Gas費。項目創作者（個人或團隊）的收入主要來源於一級市場銷售收入和二級流轉版稅收入。專案創作方發行NFT以Gas費或高於Gas費的發行價格銷售NFT，銷售價格扣除Gas費和平台手續費即為項目創作方的一級市場銷售收入；項目創作方可在智能合約中設定版稅，不同二級市場平台允許設立的版

稅上限不同，好比OpenSea最高允許創作者設定10%的版稅費用，Rarible的上限則高達50%。自有交易市場的專案，專案方從自有交易市場按一定比例收取交易手續費，如《Axie Infinity》收取交易額的5%。

一級鑄幣平台按一級市場交易額的百分比收取首次銷售服務費，二級流轉市場按二級市場交易額的百分比收取轉售服務費。目前主流的二級市場平台都提供鑄幣功能供個人創作者鑄造並銷售自己的NFT。

基礎設施層 (公鏈、側鏈)	鑄造	發行、銷售	流轉
項目創作層 (創造者)	Gas費	Gas費	Gas費
項目創造層 一級鑄幣平台	不上鏈， 無Gas費	無平台：銷售收入－ Gas費 有平台：銷售收入－ 首次銷售服務－Gas費	流轉版稅收入
衍生應用層 二級市場平台			轉售服務－交易服務費
收藏者(賣方)			轉售交易額－轉售服務費 流轉版稅收入－Gas費
收藏者(買方)		發行交易額－Gas費	轉售交易額－Gas費

NFT產業堆疊層

資料分析商Messari認為NFT包含著許多與DeFi相同的金融概

念，因此把NFT目前的生態現狀分為七層堆疊層，分別為：

- ● **第1層**：Layer 1。
- ● **第2層**：Layer 2 和側鏈。
- ● **第3層**：垂直 / 應用。
- ● **第4層**：輔助應用。
- ● **第5層**：NFT金融化。
- ● **第6層**：聚合器。
- ● **第7層**：前端和介面。

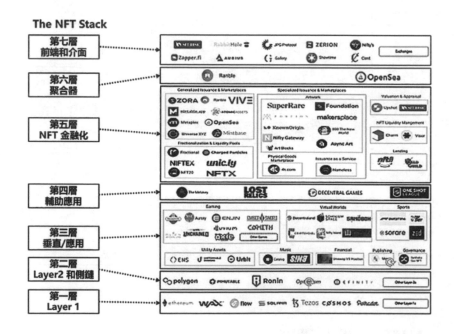

以太坊在NFT生態系統中佔主導地位，但仍有改進的空間，按銷售額排名的前十個NFT項目中，有八個是建立在以太坊上的，但昂貴

的手續費、擁塞的網路和用戶體驗仍是一個問題。雖然為新玩家提供了市場機會，但必須在第 1 層和第 2 層解決方案之間做出明顯改善。

① Layer 1（基礎層）

第 1 層 Layer 1（基礎層）指底層的主區塊鏈架構，基礎設施層有 Eth、Flow、Polkadot、Near、EOS、Solana 等底層公鏈，和 Polygon、ENJIN、WAX、RONIN、iMMUTABLE 等側鏈/Layer 2，ERC-721、ERC-1155 等標準協議，以及開發工具、儲存、錢包等。

迄今為止，NFT 領域一直出以太坊、Flow 和規模較小的 Wax 主導，大多 NFT 應用需要從以太坊主網過渡到 Layer 2 解決方案或側鏈，同時依靠以太坊作為結算層。該規則的例外可能是那些需要更強大，能抗審查的高端數位藝術或藍籌收藏品。其他基礎層（Layer 1），如 Solana 正在積極構建其 NFT 基礎設施，如 Metaplex 允許個人建立自己的 NFT，並透過可定製的版稅分配發布 NFT 收藏品。

② Layer 2 和側鏈

第 2 層 Layer 2 和側鏈是存在於底層區塊鏈之上的覆蓋網路，Layer 2 建立在以太坊上，承襲了以太坊的安全性，以智能合約來協助以太坊進行有效率的數據處理，再將數據回傳到以太坊，最終的分配、裁決還是在以太坊，等於是 Layer 2 以太坊的數據助手，而非獨立於以太坊存在。

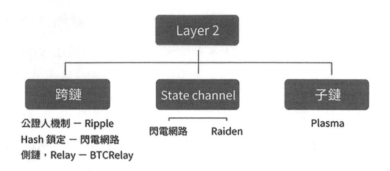

大多數以消費者為中心的應用，包括遊戲、體育、虛擬世界、公共事業資產等，都一一在以太坊上經歷了動盪，在建構《Crypto Kitties》和《Cheese Wizards》後，Dapper Labs團隊認定以太坊永遠無法提供遊戲工作室所需的強大可擴展性，從而選擇建構Flow。

同樣，即使像Sorare這樣的項目，它確定了可擴展性的方向，建立在像Loom這樣最終關閉的側鏈上，也未能嘗試擴展他們的NFT。《Axie Infinity》不願依賴其他第三方，因而建立自己的側鏈Ronin，迄今為止，該側鏈在降低手續費成本和提高用戶採用率方面非常有效。

作為以太坊混合Layer 2，Polygon迄今為止最大的優勢是它與以太坊的兼容性，這降低了用戶和開發人員的學習曲線。此外，Polygon使用其代幣來激勵橋接至其網絡的效果非常好。

值得注意的是，Polygon正在為遊戲和不可替代的代幣項目設立一個1億美元的新基金，在NFT上加倍投入。《Gods Unchained》和《Immutable Labs》的開發人員也將推出其以太坊Layer 2擴展解決方案ImmutableX。這個Layer 2是使用ZK-rollups建構的，並聲稱更

適合基於NFT的應用程序。

最後一個備受矚目的NFT第2層解決方案來自Enjin，它第一個以每顆代幣的固定黏性曲線提供代幣注入的平台。Enjin為其NFT擴展解決方案Efinity籌集1,800萬美元，這是一個建構為Polkadot平行鏈的新區塊鏈。

作為Efininity的一部份，率先推出ERC-1155標準協議的公司Enjin正在開發一種名為「Paratokens」的新協議，該協議將在整個Polkadot生態系統中互操作，並用於發行Efinity代幣（EFI）。

雖然智能合約之戰即區塊鏈的DeFi應用之戰，但即將到來的Layer 2之間的戰場將爭奪NFT霸權。

③ 垂直/應用

雖然NFT是在Layer 1或Layer 2級別創建和傳輸的，但應用層是發行這些代幣的一個潛在接口。隨著個體進入會議、藝術畫廊、賭場和即將到來的元宇宙，像《Decentraland》和《Cryptovoxels》這樣的虛擬世界會隨著時間推移慢慢增長。

其他應用經歷了瘋狂的投機，也仍在不斷增加新用戶。迄今為止，基於加密的體育應用取得令人難以置信的成功，NFT體育應用已經產生超過8億美元的二級銷售額，如果考慮到初級銷售額，則可能超過10億美元。

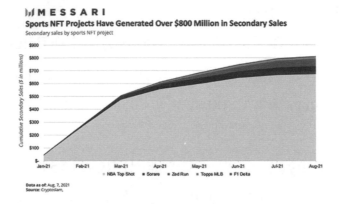

雖然基於區塊鏈的遊戲作為一種趨勢尚未完全起飛，部份原因是可擴展性問題，隨著幾款遊戲的發布，如Illuvium、EmberSword、Aurory等，該領域仍在繼續增長。

Uniswap V3是第一個有效利用NFT的金融應用。Uniswap的V3協議需要主動管理流動性，LP在資產市場內選擇自定義價格範圍內的範圍，在此過程中創建以NFT表示的個體價格曲線。

此外，像Synthetix這樣的DeFi協議選擇使用NFT作為管理Synthetix協議的Spartan委員會的成員。每個委員會NFT對個體來說都是獨一無二的，並且可以從老成員那裡收回然後頒發給委員會新當選的新成員。

雖然提供創建自己獨特的NFT（即SuperRare代幣或Zora的zNFT）的發行協議可能適合應用層，但市場的主要好處來自其流動性，這就是筆者將這些協議置於金融化層的原因，後面會討論。

NFT發行是一個可商品化的層，涵蓋多個層可以促進，包括：

● Layer 1 或 Layer 2 區塊鏈和擴展解決方案。

● 白標發行協議（例如 Nameless 被用於 Veefriends）。

● 市場協議（例如 Rarible）。

● 個體應用（即《The Sandbox》、Uniswap 等）。

● 前端界面（例如 Zapper）。

最終，這些平台將不得不依賴於它們可以提供給用戶獨特的效用主張。虛擬世界可以授權內容，而 Top Shot 卡片將用於《NBA Top Shot》。

4 輔助應用

可組合性確保其他開發人員可以在現有應用程序和協議的基礎上建構，《Decentraland》和其他虛擬世界無疑將在其生態系統中擁有各種應用程序，例如在線賭場《Decentral Games》。此外，Sorare 還與 Ubisoft 建立合作夥伴關係，後者正在利用現有的 Sorare 卡開發自己的夢幻聯盟《One Shot League》，這一層的可組合性意味著促進第三方應用程序開發的應用程序或協議將有機會獲得更多價值。

5 NFT 金融化

與 DeFi 中的資產類似，NFT 需要如借貸、流動性和資產管理。此外，雖然 NFT 的價值主張在於其獨特性，但可替代性對於增加流動性和 NFT 的金融化很重要。迄今為止，專注於 NFT 金融化的項目正試

圖讓不可替代的代幣儘可能具有可替代性和流動性。

　　大多數旨在增加NFT流動性的協議都是透過創建流動性池來實現的，個人可以在其中存入類似的NFT，或者將個人NFT細分以鼓勵更大的投機。

6 聚合器

　　聚合器可以有多種形式。一些協議匯總供應，而其他協議則側重於需求（消費者）方面。在NFT領域，實際上只有兩個主要的聚合器：OpenSea和Rarible。兩個市場都透過集成各種智能合約和最終的區塊鏈來聚合供應，由於Rarible最近才在其平台上集成了買賣非Rarible代幣的能力，因此OpenSea一直是該領域實質上的聚合器。

　　雖然許多人將OpenSea簡單視為一個市場，但它也聚合了大量NFT數據和Metadata，關於數據的數據，可透過其API訪問，並可能用於其他目的。OpenSea和Rarible都繼續為項目和個人創建全功能平台來發行不可替代的資產，隨著聚合器為了增長而競爭，他們將繼續在多個區塊鏈上擴展其資產產品。

7 前端和介面

　　有許多公司在爭奪眼球並為NFT建構事實上的前端，以收藏品和加密藝術作為第一個突破性用例，企業家選擇為收藏家建立畫廊或界面來展示他們的不可替代資產。Coinbase錢包和Rainbow等錢包以及Zapper和Zerion等平台提供友好的界面來查看NFT投資組合。

更強大的NFT分析平台，如NFT銀行提供投資分析、稅收、價格估算等方面的回報，存在多個分析平台，但不提供查看NFT的界面，包括Nonfungible、Cryptoslam和Nansen。

隨著NFT獲得更廣泛的認可，即使是不發布NFT協議也可能建構界面供用戶查看、共享和與NFT交互。Audius是一個去中心化的音樂流媒體平台，推出了Audius Collectibles，其中擁有銀級帳戶的藝術家，持有超過100美元的AUDIO代幣的藝術家可以在他們的個人資料頁面上展示NFT。這種類型的模型結合了原生平台代幣，並為藝術家提供另一種方式來展示他們的藝術作品、專輯或他們代幣化的任何資產。

同樣，Showtime和Nifty等應用程序正在建構社交網絡，供用戶共享和喜歡NFT收藏以及和其他收藏家互動，最終在個人資料或社交網絡上顯示NFT可能會成為跨平台通用的。像RabbitHole這樣的平台正在為使用OpenSea和Uniswap等應用程序的用戶發放獎勵，以作為代幣和潛在的NFT。

在過去的一年中，NFT格局從一個銷售額數億的小型生態系統演變為一個多鏈生態系統，其中《Axie Infinity》等項目的銷售額已超過10億美元。OpenSea在2021年的銷售額也超過百億美元，與DeFi生態系統不同，NFT高度面向消費者且引人注目，隨著DeFi繼續建構未來的金融軌道，NFT將周期性地進入文化時代精神。

NFT
相關技術規範

The Ultimate Guide on Building Your Digital Assets in NFT

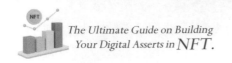
The Ultimate Guide on Building Your Digital Asserts in NFT.

3-1 NFT 相關技術

每個技術其背後都有規範和運作原理，可以透過了解它的簡單運作流程來更加了解其價值，而只要了解一個項目的價值後，信任度相對會提升，心中對於它未來的發展性將會更期待。

NFT 運作原理

NFT的運作方式簡單來說，就是將含有網址的NFT上傳到區塊鏈中，透過這個網址，使用者可以連結到其購買到的數位作品。前面章節有提到，區塊鏈上的記錄，會被大家共享並同步記錄著。

因此，如果將數位作品「整個檔案」上傳到區塊鏈中，讓所有人同步這個檔案資訊，成本會過高，所以通常只會將「含有作品網址的NFT」記錄在區塊鏈帳本中。然而，這麼做會有一個風險，就是當儲存作品的伺服器故障時，連結到該作品的網址將作廢，NFT也會隨著網址作廢變得沒有價值，NFT擁有者就只能自認倒楣，承受損失。

所幸有一個辦法可以避開上述風險，那就是利用IPFS（Inter Planetary File System，星際檔案系統 ）。IPFS是一個能讓使用者安心儲存大量資料的系統，但要完整講述這個系統，可能三天三夜都說

不完，且技術層面的資訊一般也較為艱澀，筆者就不多加贅述，你只要知道目前有對應的解決方法就好了。

而「將NFT上傳到區塊鏈當中」又可細分為幾個步驟，在以太坊中，NFT首先會被以太坊認證為資產，再來，以太坊會將NFT擁有者的資訊更新到以太鏈上，以作為所有權的證明。

接著，這些資訊會被以太坊上鎖保護，礦工們會在各自的帳本上同步這項資訊，如此一來，假如資訊遭到竄改，就可以透過和其他人的帳本比對來發現。因此，NFT的資訊會非常安全地被保護在區塊鏈之中。

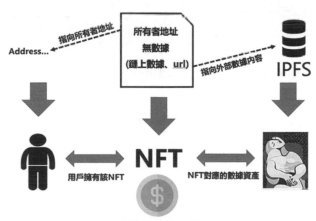

網路是我們日常生活中很重要的一個工具，我們用它來瀏覽查找資訊、與朋友及同事交流、學習，處理我們的金融活動等，但網路始終存在一個問題，也就是網路上的資訊是中心化的，所有資訊及資料

都儲存在大型伺服器中心裡，而這些伺服器場通常都是由某家公司所控制。

你是否想過要是類似YouTube或維基百科突然下線的話會怎麼樣呢？肯定會對你現在的生活模式產生極大困擾，因為以往你找資料、看影片的網站不見了！好比先前十分風靡的無名小站，筆者還有很多青春的回憶照片在上面，可只要網站一關閉，中心化的系統結束，你儲存在上面的資料也會跟著消失，這就是IPFS要解決的問題。

無名小站和YouTube皆為中心化網站；Odysee則為區塊鏈去中心化影音平台。

中心化還有一個問題就是審查制度，因為所有內容都儲存在伺服器上，政府很容易就能將那些網站封鎖，好比土耳其政府曾於2017年下令封鎖維基百科，因為當局認為它「威脅到國家安全」，可以見得網路中心化不是一件好事，那為什麼現在社會仍持續運行這樣的模式呢？最主要的原因就是沒有其它更好、更快的選擇，但現在有了IPFS技術就不一樣了。

IPFS透過P2P點對點傳輸，建構一個完全分散式的網際網路，有

點類似於 BitTorrent。筆者先帶你了解一下中心化系統是如何從網路上獲取內容的，例如你想從網上下載一張照片，你要向電腦下達指令，告訴它去哪裡找這張照片，也就是照片所在的 IP 地址或域名，這就叫「地址定址」。

https://pic.pimg.tw/dong1104/1609498011-3932475721-g.jpg

但如果這個地點不存在了，也就是伺服器關閉，那你就無法獲取那張照片了，很可能有人之前下載過那張照片，並在他的電腦中存著備份，可是你無法直接從那個人的電腦裡取得備份。為了解決這個問題，IPFS 把「地址定址」改為「內容定址」，你不用再告訴電腦去哪裡尋找資源，只需要告訴它你想要什麼資源就好了。

還不太能理解嗎？IPFS 原理跟警政單位用的指紋系統類似，每個檔案都有其獨特的亂數值，這個亂數值你可以理解為指紋，當你想下載某個檔案時，只要問網路「誰有含這個亂數值的檔案」，IPFS 網路上的某個人就會把你需要的檔案提供給你。

IPFS 上的檔案都儲存在 IPFS 物件中，每個物件最多可以儲存 256KB 的資料，也可包含連線其它 IPFS 物件的連結，一個內容為

「Hello World」的文字文件可以儲存在單個IPFS物件中。

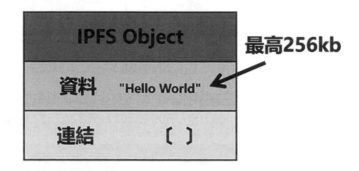

你可能會問：「如果檔案超過256KB怎麼辦呢？」圖片、視頻之類的檔案容量很容易過大，這些大型檔案會被分割成數個IPFS物件，而每個物件都256KB遵循其上限值，之後系統會再生成一個空白IPFS物件與包含這個檔案的，將其它所有IPFS物件連結。

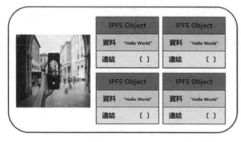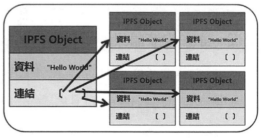

IPFS的資料結果非常簡單但非常強大，這一結構使我們可以把它作為檔案系統來使用。

IPFS能做的還不止這樣，因為IPFS使用內容定址，一旦某個檔案加入網路，它就不能再被更改，這是一個不能竄改的資料儲存庫，類似於區塊鏈。假設過了一會你想要修改這個檔案，你只要把更新的

檔案加到 IPFS 網路上，軟體會自動將你的檔案生成一個新的提交物件，這個提交物件會連結到之前的物件上，這一過程可以被無限次重複，IPFS 會確保你的檔案完整性，其歷史記錄能被網路上其它節點所獲取，非常好用！

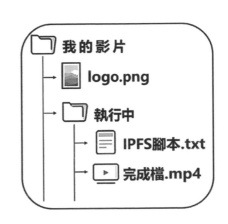

IPFS 可謂一個有著偉大願景的項目，它可以打造一個真正去中心化的網際網路。伴隨著網路 3.0 的到來，IPFS 分佈式儲存正在改變網路世界，在大數據、5G、人工智慧等技術迅速發展的今天，加速了全球數位化進程。

誠然，IPFS 目前離真正實現應用還有很長的路要走，但是對於 IPFS 來說，現在只缺少應用落地的接口，隨著 FIL 挖掘技術的發展，IPFS 將在未來網路應用的道路上走得更快、更遠。IPFS 具有多個商業應用軟體集群，含家庭私有雲；分布式帶寬加速；設備後端管理；設備遠程升級；移動應用程式運行。在 Gravity Fog 的硬體平台上，各種硬幣開採功能都是免費的。重力霧伺服器級礦機的單速是最快的，礦工節點的家庭版本是最具成本效益的配置。

未來 IPFS 的商業應用前景市場十分廣闊，Google、微軟、全球資訊網、美國國會圖書館、德國航太中心、加拿大政府網站等，基於 IPFS 分布式帶寬加速、儲存和邊緣計算，可以達到的市場高達數萬億美元，這就是 IPFS 的影響力。

NFT 權利轉移方式

NFT 採用的是區塊鏈技術，其中一個去中心化便是運用在權利移轉上。何謂去中心化？簡單來說就是不受任何機構監管，形成一套封閉的迴圈，只有使用者可以透過加密錢包以法定貨幣匯兌幣圈內的加密貨幣。

關於去中心化的可貴之處就「銀行」來說，會因為不同的銀行之間進行匯款而收取費用，如「轉帳手續費」，而加密貨幣的轉帳當然也會有一筆費用「礦工費」，加密貨幣收費的原因是因為記帳驗證此筆交易所產生的費用，礦工需要幫你驗證這筆交易的真實性。

因為驗證/記帳者不會知道你是誰，基本上這項交易只會知道某地某時決定匯至另一地址多少款項，地址背後身份沒有人知道，且永遠都不會有人知道該加密貨幣究竟是從誰手上來、誰手上去。

導致目前交易所的監管越來越嚴苛，且駭客入侵事件頻傳，也致使大家紛紛找銀行機構進行公司安全性風險評估擔保，所以去中心化也是一種雙面刃，並「建立在人性之下」。

區塊鏈運作

- 收取驗證費用
- 未接收任何資金流
- 驗證並記錄今日產生之交易
- 點對點交易
- 資訊保密只雙方知曉
- 不受其他監管機構知曉與阻撓

銀行運作

- 收到該銀行數位匯款款項
- 取用現金須至銀行或ATM
- 對外銀行則收手續費

- 酌收轉帳手續費
- 經手實際資金
- 將資金數位化
- 存入收款人帳戶

- 給付轉帳手續費
- 實際存入資金被銀行銷帳

　　傳統的金融轉帳方式都是透過銀行（中心化），例如你要轉100元給小明，就得透過銀行轉帳給小明，若碰到銀行系統在維修，或帳戶受到管制，又或是對方銀行拒收，你就沒辦法進行轉帳。

　　而區塊鏈的底層技術是去中心化的，所以NFT轉帳也是去中心化的轉帳模式，只要擁有私鑰，就可以隨時隨地進行點對點轉帳。去中心化有好有壞，好處是不受監管、轉帳方便、金額不受限制等等優點；但也有致命缺點，那就是轉錯帳號，你的資產就回不來了。所以透過區塊鏈轉帳一定要非常小心謹慎，若要進行大筆資產的移轉時，建議先轉一小筆測試，確認對方有收到，你再進行第二次轉帳，不要怕麻煩，或是想省Gas費而少了這個步驟，結果得不償失。

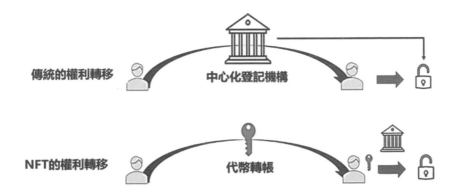

傳統的權利轉移　　　　中心化登記機構

NFT的權利轉移　　　　代幣轉帳

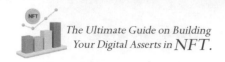

 NFT的技術構成

NFT是區塊鏈的一種衍生產物，所以NFT的底層技術也以區塊鏈為主，那麼NFT的技術構成到底有哪些要素呢？

 區塊鏈

區塊鏈最早是作為比特幣的分散式帳本而被人們所熟知。區塊鏈是一種分散式且不可竄改的資料庫，它實質是一個記錄數據資訊的列表，並使用加密協議對其中的資料進行保護。區塊鏈為長期存在的拜占庭問題提供了可行的解決方案。

 智能合約

智能合約加速了數位協議的執行和驗證過程。基於區塊鏈的智能合約使用圖靈完備的腳本語言來實現複雜功能的兼容，並通過依靠共識演算法來進行執行，以保證一致性。智能合約讓不依賴第三方信用中介的公平交易成為可能，可以實現跨行業、跨領域、跨生態的價值交互。

 鏈上交易

鏈上交易需要透過區塊鏈地址和交易指令來實現。區塊鏈地址由固定數量的字母、數字和字元組成，它是一個類似於銀行帳戶的獨特標識符，供用戶來發送和接收資產，並且有一對相互對應的公鑰和私

鑰，以驗證交易的真實可靠性。

 **數據編碼**

　　透過數據編碼，可以將文件壓縮成有效格式來節省儲存空間。在進行NFT的資產確權時，其實是對NFT創造者所簽署的哈希值進行確權，其他人可以複製這些Metadata，但他們不能證明所有權。

　　NFT建立的底層邏輯是以分散式帳本為基礎，同時其交易依賴於點對點的網路，如果將區塊鏈這個分散式帳本看做一種特殊類型的資料庫的話，那麼NFT就將儲存於這個資料庫之中，但實際NFT的儲存現狀要更複雜一些。

　　假如這個資料庫具有基本的安全性、一致性、完整性和可用性等特徵，那麼整個NFT生態閉環主要包括以下幾個場景。

① NFT 數位化

　　NFT創作者將檢查文件、標題、描述語句是否完全準確，然後將NFT的Metadata轉化為適當的格式。

② NFT 儲存

　　NFT創作者可以選擇鏈上和鏈下兩種方式來儲存Metadata，鏈上儲存費用較高、交通擁堵，但Metadata會與通證一起永久存在；而鏈下儲存限制較小，可理論上存在Metadata丟失的風險。

目前鏈下儲存可選擇的解決方案有中心化數據儲存、IPFS和去中心化雲儲存等。

③ NFT簽名

NFT創作者對包含NFT數據哈希值在內的訊息進行簽名，然後發送給智能合約。

④ NFT鑄造和交易

智能合約在收到NFT的完整資訊後，便可以開始鑄造同時啟動交易流程，其主要機制是由協議標準來制定的。

⑤ NFT確認

一旦交易訊息在鏈上得到確認，NFT的鑄造流程就算完成，被鑄造的NFT將永久性地鏈接到一個獨一無二的區塊鏈地址，以證明它的存在。但NFT的實際內容通常儲存在鏈下，與NFT的所有權分屬兩個儲存系統。

而NFT本質上也可算是一種DApp，即去中心化的應用，因此它擁有來自底層公共帳本所賦予的各種特性，大致可總結為以下幾點。

① 可驗證性

NFT的通證Metadata和所有權可以公開驗證。這個前提是

Metadata 在鏈上儲存，如果儲存在鏈下，則由鏈下儲存系統決定是否可以公開驗證。中心化儲存是無法公開驗證的，設備所有者可以隨意更改數據；IPFS 可以透過 CID 驗證數據是否被竄改，而無法驗證儲存狀態；MEFS 等去中心化雲儲存系統不僅可以驗證數據是否被竄改，同時可以驗證數據的儲存和冗餘狀態。

② 交易透明

NFT 從鑄造到出售再到購買，整個流程都是公開透明的，但 NFT Metadata 和媒體數據的儲存並非完全公開透明的，NFT 創作者可以自行選擇儲存方式，且大部份儲存方式的安全性無法清晰評估。

③ 可用性

NFT 若依賴鏈上系統的話，永遠不會癱瘓，只要是已發行的 NFT，不存有無法出售和購買的可能性。

而 NFT 鏈下儲存的數據便可能存有不可用的風險，目前除了 MEFS 等去中心化雲儲存系統有完善的風險控制措施外，中心化儲存和 IPFS 並未有可控措施。

④ 防竄改性

NFT 的 Metadata 和完整交易記錄一旦被確認後，永久儲存，且只能添加新資訊，不能修改過往的任一資料。如果 Metadata 儲存在中心化伺服器中，服務運營商可以隨意竄改數據，但 IPFS 和 MEFS 等文件

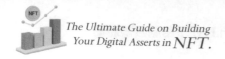
系統具有不可竄改的特性。

⑤ 易於流通

每個NFT用戶看到的訊息都是即時更新的,消除了傳統生產者和信用中介以及購買者之間的訊息壁壘,資訊清晰、易於流通。

⑥ 可交易性

NFT及其相應的產品能夠任意進行交易,而NFT的儲存標準是其價值的主要支撐,其交易NFT的價值構成有待考量。

NFT技術規範

NFT大多都是透過以太坊架構生成,所以筆者以下列出最常聽到的以太坊協議,讓你能更了解。

① ERC-20

以太坊較早的代幣規格協議,也是目前最多人使用的以太坊智能合約協議,假如以太坊平台上有兩種代幣都以ERC-20發行,那這兩種代幣彼此可以進行自由置換。

② ERC-721

ERC-721是最常見的底層協議,由2017年創建的《Crypto

Kitties》首次創建發布，該加密遊戲在2017年造成以太坊網路擁堵，遊戲內外表看似一樣的寵物貓，但價格卻完全不同，這是因為其參數有細微差距，正如《Crypto Kitties》的宣傳語「每一隻Crypto Kitties都是獨一無二的」。

ERC-721是最具傳統意義的NFT，每一個NFT代幣都有差別，不完全一樣，意味著每個代幣都有自己的唯一性和價值，也代表它們是不可分割的，但因為架構在區塊鏈基礎上，所以具有可追蹤性。

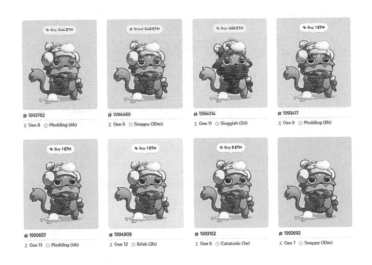

③ ERC-1155

ERC-1155算是一種變種協議，兼具NFT和FT的特點。在NFT的標準下，每一款NFT都不一樣，這對那些需要大量發放某類NFT的廠商來說，運營成本會非常巨大，嚴重影響其效率及效益。

所以遊戲廠商Enjin創建發布ERC-1155協議，同時具備了NFT和FT的特點，相較於原先每個NFT的ID都有不同，ERC-1155代幣

每一個「類別」雖均有區別，但同一類別下卻可以實現完全互換，具備FT的特點。

　　這樣的屬性讓ERC-1155有明顯的效率優勢，不但具備更強的相容性能夠支援分割外，還支援多種類型的代幣，更重要的是支援批量的資料傳輸。

4 ERC-998

　　ERC-998為ERC-721的延伸，被稱為可組合非同質化代幣（CNFT），因為它的結構設計是ERC-721的延伸，所以允許每一個NFT能由其他NFT或FT組成，這意味著代幣內的資產可以組合或組織得更為複雜，並使用單一所有權轉讓進行交易。目前該協議下的NFT並不常見。

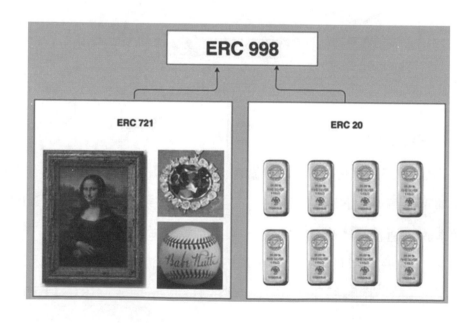

	ERC-721	**ERC-1155**	**ERC-998**
定義	非同值化代幣	半同值化代幣	可組合非同值化代幣
特點	每個代幣都獨一無二，可代表資產所有權	可融合不同代幣進行打包處理	可以包含多個 ERC721 和 ERC20 形式的代幣
分割性	代幣不可分割	允許二者轉換	代幣不可分割
轉移性	支援一次轉移一個代幣	可批量合成代幣包後轉移，代幣包擁有獨立 ID	可批量轉移
優點	最常見的協議	可批量轉移	批量轉移
缺點	一份合約只能發行一種 NFT 資產	資訊損失，犧牲網路去中心化	新協議，待市場檢驗
應用場景	收藏品/藝術品、證券等	收藏品、遊戲、虛擬世界等	收藏品、遊戲、房產等

NFT 基礎設施工具

關於討論 NFT 的基礎設施，筆者想從《Axie Infinity》來切入討論，因為當許多 DApps 都感受到以太坊網路過度擁堵時，卻很少有應用去建構一個解決方案，而是選擇其他 L2 擴容方案，比如消耗最多 Gas 的 Uniswap 在以太坊主網和 Optimism 推出 V3 版本。

相反地，《Axie Infinity》選擇了更有野心的一條路，開發以太坊側鏈 Ronin，也因此為《Axie Infinity》帶來爆炸性增長，證明基礎設施建設對於 NFT 發展的重要性。

NFT 基礎設施包含以太坊、Flow、Polkadot、Near、EOS、

Solana等底層公鏈，Polygon、ENJIN、WAX、RONIN、iMMUTABLE
等側鏈/L2，還有ERC-721、ERC-1155等協議，以及開發工具、儲
存、錢包等。

筆者試舉一個目前基礎設施值得關注的項目AlphaWallet，他們
2021年發布一款NFT合成項目Alchemy NFT，引入全新的組件，所
有者可以對其NFT資產再創造、混編、組合和驗證NFT，並可以添加
新的實用功能和權益。

● 收藏數位簽章。
● 添加各種特質製造合成NFT。
● 組合多個NFT製造合成NFT。
● 與其他藝術家協作，在現有NFT基礎上進行二次創作。

基於允許用戶在智能合約中使用其Web2身份的首款產品，
Autograph NFT能讓任何擁有Twitter帳戶的人，都可對NFT進行數
位簽章，透過數位簽名的方式將NFT與Web2.0中真實的人綁定，為
加密世界提供一種關係證明，類似於將NFT產品實名認證。

透過Alchemy NFT創造合成NFT，它保留了原始特徵，並適應
新的定制特徵，這種合成可以進行反向不可逆拆解，所有合成都可
以轉換回原來的格式。而基於認證的交易機制無需許可，Autograph
NFT讓互不認識的人創造了前所未有的合作機會。

● 由於Autograph NFT直接連接用戶Twitter，因此NFT上會出現簽名者的Twitter頭像，右上角和簽名者Twitter ID後面有編號，相當於證書編碼，可驗證這枚NFT的真實性和唯一性。

● 利用社交媒體資源，放大NFT內容特性，不限高昂藝術品，所有內容都可以作為NFT的內容。但這些內容，又透過NFT製作者的「簽名請求」，與KOL之間發生交互關係，讓NFT獲得增值。

　　Autograph NFT的應用不僅在收藏品範疇，它將打開一種新的NFT社交場景，也開闢了一種以「合成」為路徑的價值創造領域。

　　而隨著GameFi的火爆，更多的基礎設施項目加入。

① Gala Games

　　Gala Games旨在打造一個去中心化遊戲社交平台，計畫推出多款、多鏈遊戲，他們推出的第一個遊戲《Town Star》在活躍用戶和市場增長方面表現優異。

② PlayDApp

　　PlayDApp是一個區塊鏈遊戲生態系統，支援遊戲內的物品作為NFT，使用者擁有對遊戲資產的所有權，推出基於NFT的C2C交易市場「PlayDApp MarketPLAce」，支援區塊鏈遊戲物品和交易服務，允許玩家自由出售和購買遊戲物品，並將其轉換為數位資產NFT。

③ Forte

Forte透過簡單的區塊鏈技術實現遊戲產業升級，使玩家和開發者受益，他們透過建立、孵化、資助最有前景的去中心化產品和解決方案實現這一使命，推出測試平台，並上線第一批遊戲，共創建了1,000萬個錢包，現在旗下有10個線上遊戲。

④ Stardust

Stardust主要是想遊戲開發者能夠增加收入並改善遊戲玩家體驗。開發者可以透過區塊鏈基礎設施API，充分利用Stardust平台的收益，共用二級市場與遊戲入口。

⑤ MixMarvel

MixMarvel 致力於為玩家和開發者提供一站式鏈遊發行平台，並為開發者提供更適合中大型遊戲的Layer 2跨鏈解決方案Rocket Protocol。

NFT的問題及解決方案

對於單項NFT項目，尤其是新項目來說，容易受到以太坊手續費過高（高Gas費）、網路擁堵嚴重、使用者體驗差的限制，因而難以形成規模化市場。

對此，基礎設施解決方案主要分為三大類。

● 一是除以太坊外，對於NFT友好的其他Layer 1區塊鏈，適合NFT
發展的優質公鏈包括Flow和Near。

● 二是側鏈，包括Polygon、xDai及Ronin。

● 三是以太坊的Layer 2擴容解決方案，包括Immutable X。

　　NFT一些大項目方或IP自行或聯合開發Layer 1公鏈或Layer 2
擴容方案，旨在解決以太坊交易速度、交易成本與使用者使用體驗等
問題。如《Crypto Kitties》開發團隊Dapper Labs開發公鏈Flow，知
名區塊鏈卡牌遊戲Gods Unchained開發公司Immutable聯合零知識證
明技術公司StarkWare推出Layer 2擴容解決方案Immutable X。

　　一些NFT大項目方或IP定制化區塊鏈網路用於自身NFT的發
行，改善用戶體驗，例如前面舉例的《Axie Infinity》，其團隊專門推
出側鏈Ronin，以解決公鏈上產生的問題。

基礎設施代表性專案

第一種、公鏈（Layer 1區塊鏈）

　✓ **代表性基礎設施**：Flow。

　✓ **來源**：《Crypto Kitties》開發團隊繼續深耕NFT，集中解決輸送
量、法幣出入金等問題，最終開發出公鏈Flow。

　✓ **代幣**：代幣Flow是鏈上的原生代幣，可將代幣用於支付Gas費、
社群治理、交易和抵押資產等。

☑ **優勢**：Flow的節點分工技術可以幫助整個網絡提高交易速度和輸送量，降低交易成本，改善開發者和消費者的使用體驗。且Flow背後擁有強大的IP，諸如NBA 、UFC、NFL，和NFT交易平台OpenSea等。

第二種、側鏈

☑ **代表性基礎設施**：Ronin。

☑ **來源**：Ronin為《Axie Infinity》特別開發的以太坊側鏈。

☑ **代幣**：《Axie Infinity》治理代幣AXS、SLP。

☑ **優勢**：Ronin的交易速度極快，瞬間就可完成交易；交易成本可以忽略不計；用戶體驗大大改善。又因為此側鏈是特意研發出來的，所以能更完善地適應Axie社群的複雜定制化需求，《Axie Infinity》也可以根據需要在以太坊和Ronin中自由轉移。

第三種、Layer 2

☑ **代表性基礎設施**：ImmutableX（以太坊Layer 2）。

☑ **來源**：Immutable X是知名區塊鏈卡牌遊戲開發公司與零知識證明技術公司，兩間公司為解決以太坊NFT項目擴展問題，因而聯合推出擴容解決方案。

☑ **代幣**：無原生代幣，同時支持ERC-721和ERC-20代幣。

☑ **優勢**：Layer 2的輸送量大，速度快，每日可實現約2億筆以上交易，每秒可支援9,000筆交易，網路的買賣交易速度很快，實現即時交易，Gas費大幅降低，鑄造或交易的Gas費幾乎為0。

3-2 NFT公鏈介紹

 塊鏈可以分為公有鏈、聯盟鏈和私有鏈；從鏈與鏈的關係來分，又可以分為主鏈和側鏈，而NFT的Token依商業、功能、安全及省錢等考量也存在不同的鏈上。

 公有鏈、私有鏈、聯盟鏈

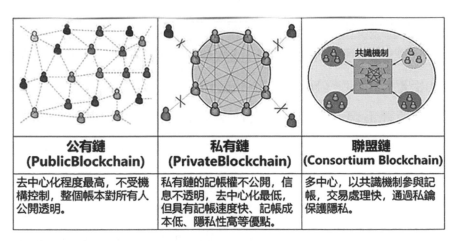

公有鏈 (PublicBlockchain)	私有鏈 (PrivateBlockchain)	聯盟鏈 (Consortium Blockchain)
去中心化程度最高，不受機構控制，整個帳本對所有人公開透明。	私有鏈的記帳權不公開，信息不透明，去中心化最低，但具有記帳速度快、記帳成本低、隱私性高等優點。	多中心，以共識機制參與記帳，交易處理快，通過私鑰保護隱私。

 ① 公有鏈（Public Blockchain）

公有鏈是指全世界任何人都可讀取的、任何人都能發送交易，且交易能獲得有效確認，任何人都能參與其中共識過程的區塊鏈，共識

過程決定哪個區塊可被添加到區塊鏈中，然後明確當前狀態，公有鏈通常被認為是「完全去中心化」的。

公有鏈的特點如下。

● **保護用戶免受開發者的影響：**在公有鏈中，程序開發者無權干涉用戶，所以區塊鏈得以保護使用他們開發程序的用戶。

● **訪問門檻低：**任何擁有足夠技術能力的人都可以訪問，也就是說，只要有一台能夠上網的電腦就能夠滿足訪問的條件。

● **所有數據默認公開：**儘管所有參與者都隱藏自己的真實身份，但只要他們透過他們的公共性來產生自己的安全性，每個參與者仍可以看到所有帳戶的餘額和所有交易活動。

公有鏈的應用包括比特幣、以太幣、超級帳本，還有絕大多數的山寨幣及智能合約。公有鏈的始祖是比特鏈，以太坊則是一個全新的開放式區塊鏈平台，允許任何人在平台上建立和使用區塊鏈技術運行的去中心化應用，以太鏈和比特鏈一樣，不受任何人控制，也不歸任何人所有。

以太坊是可編程的區塊鏈，它不像比特幣是給用戶一系列預先設定好的操作，例如交易，反而允許用戶按照自己的意願創建複雜的操作。這樣一來，它就可以作為多種類型去中心化區塊鏈應用的平台，包括加密貨幣在內，但並不僅限於此。

以太坊架構本身沒有特點，也沒有價值性，就和電腦的程式語言

相似，必須由開發者決定其用途。不過很明顯，某些應用類型更能從以太坊的功能中獲益，以太坊適合那些在點與點之間自動進行直接交互，或跨網絡促進小組協調活動的應用。

除金融類應用外，任何對信任、安全和持久性要求較高的應用場景，比如資產註冊、投票、管理和物聯網，都會大規模地受到以太坊平台影響。

② 私有鏈（Private blockchain）

區塊鏈是指其寫入權限，握在一個組織手裡的區塊鏈，任何動作都被加以限制，不能隨意讀取權限或對外開放。

私有鏈的特點如下。

● **交易速度非常之快：** 私有鏈的交易速度相當快，這是因為就算少量的節點都具有很高的信任度，並不需要每個節點來驗證一個交易。

● **更好的隱私保障：** 私有鏈在區塊鏈上的隱私就像在另一個資料庫中似的完全一致，且因為讀取受限，所以數據不會被擁有網絡連接的任何人獲得。

● **交易成本低，甚至為零：** 私有鏈上的手續費相當低，有時甚至不會收取，因為不需要節點之間的完全協議，所以很少的節點需要為任何一個交易而工作。

● **有助於保護產品不被破壞：** 正是這一點使銀行等金融機構能在目前環境中欣然接受私有鏈，銀行和政府在看管他們的產品上擁有既得

利益，用於跨國貿易的國家法定貨幣仍然是有價值的。

私有鏈應用最常聽見的例子為一家位於紐約的區塊鏈創業公司R3CEV，他們發起R3區塊鏈聯盟，吸引五十家銀行參與，包括富國銀行、美國銀行、花旗銀行等，從各大金融巨頭陸續加入R3CEV區塊鏈來看，金融集團之間更傾向於擁抱私有鏈。

③ 聯盟鏈（Consortium Blockchain）

聯盟鏈是一種需要註冊許可的區塊鏈，這種區塊鏈也稱為許可鏈。聯盟鏈僅限於聯盟成員參與，區塊鏈上的讀寫權限，參與記帳權限按聯盟規則來制定，整個網路由成員機構共同維護，網絡接入一般通過成員機構的網關節點接入，共識過程由預先選好的節點控制。

由於參與共識的節點通常比較少，聯盟鏈一般不採用工作量證明的挖礦機制，而是多採用POS（權益證明）、PBFT（實用拜占庭容錯）或RAFT等共識算法。

一般來說，聯盟鏈適合於機構間的交易，結算或清算等B2B場景，例如在銀行間進行支付、結算、清算的系統就可以採用聯盟鏈的形式，將各家銀行的節點作為記帳節點，當網路上有超過三分之二的節點確認一個區塊，該區塊記錄的交易將得到全網確認。聯盟鏈對交易的確認時間，每秒交易數都與公有鏈有較大的區別，對安全和性能的要求也比公有鏈高。

	公有鏈	私有鏈	聯盟鏈
參予者	任何人自由進出	個體或公司內部	聯盟成員
共識機制	POW/POS/DPOS/POC	分散式一致性算法	分散式一致性算法
記帳人	所有參予者	自定義	聯盟成員協商確定
獎勵機制	需要	不需要	可選
中心化程度	去中心化	(多)中心化	中心化
突出特點	信用的自建立	可追溯	效率和成本優化
承載能力	3~20 萬筆/秒	1000~10 萬筆/秒	1000~1 萬筆/秒
典型場景	虛擬貨幣	審訊、發行	支付、結算
代表項目	比特幣、以太坊	R3CEVCorda	R3、Hyperleder

 # 主鏈、側鏈及跨鏈（Layer 1、Layer 2、Layer 0）

區塊鏈是一個開放的網路系統，任何人都有權利擔任節點參與記帳，因此如何制定一套遊戲規則，讓所有節點共同遵守，使區塊鏈能夠順利運作是相當重要的問題。

① 主鏈（Layer 1）：區塊鏈架構的底層協議

主鏈（Layer 1）又稱為底層，是所有礦工都必須遵守的規則，其設計是為了讓區塊鏈能保持「帳本一致性」與「交易最終性」，讓節點以不可竄改的方式錨定數據，並在沒有中央審查的情況下，用加密的方式達成共識。簡單來說 Layer 1 就是區塊鏈的協議，大家常聽到的共識機制、區塊、私鑰或地址等，都屬於 Layer 1 的範疇。

主鏈的擴容方案必須在確保全網區塊鏈「狀態」的一致性與最終

227

性的前題下，提升區塊鏈的交易處理速度。過去主鏈的擴容方案，大部份是針對數據層和共識層優化，但近年網路層的「分片技術」也成為各大公鏈項目的研究重點，例如以太坊2.0的目標，就是希望透過「分片技術」提升以太坊在交易處理速度上的瓶頸。

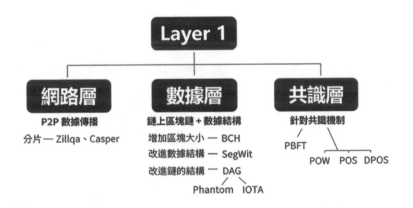

2 側鏈（Layer 2）：區塊鏈協議中的樓中樓

側鏈（Layer 2）所涉及的是鏈上與鏈下的協議，主要負責鏈上鏈下消息傳遞、智能合約編程及應用相關功能，也就是在現有區塊鏈系統上建構輔助框架或協議。

側鏈是一條獨立的區塊鏈，擁有自己的獨立共識機制，安全性不依靠主鏈，會採取DPOS、POA等更有效率的共識機制。側鏈技術重點在於跨鏈機制的設計，跨鏈機制的基本原理就是透過鎖定主鏈上的資產，在側鏈發行相關資產，如果想要回到主鏈，只需銷毀側鏈上的資產，在主鏈上解鎖相關資產。

因為區塊鏈自身不能獲取其它鏈上資訊，那麼誰傳遞並確認訊息

從而決定資產的鎖定與發行就成了關鍵問題，為解決訊息這個問題，可以採取透過第三方主體驗證的公證人機制，或透過區塊鏈自身進行驗證的中繼機制，公證人可以採用單一主體，也可以是多個主體進行驗證並多簽確認交易。

換句話說，側鏈的擴容方案必須盡可能在不犧牲區塊鏈網路安全性的情況下，實現高吞吐量的狀態生成。簡單來說，側鏈擴容方案的概念就像「塞車」，如果高速公路大塞車，那就選擇走車流量少的省道，避開尖峰車潮，雖然路線較長，但比塞車的高速公路要快到達目的地。

側鏈只負責處理「狀態生成」並不負責「狀態驗證」，最終結算時還是必需要回到主鏈驗證才能完成交易確認，在這過程中最大的問題為側鏈的安全性較低，可能會因為有人作弊，而導致生成錯誤的狀態，因此，如何防止數據出現錯誤及數據如何安全傳回主鏈是側鏈協議設計時的問題之一。

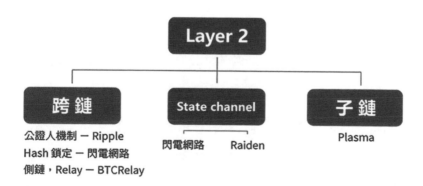

③ 跨鏈（Layer 0）

跨鏈（Layer 0）可以說是區塊鏈系統的核心理念，基於去中心化、安全性及可擴展性的概念延伸，包含硬體設備、網路等等來實現區塊鏈系統的架構。

簡單來說，跨鏈就是任何開發者的兩個鏈，一側的資產轉到中心系統，然後再到另外一個鏈上，其效果很像現在利用交易所兌換資產然後再提幣，這個網路可能也會是一個錢包形式，所以這個中心系統要有相應的代幣儲備。

第7層 應用層	○各種應用程式協議
第6層 表示層	○數據的格式化、資料加密解密、資料的壓縮壓縮
第5層 會議層	○建立、管理、終止實體之間的會話連接
第4層 傳輸層	○數據的分段及重組；提供端到端的資料服務(可靠或不可靠)
第3層 網路層	○將分組從源端傳送到目的端；邏輯尋址；路由選擇
第2層 數據鏈路層	○將分組數據封裝成幀；實現兩個相鄰結點之間的通信；差錯檢測
第1層 實體層	○在區域網路上傳送資料框（Data Frame）

Layer 0擴容方案，也對應著1至4層底層協議的修改及優化，以達到加快區塊資料傳遞到全網節點的速度。目前已提出的方案有BDN分發、組播鎖定組、QUIC UDP協議等方案。

網路通訊協議底層中有許多中介軟體由於歷史遺留原因，優化空間很大，而且傳統網路通訊協議很多是針對伺服器跟用戶端的架構進行優化的。因此，如果針對P2P網路的架構對網路通訊協議進行定制，性能有可能獲得大幅地提升。中國著名的快播和PPS影音，就是基於

UDP協議對P2P網路進行大幅度優化，才可以在一般網路頻寬下達到驚人的流媒體傳送速率。

 NFT常用的公鏈

縱覽公鏈生態我們看到，掀起NFT浪潮初舞台以太坊，到交易所公鏈BSC和HECO，再到Polygon、Solana、Fantom、Terra和Arbitrum等，無一例外都瞄向NFT，公鏈項目在NFT領域角逐的百花齊放局面已形成，筆者下面跟各位介紹NFT常用的公鏈。

① 以太坊

以太坊是區塊鏈開發平台的首要選擇，但同時卻有很多局限性：輸送量低、Gas費用高、網路擁擠等問題。

比如，2017年底，以太坊區塊鏈經歷大規模網路擁堵，導致第一批NFT項目之一《Crypto Kitties》無法正常運轉，陷入停滯。以太坊帶來的問題遠不止網路擁堵，但這也讓越來越多開發者開始思考，區塊鏈的未來發展應該走向何方，才算是有利有幣？

早在2014年，以太坊就試圖創建平台來解決上述問題，旨在構建一個全球虛擬電腦，任何應用程式都可以在上面建構。以太坊較比特幣複雜，可以支持一些有趣的基礎遊戲，但以太坊相當緩慢，那要怎麼提升處理速度呢？鏈圈一直在談的POS是究極的解決方案之一，有望將鏈的TPS（Transactions Per Second，每秒交易量）提升到十

萬次左右，並且比 POW 省下約 **99.95%** 的能源。

另外以太坊現也正在進行分片（Sharding），讓單一節點僅需儲存整條以太鏈的一部份資料、處理一部份交易，讓處理效率大幅提升，目前以太坊正在為 64 條分片努力，未來可能擴展到 1,024 條。

不過上述技術都屬 Layer 1，也就是以太坊主鏈的解決方法；而在以太成功過渡到 POS 前，就屬 Layer 2 擴充方案最受矚目。「狀態管道（State Channels）」和「側鏈」近來不斷發展，試圖將部份工作從主鏈中移動到其他地方進行，提高速度較慢的平台的性能和成本。

Flow、Near 等新一代可擴展區塊鏈新浪潮，讓參與網路的每個節點都運行所有代碼，減少浪費，加速執行速度。為了解決這個問題，新型公鏈也都會進行分片，把網路分割開來，讓大部份計算並行運作，這允許網路容量隨網路節點數量的增加而擴大，將網路容量理論擺脫了限制。

而建立基礎設施可能面臨五大問題，筆者整理如下。

● **環境成本：**區塊鏈依靠加密技術提供安全性，就分散式網路達成共識。這意味著，為了證明用戶有權在鏈上撰寫內容，必須運行複雜的演算法，這需要大量的計算能力，付出極大的代價，以比特幣為例，保持網路運行所需的計算能力要消耗的能源相當於世界上一百多個國家使用過的能源，因此環境影響和能源成本不容忽視。

● **缺乏監管：**投資比特幣或其他加密貨幣的人不難發現，區塊鏈市場

的動盪很大，因為缺乏監管監督，騙局和市場操縱司空見慣，如著名龐氏騙局 Once Coin 打著「下一代比特幣」的噱頭，從投資者手中騙走數百萬美元，這與近年許多新興技術領域一樣，立法者在很大程度上跟不上行騙者的步伐，因而讓那些不肖人士有機可趁。

● **複雜性：**如果用戶努力理解區塊鏈背後的加密和分散式原理，應用的潛在革命性就不難發展，但對於大多數使用者來說，他們需要大量時間和精力進行了解，看透區塊鏈帶來的益處。

● **速度慢：**區塊鏈交易具有複雜性，本身又帶有加密和去中心化特質，與現金或信用卡等「傳統」支付系統相比，區塊鏈交易處理時間要長得多，比特幣交易可能需要幾個小時才能完成。區塊鏈網路不僅用於價值儲存，也應用於其他用途，如在物聯網環境中記錄事務或進行交互，但隨著規模增大、訪問和寫入網路的電腦數量增加，區塊鏈可能會變得愈發遲緩。

● **傳統機構的衝擊：**儘管人們對成熟的金融業採用區塊鏈技術非常感興趣，但談及區塊鏈底層技術，很多人還是持冷淡或反對態度。銀行歷來透過扮演中間人角色賺取巨額利潤，並擁有巨大的遊說權，可與政府和立法者建立合作關係。成熟的金融服務業即使不扼殺區塊鏈的存在，也可能會大幅降低其實用性並限制其可用性。

筆者認為以上五個問題可能對區塊鏈的發展構成重大威脅，但技術進步和自然發展一樣，總有辦法繞過現有障礙，尋求新的發展方向，NFT 公鏈如 Flow、Near、Polygon 等潛力仍巨大，值得關注。

② Flow

Flow是《Crypto Kitties》在2017年以太坊上陷入停滯後時，其研發團隊意識到現有區塊鏈不能滿足現有需求，才又開發的新型區塊鏈，為一個支持NFT收藏品和大型加密遊戲等事物而設計的區塊鏈，在此鏈上，《Crypto Kitties》將最大程度展現出應用程式的可組合性、鏈上儲存和消費者應用加密技術，用戶可以添加新功能、基因、繁殖和可擴展性，不影響收集者的核心信任。

除《Crypto Kitties》外，團隊也將旗下另一NFT項目《NBA Top Shot》遷移到該鏈上。Flow旨在解決區塊鏈遇到的網路擁堵問題，無需分片技術即可實現大規模拓展性，提供高速低成本交易，包括NFT市場和加密電子遊戲等DApp，不僅針對自己的專案，同時也面向其他開發者。

Flow在加密網路中獨樹一幟，透過將加密貨幣礦工或驗證器的工作分成四個不同的角色，每個角色都有自己的特點，從而實現速度和輸送量的顯著提高。這意味著具有可靠網路連接的任何人都能夠在各種計算和財務級別上作為Flow的驗證者參加。

Flow擁有四個節點類型，以提高速度和輸送量。

● **收集者節點（Collector Node）**：提高效率。
● **執行節點（Execution Node）**：提高速度，擴大規模。
● **驗證節點（Verifier Node）**：保證正確性。
● **共識節點（Consensus Node）**：實現去中心化。

Flow還有著四大優勢。

● **多角色架構**：Flow鏈的設計十分獨特，允許網路在不分片且不降低共識去中心化程度的前提下進行擴展，以服務數十億使用者。

● **面向資源的程式設計**：Flow鏈上的智慧合約是以Cadence編寫，對加密資產和應用而言，Cadence是更為便捷安全的程式設計語言。

● **開發者人體工學**：從可升級的智能合約到內置日誌記錄支援到Flow模擬器，Flow的網路設計是由結果驅動的。

● **消費者入門**：Flow鏈專為主流消費者設計，其支付Onramps提供一個法定貨幣兌換代幣的安全、低摩擦平台。

③ BSC

BSC也就是幣安智慧鏈，可以看做一條與幣安鏈並行的區塊鏈，主要服務於幣安DeFi生態，推進幣安的雙公鏈模式。BSC在共識演算法上有一定的創新，採用POSA（Proof of

Stake Authority）共識演算法，其網路擁有21個驗證節點，建立高速的基礎設施。

BSC支援智能合約編寫功能，相容現有的以太坊虛擬機器（Ethereum Virtual Machine，EVM）以及其生態系統下的所有應用和工具，開發人員可以輕鬆實現以太坊DApp的遷移和部署。同時，

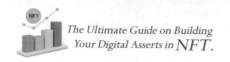

BSC支援跨鏈通訊和交易。

幣安於2019年4月推出主網社群後，為幣安鏈帶來了超高速度和大輸送量。幣安鏈的主要重新在其DApp應用：幣安DEX（去中心化交易所），可以在短時間內處理數百萬的交易量，展示低延遲和大容量空間。

但靈活性和實用性往往與性能成反比，幣安鏈專注於提供方便的數位資產發行和交易場所時，也替自己帶來局限性。幣安鏈最需要的功能是可程式設計的可擴展性，簡單地說就是智能合約和虛擬機器功能，所以幣安在原先基礎上建立一個平行區塊鏈，以保留原生DEX區塊鏈的高性能，同時支援智能合約功能。

新的平行區塊鏈幣安智慧鏈（BSC，Binance Smart Chain）將和幣安鏈（BC，Binance Chain）並肩運行，提供不同的服務，筆者整理出兩者之間的差異。

● **獨立區塊鏈**：BSC是一個獨立的區塊鏈，而非第二層解決方案，其基本技術和業務功能應該是自成一體的，即使BC短時間內停止，BSC也能運行。

● **以太坊相容性**：BSC選擇與現有的以太坊主網相容，這意味著BSC能與大多數DApp、生態系統和工具相容，僅需要零改動或些微改動；另外BSC節點採以較高的硬體規格和技能來運行和操作，為自己留下趕超以太坊升級的空間。

● **共識和治理下的質押機制**：基於質押的共識更加環保，為社群治理

帶來更多靈活性，可以預見的是，這種共識比POW擁有更好的網路性能。

● **原生跨鏈通信：**BC和BSC兩者都支持兩個區塊鏈之間的跨鏈通信。該通信協議是雙向、去中心化且無需信任的，BEP2代幣及之後推出的其他BEP代幣可以實現BC和BSC之間數位資產轉移。

隨著去中心化不斷發展，幣安智慧鏈上的項目數量越來越多，部份專案的潛力也越來越大，如PancakeSwap、BSCex、Venus、DEGO等。

④ Near

Near是一個去中心化開發平台，建立在Near協議之上。Near協議是一個公共、碎片化、對開發人員友善的、運用POS權益證明的區塊鏈。Near就像一個公共社區運營的雲平台，是一個高度可伸縮、低成本的平台，供開發人員在上面創建去中心化的應用程式。

雖然Near平台建立在自身Near協議區塊鏈之上，但它還包含廣泛的工具，如瀏覽器、CLI工具、錢包應用程式、互通性軟體等等，有助於開發人員

更容易建構生態系統，更廣泛地擴展生態系統。Near協議具有讓平台以完全去中心化的方式線性擴展高達數十億筆交易的能力。

The Ultimate Guide on Building
Your Digital Asserts in *NFT*.

　　NearR並不是在建構唯一一個面臨規模和成本問題的區塊鏈，但Near正以略微不同的方式來解決這些問題。Near正在建構「底層區塊鏈」，這意味著它與以太坊、EOS或波場等類似，都是一種基礎設施，未來其他一切行動都可以建在Near之上。

　　Near類似於一種「雲」的基礎設施，開發者可以在上面開發應用。Near不由單一公司控制，由世界各地所有運行該去中心化網路節點的人運營，不是「公司營運的雲」，而是「社群營運的雲」。

　　Near代幣可用於支付交易費用，Near代幣相當於一個效用工具——持有者可以使用託管在網路上的應用程式，任何人都可在無許可的情況下發送或接收Near代幣，創建帳戶，參與驗證，啟動應用程式或以其他方式使用網路。個人、交易所及DeFi合約均可使用Near網路及其代幣。

　　Near是一個無許可權協議，任何人都可以運行其中一個節點，但運行基礎設施需要金錢和時間，很少有人會無常運行協議。因此，作為回報，用戶可以在Near平台上賺取部份交易費用。

　　Near平台定位是「開發人員的好朋友」，因為它可以解決開發人員以下問題。

● 對於開發人員來說，Near基於合約的帳戶模型允許他們在應用程式中建構高級許可權，代表使用者簽署交易。他們還可以訪問工具組，並有機會獲得費用返還。
● 對於最終用戶來說，靈活的帳戶模型讓他們不必接觸錢包或代幣就

能收益。Near的帳戶設置方式帶來更流暢的使用體驗，無需介入錢包，點開多個快顯視窗。

● 對於驗證者來說，合約層面的訪問「授權」意味著他們可以創建無限多樣化服務，這是Near驗證節點運行十分受歡迎的原因。

Near由全球隊伍Near Collective團隊建構，旨在成功建構Near這個大規模的開源項目，集體成員都熱衷於為開發人員及其最終用戶改進應用可用性，以便接觸到迄今為止未曾或不願接觸區塊鏈應用程式的受眾。

3-3 NFT 側鏈介紹

側鏈和主鏈的不同之處在於它專門用於處理以太坊過剩容量，而不是與整個以太坊競爭，主要是讓生態系統與以太坊緊密結合，並以互補的方式託管以太坊其他應用程式，而NFT常用的側鏈有Polygon和Ronin，討論如下。

 ## Polygon：以太坊的好幫手

Polygon前身為Matic Network，是一個擴容方案的聚合器，用於連接和建構與以太坊兼容的區塊鏈網路。

● Polygon（前身為 Matic Network）是一個基於Layer 2的擴容方案聚合器，讓所有擴容方案都能輕鬆簡單地兼容以太坊，彼此又能相連，實現跨鏈，目標是圍繞以太坊打造一個像多邊形一樣的多鏈網絡。

● 使用Polygon，用戶可以創建Optimistic Rollup鏈、ZK Rollup鏈、獨立鏈、安全鏈等，以滿足各種用戶或開發人員不同的需求。

● Polygon具有以太坊的安全性，又比以太坊更靈活、開放，能夠幫助以太坊解決現存的擁堵及高昂手續費等問題，是以太坊的幫手。
● MATIC幣是Polygon的代幣，將繼續存在，並發揮越來越重要的作用，保護系統安全並實現自治。

　　要了解Polygon與Matic，就必須清楚明白以太坊目前遇到的問題，因為這與Polygon創立的初衷有著密切關係。以太坊在設計之初，每秒約只能進行10至20筆交易，但隨著使用者人數上升及交易量大幅增加，系統已逐漸無法負荷，使得以太坊的交易嚴重延遲，Gas費用（交易手續費）也隨之上升（競價原則）。

　　以太坊雖然希望藉著ETH 2.0來解決交易速度與費用問題，但整個升級過程也需要二到四年的時間，在這段期間內也有不少團隊嘗試解決以太坊的困境，而Polygon就是其中之一。

　　Polygon成立目的就是為了解決以太坊的三大問題。

● **交易吞吐量低：**以太坊TPS目前最高僅15筆/秒，無法負荷用戶大量的需求。
● **糟糕的用戶體驗：**以太坊只有一條鏈，所有項目都跑在這條鏈上，因而造成擁堵，手續費也越來越高。
● **沒有自治權：**所有項目依賴一個統一的網絡（共享吞吐量、堵塞風險，技術堆棧不可定制，治理依賴）。

2019年4月21日，Matic Network於幣安上線，以ERC-20協議發行代幣Matic，上線後籌集560萬美元。以太坊的交易擁堵，使得手續費高昂，用戶們迫切希望有人能解決這些問題，Matic恰好正中下懷，迅速吸引越來越多人的關注。

隨著市場的發展，團隊意識到Plasma擴容的局限性，Plasma並不能解決以太坊擴容的所有問題，如果技術沒有突破，就則會慢慢在競爭中被淘汰。而現有市面上的不同擴容方案也都只能解決以太坊的部份問題，每個方案各有利弊，如果可以把各個方案打通、集合到一起，才能持續幫助以太坊解決各方面的問題。

於是團隊在2021年將Matic Network更名為Polygon，希望搭建一個通用的框架，讓所有擴容方案都能兼容以太坊，又能彼此相連，實現跨鏈，目標是圍繞以太坊打造一個像多邊形一樣的多鏈網絡。

Polygon團隊的願景也從「區塊鏈的網絡」轉變為「以太坊兼容鏈的網絡」，旨在圍繞以太坊生態來提供擴容和聚合方案，不僅幫助以太坊解決交易成本高和擁堵的問題，也為以太坊留住用戶。

所有以太坊應用都可以布署並馬上使用，費用低、交易速度快。Polygon是用於建構和連接以太坊兼容區塊鏈網絡的協議和框架。Polygon這個平台是側鏈交易的首選，Polygon為第2層擴展解決方案，創建該解決方案是為了在以太坊上提供更快，更便宜的交易。

Polygon的開發與生態系逐漸應用在DeFi、遊戲甚至到NFT領域，越來越多的項目加入到Polygon，細分成不同領域的多樣化生態系，在DeFi與NFT領域的發展尤其卓越。

目前在Polygon測試TPS為6,000至10,000筆交易，且每筆交易手續費只要約0.000006美元，與以太坊主鏈2至6美元的手續費相比便宜許多。

互動	ethereum	polygon
ETH轉帳	~$12.40	~$0.000782
NFT 轉帳	~$29.51	~$0.001863
ETH-ERC20 交換	~$76.73	~$0.004844
增加流動性	~$82.64	~$0.005216
Opensea：註冊	~$231.03	~$0.014584

　　越來越多的DeFi項目從以太坊主鏈轉移到Polygon後，MATIC代幣的需求不斷上升，價格也因此上漲。2020年，MATIC的幣價一直不慍不火，在0.01至0.03美元浮動，但到2021年2月，MATIC團隊宣布轉型為Polygon後，幣價就開始持續上漲，從0.04美元一路漲到0.3美元，擁有超過七倍的漲幅。雖2021年5月加密貨幣崩盤，MATIC仍扛住這波壓力，並上漲120%以上，從0.8美元飛漲到歷史最高的2.45美元，擠進前二十大加密貨幣。

　　背後的原因可能和當時以太坊手續費飆升有關，Polygon的便宜費率吸引大量用戶使用，但MATIC後續便沒有突破，甚至開始下跌，一度跌至0.7美元，之後隨著加密市場復甦，MATIC的價格也逐漸穩定在1.3美元左右，不過隨著中美無預警發出監管警告，使得加密貨幣再度下修，MATIC價格也下滑，隨著市場浮動。

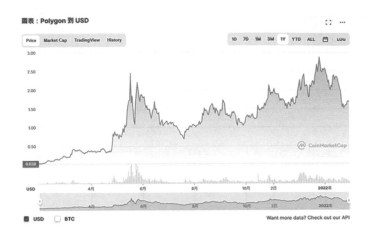

那 Matic Network 改名為 Polygon 後有哪些創新呢？ Matic 在成立之初是一種單一的擴容方案，沒有辦法解決以太坊擴容的所有問題，而 Polygon 是一個基於 Layer 2 的聚合器，讓所有的擴容方案都能兼容以太坊，也能支援更多的功能。

Polygon 作為「以太坊幫手」，是目前以太坊的首選 Layer 2 擴容解決方案，基於它所打造的熱門 DApp 像是 Aave、Decentraland、SushiSwap，其活躍用戶成長都非常迅速。

如果你看好以太坊，那 Polygon 生態和 MATIC 幣相當值得深入研究，對投資人來說，加密貨幣不同於傳統金融，諸如股票、外匯、黃金，是一種新型態的投資資產，因此門檻相對來說也較高。

Ronin：《Axie Infinity》的以太坊側鏈

Ronin 是專門為鏈遊龍頭《Axie Infinity》於 2020 年底建構的

以太坊側鏈，由驗證者運營的POA網路，驗證者由該遊戲核心開發工作室Sky Mavis任命。區塊需要獲得三分之二的驗證者批准才能完成確認。驗證者負責編寫和驗證區塊，更新價格語言機，並處理往返於Ronin的資產（ETH、ERC-20和ERC-721）的存放和轉移過程等事務。其中，首批驗證者包括育碧、幣安、Animoca Brands和Nonfungible 等。

《Axie Infinity》的發展勢頭猛烈，圍繞真正的所有權和玩遊戲賺取金錢（Plat to Earn），但在遊戲體驗中，漸漸產生兩個痛點，這兩個問題使《Axie Infinity》的經濟體系發展停滯不前。

● 以太坊網路擁塞。
● 手續費居高不下。

因此，必須尋求解決這兩個問題的辦法，那就是透過側鏈擴容的方式來解，而這個側鏈就是「Ronin鏈」。Ronin鏈是一個專門為《Axie Infinity》製作的以太坊側鏈。在日本封建時代，Ronin代表沒有主人

的武士，因而被套用在此，希望將產品的命運掌握在自己手中的願望。

Ronin 具備以下優勢。

● 即時確認快速無縫交易。

● 大幅降低手續費。此外，毋須向以太坊礦工支付費用，Gas 費用由社群保留，用於錦標賽和賞金等活動。

● 能將《Axie Infinity》中資產提取回以太坊主網。

● 透過定制的錢包解決方案簡化新使用者的註冊流程。

● 提供一個資料透明的區塊瀏覽器。

3-4 NFT 創新型平台介紹

下面和各位介紹一下NFT有哪些創新型平台。

 xDai：以太坊姐妹鏈

xDai鏈是一種用於穩定支付的區塊鏈，可以處理快速且廉價的交易，也相容以太坊虛擬機器，任何在以太坊主網上運行的應用程式都可以在xDai鏈部署、執行。

xDai鏈是一種質押代幣並以權益證明為共識機制的區塊鏈，任何擁有質押代幣的人都可以成為驗證者，或是將他們的代幣委託給當前的驗證者來保護鏈的安全。此外，這條鏈上還有一個穩定的原生代幣xDai，可用於交易、支付和手續費，且有趣的是，xDai其實是以太坊上Dai的映射，所以又稱為以太坊姐妹鏈。

這「映射」在xDai代幣橋產生，原始的Dai被鎖定在以太坊智能合約中，他們的資料被傳輸到xDai鏈上的智能合約，然後該合約創建（鑄造）相同數量的xDai，而且你可以用同樣的方式將xDai再轉換成Dai，xDai會在xDai鏈中被燃燒，並發送一個經過驗證的信號在以太坊主網上，解鎖完全相同數量的Dai。

xDai 具有以下特徵。

● 交易迅速（5秒）和低交易費（500筆交易只需花費0.01美元）。

● 可用於支付交易費用的穩定且快速的代幣：1xDai = 1 美元。

● 綠色節能的採用權益證明機制的區塊鏈網路。

● 公眾達成共識的無需許可的委託權益證明。

● 用於社區共識參與和激勵的質押代幣。

而提到 Dai，就要提一下 MakerDAO，Dai 是由一個分散的自治組織 MakerDAO 維護和監管，由其治理令牌 MKR 的所有者組成，可以對其智能合約中的某些參數的更改進行投票，以確保 Dai 的穩定性，同樣，該組織也會監管 xDai，為 Dai 和 xDai 提供新的解決方案、參與治理和支援生態系統。

 ## RSK 側鏈：比特幣的智能合約

RSK 是一個和比特幣雙向錨定的智能合約平台，礦工透過聯合挖礦獲得獎勵，讓他們積極參與到智能合約之中。RSK 旨在實現智能合約、即時支付以及更高的可擴充性，為比特幣生態系統增加價值和實用性。

簡單來說，RSK 就是比特幣生態系統的擴展，RSK 能為比特幣帶來擴容，並實現智能合約功能，解決比特幣現存的一些問題，你可能

會問比特幣存有哪些問題？整理如下。

● 比特幣沒有智能合約的功能。

● 比特幣的確認速度較慢。

● 對等網絡速度過慢。

● 網絡擁堵。

● 交易手續費較高。

　　RSK團隊認為比特幣雖為世界性領導地位的加密貨幣，但比特幣也需要透過技術改良，增加一些新東西來不斷完善和創新。所以RSK對比特幣存在的問題進行了一些改善。

● RSK整合了圖靈智能合約，為比特幣加入智能合約，並為整個網絡提供更快的交易速度。

● RSK每秒處理300筆交易，幾乎可以在20秒內確認所有交易，且RSK使用和比特幣一樣的挖礦機制。

● RSK作為比特幣的一條側鏈，當比特幣被轉入RSK時將會變成RTC，等值轉換不需要任何的交易費用。

● 增加比特幣的安全性，RSK透過聯合挖礦增加比特幣挖礦的收益來確保不會出現巨量的廉價算力被用來對比特幣發起51%攻擊。

　　RSK替比特幣解決的問題十分必要，絕非畫蛇添足。首先轉帳速

度問題的改善可以說是重中之重；其次透過側鏈技術，比特幣將能應用於小額實時支付、溯源、確權等多種應用場景；而且聯合挖礦既保證RSK的安全性，也調動了礦工的積極性。

多應用場景將大大拓展比特幣的應用，穩固比特幣的市場份額，比如……

① 零售支付系統

阻止比特幣為零售業使用的原因是比特幣的確認時間（為確保安全性，比特幣轉帳一般要等待10至1小時）。RSK可以讓用戶獲得比特幣安全性的同時，只需要幾秒鐘的確認時間，商家不需要第三方網關就可以立即收到付款。而為零售提供支付方案的另一個關鍵要素是每秒交易量（TPS），RSK網絡使用DÉCOR+協議可以將比特幣的每秒支付交易量達到300TPS（是Paypal的兩倍）。

② 資產證券化

包括商業房地產信託基金、股票、債券和其他資產（或未來價值）都可以利用RSK來完成數位證券化。

③ IP 註冊和保護

可以在RSK平台上創建合約以證明某種「存在」，允許個體或機構向世界證明特定的文件（或產權）真實存在，其安全性依託於比特幣區塊鏈。

總體來看，RSK項目是要為比特幣區塊鏈提供智能合約，並提供速度和擴展性解決方案的輔助側鏈，作為解決區塊鏈本身問題的底層設施。項目的主要定位是改善比特幣現存的一些問題，從這個層面看，項目有存在的必要性，定位準確，現已在官網發布測試版本，也獲得業內的一致好評。

在投資夥伴上，RSK項目獲得了比特大陸的投資，這意味著它同時獲得了比特幣大陸的算力支持，這顯然是項目的一大優勢所在。但該項目已延期兩次發布測試版本，所以可能有一定的風險存在，總結來說，RSK是個不錯的項目，因為轉帳速度和費用問題比特幣的市場份額逐漸被以太坊、EOS等搶占，而現在RSK針對這些問題提出了針對的解決方案，比特幣需要RSK。

Ardor：多鏈區塊鏈

Ardor是一個多鏈區塊鏈平台，具有獨特的父子鏈架構，整個網路的安全性由父鏈Ardor提供，而可交互操作的子鏈具所有豐富的功能。這種設計和對混合用戶許可功能的存取權限是各種應用所需的靈活性關鍵，並為區塊鏈技術的主流採用打開了大門。

不僅如此，Ardor在創建時就考慮了擴展性，並解決許多現有的行業問題，例如區塊鏈膨脹，單一權杖依賴關係以及對易於自訂但仍相容的區塊鏈解決方案的需求。

Ardor是於2018年1月1日啟動的開源多鏈平台，一開始就設計

了其獨特的架構，以克服現有的區塊鏈技術問題並確保擴展性。Ardor
引入父子鏈系統，該系統的整個平台的網路安全性和交易處理由Ardor
主「父」鏈提供，所有可用於業務的功能都存在於未經許可和經許可
的子鏈上，該體系結構具有三個優點。

● 所有子鏈都有自己的本機權杖，它們被用作價值單位和支付交易費
用，以及各種現成的功能。
● 一旦將不必要的子鏈資料包含在無許可的Ardor父鏈中，就可以透
過修整它們來實現可伸縮性，從而防止網路「膨脹」。
● 所有子鏈都連接在一起，並共用相同的原始程式碼，確保生態系統
的互通性，從而允許子鏈權杖以完全去中心化的方式彼此交易，並
且一個子鏈上的交易可以訪問另一子鏈上的資料或實體。

　　歸功於綑綁系統，子鏈的所有交易都包含在父鏈Ardor中，該過
程將多個子鏈交易分組為父鏈塊，並使應用程式所有者能夠為其最終
使用者贊助交易費用。

　　Ardor使用100％的純權益證明共識演算法，使其具有高效能，
大大降低保護網路安全的硬體要求。Ardor父鏈權杖ARDR代幣用於
偽造、生成新塊和網路共識，ARDR偽造者從其偽造的區塊中收取交
易費，但不會創建新的ARDR代幣。

3-5 NFT 儲存的現況

　　NFT憑藉其獨特的屬性，對包括元宇宙、數位藝術品、收藏品、遊戲、DeFi、公共事業和體育等多個領域都帶來一定程度上的改變，對各類別市值的NFT產品進行總結，作為研究NFT儲存現狀的標的群體。

 元宇宙

　　NFT在元宇宙的應用，筆者從以下幾款虛擬平台切入討論。

1 Decentraland

　　《Decentraland》是一個基於以太坊的虛擬平台，用戶可以創造內容和DApp，並將他們通證化，創作內容可以供其他用戶交互體驗。《Decentraland》中的土地使用笛卡爾坐標系進行標記，社群擁有永久所有權，可以完全掌控自己的作品。

　　《Decentraland》將數位資產所有權和其他可交易的訊息儲存在以太坊區塊鏈上，而其他類似場景狀態和用戶位置等需要實時交互的訊息，則儲存在用戶電腦或者場景所有者的私有伺服器上，場景開發

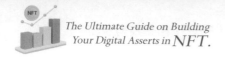

者們需要自行選擇什麼資訊值得存於鏈上，因為這需要較高的成本。

② The Sandbox

《The Sandbox》是一個社群驅動的UGC平台，用戶可以獲取自己的數位虛擬土地以及創作內容的所有權。裡面的作品都可以自由進行交易，從而真正成為這個完全由用戶創造的元宇宙中的一部份，元宇宙中的所有元素都是社群自行驅使的。

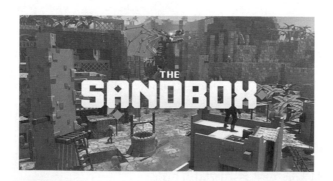

《The Sandbox》代幣SAND使用ERC-20協議，數位資產的確權和交易則使用ERC-1155和ERC-721協議，這些資訊都儲存在以太鏈上。而數位資產的實際媒體數據儲存在IPFS上，同時使用亞馬遜的

S3雲服務對網頁前端進行支持，創作者尚未鑄造的數位資產將儲存在S3雲伺服器上，而數據隱私風險需要進一步使用去中心化儲存方案進行保護。

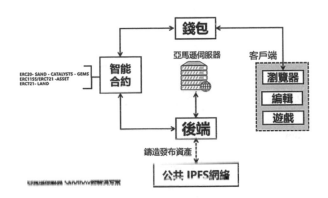

③ Cryptovoxels

《Cryptovoxels》是一個基於以太坊的元宇宙世界，用戶可以在街道上建造、開發和銷售數位資產，其所有權將永久記錄在區塊鏈上。風格比較類似於《Minecraft》，用戶可以使用自定義的像素單色塊建造自己的土地，同時也為用戶提供系統原生的COLR代幣為土地添加顏色。

目前《Cryptovoxels》將用戶在土地創造數位作品對應的資訊儲存在公司運營的伺服器中，其曾在社交媒體表示，將會考慮將數據轉移到去中心化的儲存系統中。

 數位收藏品和遊戲

在數位收藏品部份，前面章節已有提過項目，以下僅列點給各位參考，若印象不深可再翻到前面章節。

● 《Crypto Punks》。
● 《Bored Ape Yacht Club》（BAYC）。
● 《NBA Top Shot》。

遊戲的部份，筆者以知名案例跟各位分享。

① **Gods Unchained**

《Gods Unchained》是一款基於以太坊的類似於《爐石傳說》的NFT卡牌遊戲，玩家可以透過組建自己的卡牌參加競標賽、大逃殺等遊戲模式，

卡牌可以在市場上自由交易，玩家擁有其所有權。

目前遊戲中NFT的所有權儲存在鏈上，而NFT卡牌的Metadata和媒體數據儲存在公司伺服器上，提供API介面在智能合約中使用。

② **Axie Infinity**

《Axie Infinity》這款
鏈遊前面也有介紹過，是
一款架構在以太坊側鏈
Ronin，類似於《精靈寶可
夢》的寵物養成遊戲，玩

家可以收集、訓練和養育NFT形式的Axie幻想寵物，並擁有寵物的所
有權。

　　該項目將每個Axie的所有權資訊和其所獨有的遺傳數據儲存在鏈
上，而為了滿足遊戲的低延遲需求，將媒體數據儲存在鏈下的中心伺
服器中。

③ **MyCryptoHeroes**

這是一款基於以太坊
的架空世界RPG遊戲，玩
家可以收集NFT形式的英
雄，組建自己的英雄團隊
進行戰鬥，該項目所涉及
NFT的數據儲存在鏈上，

而媒體數據儲存在公司管理的伺服器中。

NFT交易平台

元宇宙、NFT話題轟轟烈烈，對於新事物大眾總是需要一點時間來深入了解、研究，搞懂了以後再開始試試水溫，相信你已經知道若要交易NFT，必須在專門的交易平台才能購買，下面筆者整理了幾個指標性的NFT交易平台。

1 OpenSea

這是最早也是目前最大的NFT交易平台，佔有交易市場90%以上的份額。最初OpenSea

也是使用中心化的伺服器儲存NFT的Metadata和媒體數據，但隨著NFT的價值不斷升高，中心化儲存所引發的數據丟失情況有時也會發生，OpenSea現在也為NFT創作者們提供去中心化儲存方案以供選擇。創作者們現在可以選擇使用IPFS實現NFT數據和媒體數據的去中心化，但這一部份要另外付費。

2 Rarible

第二大NFT交易平台，支援ERC-721和ERC-1155協議，該平台將NFT的Metadata和媒體數據

存在網站後端，也就是中心化的伺服器中，新的買家根據需要可以在

鏈上進行調用。

SuperRare

SuperRare是一個線上藝術畫廊，具有交易功能，並發行自己的交易代幣RARE。在SuperRare上競拍NFT，平台不會向用戶展示很詳細的資訊，比如智能合約、Token ID、Metadata等，這或許是該平台市場份額佔比一直較低的原因。

但筆者有查到SuperRare是使用IPFS進行Metadata和媒體數據的儲存。

鏈上存儲

目前NFT使用的區塊鏈主要包括以太坊、Flow、BSC等公鏈，以及Polygon、Ronin等側鏈。大部份NFT項目選擇將NFT的所有權數據儲存在鏈上，以確保所有權的不可竄改、可追溯、不可抵賴等特性，交易不需要透過中心化的信任機構做中介，可以直接從鏈上的智

能合約完成，給予NFT良好的流通性，不受任何第三方控制的技術作為信用中介，但可能受限於鏈上高昂的Gas費和擁堵的傳輸狀況。

而代表NFT實際型態的媒體數據被存在鏈下，在某些情況下還包括一些比較複雜的Metadata也存在鏈下，與所有權儲存系統分離，這使得被區塊鏈技術嚴密保護的所有權蒙上一層陰影。

鏈下儲存

目前NFT鏈下儲存的方式主要包括中心化、中心化可驗證、去中心化和去中心化可修復等四種方式。

中心化

大多數NFT項目沒有OpenSea這樣的市場，很多也都在起步階段，並沒有很重視鏈下數據儲存的安全性問題。智能合約中的特定標識符可以用來返回相關Metadata和媒體數據，他們通常會使用運行在Web伺服器上的URL來作為標識，這個伺服器是由公司運行或者由亞馬遜等雲服務商提供，這種中心化的儲存可能產生竄改、拒絕服務等風險。

中心化可驗證

以《Crypto Punks》為例，其最初將產品集成圖像儲存在中心化伺服器中，然後將這張圖片的加密貨幣哈希值儲存在智能合約中用於驗證。這樣做的好處是，可以透過哈希值對圖片進行驗證，以確保沒

有進行過任何修改，賦予了NFT媒體數據不可竄改的特性。

但媒體數據本身儲存在中心伺服器中，而不是像鏈上NFT所有權儲存一樣進行全網節點備份，存在數據遺失、拒絕服務等多方面風險。

中心化可驗證的鏈下儲存方式是對中心化方式的優化，但仍存在多方風險，不能有效解決NFT乃至元宇宙對確權數據本體的高可靠性儲存需求。

③ 去中心化

IPFS作為目前去中心化儲存的代表項目，已逐漸被NFT產業所接受，IPFS旨在為傳統中心化的HTTP提供去中心化的定址方式補充。以《Bored Ape Yacht Club》為例，其Metadata和媒體數據都儲存在IPFS中，IPFS提供冗餘備份和穩定的內容定址，其作為一個運行在多節點的定址網路，解決了之前中心化儲存URL地址失效的痛點，規避了對中心化服務商的依靠。

IPFS這種去中心化的定址方式進一步改善了NFT的Metadata與媒體數據之儲存方式，但它做為一個定址系統，並不能提供足夠安全可靠的儲存服務，即使CID地址會在系統中一直存在，其對應的具體數據並沒有相匹配的穩定性。

原因是IPFS中的網路節點對內容的備份是自驅動的，如果只有單個節點或者少數一部份節點備份相應內容，這些節點若損壞或下線，數據將會消失，CID將指向一片空白。

④ 去中心化可修復

去中心化可修復的儲存系統作為NFT解決鏈下儲存新的可能，正在得到行業內外的廣泛關注，Filecoin、Memo、Arweave 等去中心化的分散式雲儲存項目也積極改良，為NFT愛好者們提供更好的儲存優化方案，其中Filecoin和Memo分別推出了基於各自儲存生態的NFT儲存項目，分別為NFT.Storage和Metastorage.org。

NFT 儲存項目

☑ NFT.Storage

由 Protocol Labs推出，為基於Filecoin生態的NFT儲存項目，透過該項目儲存的NFT，將被儲存在IPFS或Filecoin中，目前單個儲存數據容量限制在100MB以內。

☑ Metastorage.org

基於MEFS儲存文件系統開發，為Memo生態的NFT儲存項目，透過該項目儲存的NFT將在IPFS和MEFS中進行雙份儲存，其中MEFS是Memo Labs開發的儲存系統，目前對存儲數據量沒有限制。

去中心化可修復的儲存系統有望成為NFT儲存的未來解決方案，讓NFT的Metadata和媒體數據的儲存與所有權更加匹配，目前產品技

術和規模仍在起步階段，落地實施程度有待進一步觀察。

 # NFT 儲存的機遇

　　一般來說，元宇宙是指使用包括網路和VR在內的一系列技術而建立的虛擬世界。在幾十年前，這個概念就已經誕生但遲遲沒有落地實現，隨著區塊鏈的快速發展，元宇宙才有了實現的可能，區塊鏈為元宇宙世界提供了一個理想的去中心化環境，而NFT的出現也為數位資產確權提供了可行路徑。

　　受制於目前的區塊鏈技術，NFT的實際內容需要與之所有權儲存相匹配的儲存方式，需求逼著技術進一步發展，致力於解決NFT儲存問題的去中心化雲儲存行業，將迎來廣闊的市場空間，以突破目前NFT中心化儲存的安全瓶頸。

　　在這個由區塊鏈推動的虛擬現實中，參與者有非常廣闊而豐富的想像空間，如享受遊戲、展示自製的藝術，擁有和交易數位資產等。此外，用戶還有機會從獨特的虛擬經濟體系中獲得利潤，他們可以購置無中心化機構掌控的土地，在上面以NFT的形式進行自由建造，將建築物出租給他人以獲得報酬，或是飼養繁殖稀有寵物並出售以獲取收益。

　　元宇宙生態系統涵蓋了上部份討論過的元宇宙所有項目，這些項目大部份都還處於早期階段，但會使用區塊鏈來記錄和確保用戶數位資產的所有權，而與所有權相對應的媒體數據大多仍然存在中心化的

伺服器或者IPFS中，並沒有得到與所有權相匹配的保護，也使得數位資產的完整性存在一定風險。

但如果沒有一個完整可靠的儲存閉環，使用區塊鏈技術對所有權進行的保護也將失去意義。

P2E 遊戲產業的基礎設施

近期P2E遊戲迎來爆發期，得到玩家和資本市場廣泛關注，尤其《Axie Infinity》一舉反超《NBA Top Shot》，成為市值最高的NFT項目，可以看出NFT在遊戲業有很大的潛力，已經存在的一些加密遊戲《Crytpo Kitties》、《Crypto Cats》、《Axie Infinity》、《Gods Unchained》和《Trade Stars》。

這類遊戲的一個很吸引人的特點是「繁殖」機制，用戶可以親自飼養寵物，並花很多時間繁殖新後代，還可以購買限量版/稀有版虛擬寵物，然後以高價出售它們。由於P2E遊戲的價值流通特性，目前的儲存方式不能有效契合其對高安全性的需求，Memo等去中心化雲儲存系統是更適應NFT高價值儲存的基礎設施。

額外的獎勵吸引了許多投資者加入遊戲，這使NFT變得更加重要。NFT另一個令人興奮的功能是，它提供了遊戲中物品的所有權記錄，玩家可以擁有個人專屬的遊戲道具，促進生態系統中的經濟標識，使開發商和玩家雙方同時受益。玩家和作為NFT發布者的遊戲開發者可以在每次NFT在公開市場被出售時賺取版稅，完成了反哺生態的良

性循環。

　而NFT儲存的可靠性將決定P2E遊戲產業增長的天花板，產業發展到一定程度，NFT儲存環節中存在的種種隱患將得到越來越多的關注，各個遊戲項目終將投入一定程度對NFT儲存進行改善，降低風險。

 龐大的資本市場

　NFT的存在創造了一個互利的商業模式，玩家和開發商從二手NFT市場中獲利的同時，區塊鏈社群也在很大程度上擴展了NFT，包括各種類型的數位資產和繁榮的虛擬經濟活動。

　傳統的經濟活動依賴於提供信任和技術的中心化公司，儘管區塊鏈已經開發出數種融資途徑，如ICO、IFO和IEO等，但其試用場景仍非常有限。NFT極大地擴展了區塊鏈的額外屬性，如唯一性、所有權和流動性等，在NFT的幫助下，區塊鏈迅速擴展其應用範圍，使每個人都能鏈接到一個特定事件，就像我們現實生活中的模式一樣。

　要達成這一願景，NFT的儲存方式是重要一環，NFT不同於同質化通證所對應的數據量較小，直接儲存在鏈上，但NFT同樣需要更可靠的儲存方式。比如購票常見的經濟活動，在傳統的票務市場上買票時，消費者必須信任提供業務的第三方。

　因此，消費者存在著被欺詐或者所購門票無效的風險，這些門票是可能是假的、偽造的或者是可以被取消的。在極端情況下，同一張

票可能會被多次出售，或是一些不支援轉讓的門票在市場內流通。

　　而基於區塊鏈所發行的NFT門票，以證明有權進入任何體育或文化活動。NFT受益於區塊鏈在FT階段已經解決的雙花、竄改和偽造等問題，分散式帳本的獨有特性賦予NFT門票相對於傳統門票，有著明顯優勢，一張基於NFT的門票是唯一且不可竄改的，這意味著持票人在售出門票後不能再次轉售。

　　NFT這種基於區塊鏈的智能合約為消費者、活動組織者等利益相關者提供了一個透明的門票交易平台，消費者可以從智能合約中購買和出售NFT票，而不需要依賴任何第三方。

　　這些NFT所對應媒體數據的儲存方式同樣重要，高價值的交易需要高安全基礎設施來作為支撐，隨著NFT形式越發多樣和複雜，NFT儲存產業也會隨著NFT生態項目的發展而成長。

 保護數位產權和版權

　　數位收藏品包含各種類型，從交易卡、葡萄酒、數位圖像、視頻、虛擬房地產、域名、鑽石、加密貨幣郵票和知識產權等其他實物。筆者以藝術領域為例，傳統藝術家沒有什麼管道來展示他們的作品，因為傳統管道的獲取需要資金和人脈資源，同時也需要耗費大量精力，往往會因為缺乏關注，無法反映其作品的真正價值，且藝術家們在社交網路上發表的作品也會被平台和廣告商收取中介費平台和廣告費。

　　但NFT改變了原先的模式，將他們的作品轉化為具有綜合權

益的數位格式，藝術家不必將所有權和內容交給代理人，為他們提供了獲取高額收益的可能。典型的例子包括Mad Dog Jones的《REPLICATOR》以410萬美金成交，Grimes的作品總共賣出約600萬美元和其他來自和其他偉大的加密貨幣藝術家的作品，如大家所熟知的Beeple和Trevor Jones。

NFT對藝術品產權做了很好的保護，而其對應的實際內容，如Metadata和媒體數據等，並未有安全可靠的行業儲存標準，Memo等去中心化儲存系統有望解決這一問題。

此外，藝術家在傳統情況下不能從未來銷售中獲得作品的版稅。相比之下，NFT可以被編程，使藝術家在其數位作品的每次銷售中，都會收到一筆預設的版稅費用，這是一種管理和保護數位作品最有效方式。

此外，還有一些平台，如Mintbase和Mintable，甚至已經建立了一些工具來支持普通人輕鬆創建自己的NFT作品。這些數位收藏品的媒體數據其實就是其鑄造的NFT本體，失去作品本身的所有權和版稅權將毫無意義，NFT本身也將失去價值。傳統收藏行為通常伴隨著較高的儲存成本，但在現今的數位時代，收藏顯然需要更好的儲存解決方案。

 儲存安全和隱私問題

保存用戶的數據是任何系統的首要任務。然而，這些數據儲存在

鏈外但與鏈上標籤相關聯，可能面臨著失去聯繫的風險或被惡意方濫用的風險。

① NFT數據的不可訪問性

在主流的NFT項目中，大多使用加密貨幣的哈希值作為標識符，而不是真正的媒體數據，然後記錄在區塊鏈上，以節省Gas的消耗，這使得用戶對NFT失去信心，因為原始的文件可能會丟失或損壞。

一些NFT項目已經開始與專門的文件儲存系統進行合作，如IPFS，它允許用戶透過哈希值進行內容定址，只要IPFS網路上的某個地方有人託管，用戶就可以成功獲取這個哈希值相對應的內容。

儘管如此，這樣的系統還是有不可避免的缺陷。當用戶上傳NFT的Metadata和媒體數據到IPFS節點時，不能保證他們的數據會在所有的節點中被複製。該數據存在IPFS上，有可能只有一個節點對該內容進行託管，而沒有其他節點共同進行備份，如果儲存它的唯一節點從網路上斷開，數據可能會變得不可用。

② 匿名性和隱私性

大多數NFT交易都依賴於他們的底層以太坊，但它只提供偽匿名性，而不是嚴格的匿名性或隱私。用戶可以部份隱藏他們的身份，如果他們的真實身份和相應地址之間的聯繫被大眾所知，那麼用戶的所有活動都可以被觀察到。

現有的隱私保護解決方案，如加密貨幣、零知識證明、環形簽名、

多方計算，由於其複雜的規則和安全假設，尚未大規模應用於NFT相關方案。所以，降低昂貴的計算成本成為保護NFT數據安全和隱私的關鍵。

 監管政策

與大多數加密貨幣的情況類似，NFT也面臨著來自監管部門的嚴格管理等障礙，同時如何在相應的市場中，適當地監管這種新生的技術也是一個挑戰。筆者從兩方面進行討論。

● **法律面**：NFT面臨的法律和政策問題涉及廣泛的領域，潛在的相關領域包括商品、跨境交易、數據等等，所以在進入NFT領域前，了解相關的監管審查和訴訟是非常重要的。

● **應稅財產面**：與知識產權相關的產品，包括藝術、書籍、域名等，在目前的法律框架下被視為應稅財產。然而，NFT的銷售還不在這個範圍內，雖然少數國家，如美國將加密貨幣作為財產徵稅，但大多數地區尚未考慮對加密貨幣資產徵稅的情況，這可能會大大增加以NFT交易為掩護的金融犯罪，以逃避相應地區政府的徵稅。

 可擴展性問題

NFT方案的可擴展性包括兩個方面，首先是強調一個系統能否與其他生態系統互動；第二個重點是NFT系統能否在當前版本被遺棄時

獲得更新。

NFT互操作性

　　現有的NFT生態系統是相互隔離的，用戶一旦選擇一種類型的產品，就只能在同一生態系統內交易，必須局限於其底層區塊鏈平台。目前如果想跨生態進行交易，就需要透過類似OpenSea的第三方交易平台來完成，但脫離原屬區塊鏈平台的信任機構，將增加信任成本。

　　互操作性和跨鏈溝通始終是廣泛推廣DApps的障礙，跨鏈通信只有在外部可信方的幫助下才能實現，這樣一來，去中心化的特性就不可避免地在某種程度上喪失了。但幸運的是，大多數與NFT相關的項目都採用以太鏈作為其底層平台，共享一個類似的數據結構並可以在相同的規則下進行交易，而NFT項目的儲存方式各不相同，如何保持去中心化和統一風險結構是未來的重要課題。

可更新的NFT

　　過渡性區塊鏈一般經由軟分叉和硬分叉兩種方式更新其協議，說明了對現有區塊鏈進行更新時的困難和權衡。儘管是通用模型，新區塊鏈仍有嚴格的要求，如容忍特定的對抗行為和在更新過程中保持在線，NFT項目依賴其基礎平台，並與它們保持一致。雖然數據通常儲存在獨立的組件中，如IPFS和MEFS文件系統，但最重要的邏輯和Token ID仍然被記錄在鏈上，適當地更新系統是必要的。

NFT的應用

4-1 NFT、元宇宙、GameFi 三者關係

2021年可說是NFT元年，同時也是元宇宙元年，而2021年也流行一種邊玩賺錢的GameFi，這三者幾乎是在同一時間點爆紅，那它們之間有什麼關係，為何能持續發燒至今？

NFT 與 GameFi

在了解三者之間的關係前，筆者想先跟各位討論一下NFT與GameFi的意義與價值。

① NFT：獨一無二、不可分割

近年紅出幣圈的NFT，因其獨一無二、不可分割的特性，聲量不減反增，持續熱燒，許多知名YouTuber、KOL和社群都在討論，其應用領域遍布藝術品、收藏品、遊戲資產、影片、音樂、虛擬資產、身份特徵、數位證書等。

據NFT交易平台OpenSea的資料顯示，2021年以太坊的交易量達34億美元，漲幅10倍多，顯示出大眾對NFT的熱情仍持續高漲。

2 **GameFi：區塊鏈遊戲 Play to Earn**

GameFi（Game Finance，遊戲化金融），是指將去中心化金融 DeFi產品，以遊戲的方式呈現，把DeFi規則遊戲化，遊戲道具NFT化，是一種以「Play to Earn，邊玩邊賺錢」為核心的商業模式。

筆者以2021年因「邊玩邊賺」而爆紅的遊戲《Axie Infinity》為例，你可以把它想像為精靈寶可夢NFT化，玩家需要購買能組隊戰鬥的NFT寵物Axie，以獲得遊戲獎勵SLP代幣，而這代幣可在加密貨幣交易所變現，這類遊戲因而被稱為「邊玩邊賺」。

 DeFi？ GameFi？傻傻分不清

區塊鏈產業新詞不斷，近期GameFi引起不少人關注，卻不知道到底是什麼？與先前的DeFi有什麼不同，筆者以DeFi和GameFi的代表性項目說明。

☑ **DeFi（流動性挖礦）：Uniswap**

流動性挖礦是提供Token質押來獲得獎勵，在Uniswap平台，用戶提供流動性（存幣），賺取UNI幣作為獎勵。

☑ **GameFi（邊玩邊賺）：Axie Infinity**

玩家購買Axie寵物、參與戰鬥，獲得SLP幣作為獎勵，也可以販售Axie寵物（NFT）來賺錢。

DeFi的流動性挖礦是為Token提供深度，讓人更好的進行兌換，而鏈遊是為了讓用戶在玩的過程中獲取利潤的時候，本質上都是透過質押一定的資金，來穩定（短期）的產生收益。

當傳統遊戲加入了區塊鏈，可以解決一個長期頭痛問題：玩家花很多心力在遊戲裡面建設的世界，購買的寶物不會因為哪天遊戲停止更新關閉，他的努力就消失了，許多玩家因此不想再玩遊戲。

但如果玩家在遊戲裡打造的裝備，可以透過NFT的方式在線上轉賣，就可以流通並創造價值。遊戲業者也能透過發行遊戲專屬代幣，來吸引玩家，更能藉此募資把遊戲做得更好。

你可能會覺得遊戲寶物在玩家間私下轉賣，以及遊戲公司發幣的做法先前就有了，但以往局限在各家遊戲平台這小世界裡，現在區塊鏈生態切入，玩家能把遊戲寶物以NFT形式，將寶物上架在OpenSea銷售；或是將遊戲公司發行的幣放在幣安等交易所交易，所以這跟以往的商業模式是完全不同的，層次更不能相提並論，因為現在得以形成更開放的虛擬經濟模式，GameFi與NFT可謂元宇宙發展樣貌及生態潛力的窗口。

NFT與元宇宙

從維基百科的解釋中指出，「元宇宙」的英文「Metaverse」一詞，

拆開來看就成兩個單字，一為「meta」意思是超越，和「verse」是通過逆向構詞法從宇宙（universe）」得來的組成，這個詞通常用來描述未來網路迭代的概念，由現實二維世界連接到一個可感知的三維虛擬宇宙，而且是由共用的3D虛擬空間所組成。

廣義上的元宇宙不僅指虛擬世界，還指整個網路，包括增強現實世界的範圍。元宇宙不但創造了平行的虛擬世界，人家皆可以在虛擬世界裡進行現實生活中的經濟與社交活動，實現以往在科幻電影中看到的虛擬世界 VR 場景。

元宇宙利用虛擬角色在虛擬世界裡互動，不局限於傳訊息或視訊，透過區塊鏈技術實現「價值傳遞」，還能為虛擬世界的自己換上全新外貌，買虛擬土地、蓋虛擬房子，進一步來說，元宇宙是某程度的現實。

元宇宙的形態跟電影《一級玩家》「綠洲」形態類似，在《一級玩家》設定的「綠洲」場景裡，有一個完整運行的虛擬社會，包含各行各業的數位內容、數位產品，虛擬角色可以在其中進行價值交換。而現今任何擁有加密錢包的人，也已經可以上網購買投資虛擬土地。

目前已有許多公司購入虛擬土地，並在其土地上建構商城，完成另一空間的商業活動，這活動不受空間限制、不受時間限制，更不受地理環境限制，客戶量體將是現實世界的數萬倍之多。

有在遊戲裡消費過的玩家都能明白，購買虛擬商品是一件很平常的事，NFT在區塊鏈加密領域中主要解決了數位的稀缺性、唯一性、數位產權化、跨虛擬環境的大規模協調以及保護使用者隱私的系統。

在元宇宙中，NFT的數位唯一性及可驗證性，會徹底顛覆如藝術品收藏、產品遊戲領域等一系列物品，它讓元宇宙以開放、無需信任的形式存在，實現去中心化的所有權。

NFT能證明使用者本人是該虛擬物品和資產的所有者，也就是誰擁有該NFT，就擁有該項目的所有權，不受任何外力干擾，也不會受到開發平台控制，任何人都無法對你擁有的NFT進行處置權。

而數位所有權就是資產在虛擬世界實現了其在現實世界的唯一性、稀缺性和可交易性。非同質化代幣是一種數位物品，可以在公開市場上創建，並進行販售和購買，最重要的是任何用戶都享有擁有權和控制權，無需任何機構許可和支持。正是由於這個原因，使用者才能使自己的數位資產擁有持久穩定且真實的價值。

以NFT藝術品為例，區塊鏈在藝術領域的核心應用，包括出處溯源、真實性記錄、生成藝術品的數位稀缺性、碎片化所有權、共用所有權、新形式的版權記錄等，更基於以太坊的智能合約和代幣機制，帶來其他多樣化的投資選擇，引入創新的智慧財產權結構。

在傳統藝術中為籌備藝術展覽，畫廊需要耗費大量時間研究作品出處，但如果運用區塊鏈技術可以保證數位資產的稀缺性，省去信託中央機構的流程，還省去場地費、鑒定費等固定費用，很大程度上解決了傳統藝術領域畫廊收費高昂的問題。

這些平台還為收藏家和數位藝術作品愛好者們提供了更方便、低廉的收藏和作品欣賞管道。且區塊鏈技術帶來的遠不止於新的藝術形式和交易成本的降低，其對於出處的驗明、查證，甚至可以決定作品是否能夠成功出售，也為數位稀缺問題提供了滿意的解決方案，讓創作者能對自己的作品進行準確的定價。

回到NFT身上，作為已掀起一陣波瀾的熱門項目，LV、Playboy、村上隆、草間彌生、蘇富比、佳士得、Bansky等國際知名品牌與藝術家都已入場插旗NFT，更在疫情期間帶動一波搶標風潮。而藝術創作者、音樂創作者、影像創作者或知識型創作者，只要有辦法將繪圖、平面設計或影像動畫設計結合鑄造成NFT商品，一經上架則不可修改，全世界的買家都可購買。

相較於實體的藝術品線下傳統購買方式，NFT並沒有地域限制，更少去了畫廊業務與一般藝術品線上銷售平台的銷售傭金，對創作者來說是既能打國際市場，又不必與傳統經理人拆分利潤，因此讓許多創作者趨之若鶩。

紐約有一家名為Superchief的NFT實體畫廊，展覽方式為在每個牆面上裝設一個螢幕，參展的藝術家在現實世界都有相關背景，且少數藝術家已在NFT世界裡站穩腳步。畫廊銷售的不再是可以搬運的藝術品，而是一張PNG. JPG. MP4.檔案，畫廊一樣可以現場參觀看展，同時也提供線上銷售展覽，在越來越多藝術轉型的路上，未來有望走向AR/VR在元宇宙展演，創造更多經濟價值，但這一切仍為未知數。

Google熱搜上，NFT關鍵字的搜索量不斷急速攀升，這也代表著

這個區塊鏈生態體系將不斷擴充完備，所有的相關產業包含音樂、影視、時尚、藝術，都會因為它的出現而不得不改變。且NFT的模型確實能夠改變藝術家獲得報酬的方式、對個人作品進行眾籌，並允許對部份所有權進行投資，其未來潛力無限。

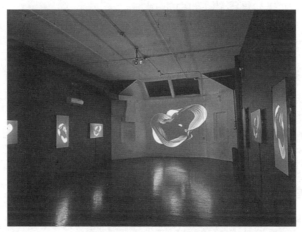

紐約 Superchief NFT 藝術畫廊內展示的圖片《Decrypt》。

真正像《一級玩家》的元宇宙不知道何時會出現，但可以想像的是一些有趣的社會實驗可以在元宇宙中進行，更省成本。元宇宙和NFT的出現，在藝術產業中架空了經理人抽取傭金的角色，省去大坪數展場建造、裝潢的成本，還能在快速可進行回檔的繪圖軟體中，大量複製、或交叉進行AI創作藝術品。

而相關行業者也需要一個向他人展示新潮格調的空間，這是一個關於科幻新世界實踐的提案，隨著所有用戶對加密藝術和所有權的需求不斷上升和發展，未來將可以見證更多元宇宙和NFT驚奇的展現。

元宇宙特性

☑ 沉浸感

　　吸引人們接觸元宇宙的「沉浸式體驗」，藉由數位技術的場景營造（AR、VR等），打造近乎現實的情境，讓使用者能完全投入、產生連結共鳴。

☑ 開放性

　　包含「低門檻」、「隨時隨地」，盡可能讓多數人加入元宇宙，並讓世界各地的用戶能夠隨時隨地自由進出。

☑ 社交性

　　人類是群居動物，現今社群媒體已成為人類日常生活中不可或缺的一環，「社交性」能提升元宇宙中與用戶之間的連結感。

☑ 擴展性

　　從《Axie Infinity》用戶數的擴張速度推測（三個月日活躍用戶數從4萬到100萬），元宇宙發展到一定階段會有大量用戶湧入並產生各式各樣的需求，元宇宙要保有「持續性」、同時接納「多元化」的需求。

　　目前元宇宙發展處於非常早期階段，兼顧了娛樂、日常和生產的生態，未來可能翻轉人類的線上社交方式，就目前GameFi與NFT的模式，可以隱約窺探出元宇宙的樣貌，並描繪這個多元開放、價值共享的世界背後的商業潛力。

GameFi・NFT・ 元宇宙

Game、NFT、元宇宙三者之間關係密切，環環相扣、缺一不可，元宇宙是各個部份的總和，它依賴於許多不同的事物來真正實現。那如何在龐大的虛擬世界中，證明自己所擁有的一切的真實性和唯一性，將成為一個首要問題，這時NFT就派上用場了！

NFT將成為元宇宙的重要基礎設施，發揮基礎性作用，讓人們完全擁有自己的角色、累積虛擬世界中的物品甚至虛擬土地，所有無形的虛擬物品或有形的真實物品都可以表示為NFT。

同樣地，元宇宙也會成為NFT最具亮點的應用成果，兩者相互依存，互生共榮，因此NFT可謂元宇宙中的一部份，而GameFi則是進入元宇宙重要的窗口，藉由遊戲進入電腦繪製的虛擬世界，其中燈火輝煌，數百萬人在中央大街上穿行，每個人可以在裡面購買自己的土地，建造自己的房屋。

下方筆者詳細分析其中的關係。

① GameFi與NFT兩者是顛覆高度中心化的遊戲業

目前的遊戲高度中心化，不管玩家付出多少時間參與遊戲、建立重要的遊戲社群，仍僅是單純消費者的角色；而發行商擁有一款遊戲絕對的決策權，不只拿走絕大部份的盈利，也擁有遊戲中虛擬資產的所有權。例如，玩家升等後也不能販售舊款道具，可能因遊戲的改版而失去道具及累積經驗等。

在GameFi還沒火紅前，香港爆發「反修例運動」，香港電競選手「聰哥」在卡牌遊戲《爐石戰紀》的比賽中取勝，賽後他戴上防毒面具受訪，並喊出挺港口號，被遊戲公司美國暴雪以「違反賽事規章」為由，沒收選手聰哥至今在《爐石戰記》中累積的獎金，並禁賽一年，消息一出引起諸多議論。

區塊鏈卡牌遊戲《Gods Unchained》母公司Immutable在Twitter上反對此決策，表示願意提供聰哥失去的獎金，邀請他參與《Gods Unchained》世界賽，並趁勢宣傳區塊鏈遊戲的優點：「我們在開放的經濟與市場建造出無法被審查的項目，就算我們（遊戲官方）不同意玩家的價值觀，也無法拿走玩家的卡片。」

以區塊鏈遊戲《Axie Infinity》為例，玩家購買的每一個Axie寵物（NFT）獨一無二，且完全屬於玩家，不論是遊戲的發行商、開發者或其他玩家，都無法未經允許取得使用權與所有權。

另一方面，在《Axie Infinity》的邊玩邊賺模型中，95%的收益將分給玩家。他們認同「注意力經濟（Attention Economy）」，將注意力分給遊戲的玩家都應該獲得回饋，這一點顛覆現行遊戲產業的高度中心化，構築了共享價值的全新遊戲環境。

② 元宇宙與NFT兩者是相互依存，共生共贏

區塊鏈與NFT能將現實世界中的各種資產投射於虛擬世界（元宇宙）中，仍保持其經濟價值，且確認數位資產的所有權，杜絕仿製品或是中心化單位權力壟斷問題。

NFT的「不可替代、獨一無二、能夠溯源」的特性，讓NFT成為元宇宙中的基礎設施技術，而元宇宙也會成為NFT最具潛力的應用發展場景，兩者相互依存，為使用者打造更真實的虛擬體驗。

③ NFT與GameFi兩者可窺探元宇宙之特性與潛力

兩者都根源於元宇宙屬性，並透過現有的GameFi樣貌，進一步描繪出元宇宙的特性與輪廓。

元宇宙是個可以映射現實世界、又獨立於現實世界的虛擬空間。在這個虛擬世界中，現實世界的所有事物都被數位化，NFT的出現實現了元宇宙虛擬物品的資產化，它能實現虛擬物品的交易，使NFT成為數位內容的資產性實體，從而實現數位內容的價值流轉。

簡單來說，元宇宙是沉浸式的虛擬世界，元宇宙是由NFT組成的，在元宇宙中進行社交、交易等活動時的對象物品都是NFT。

在未來遊戲行業都會逐漸趨向於GameFi的模式，為元宇宙的一個先驅產業，在未來也會對人們的金融活動及社會活動產生更深層的影響，因此現在可以將其理解為探索元宇宙的窗口，能幫助我們更好地理解元宇宙、擁抱元宇宙。

4-2 NFT 的盈利模式

NFT 生態系統中，傳統的營利模式為直接出售 NFT 資產、在二級交易市場進行交易，收取手續費和遊戲內部的交易收取手續費等。而 DeFi 經濟的繁榮也為 NFT 生態帶來新的盈利模式。

① 直接銷售 NFT

直接向使用者出售 NFT，是 NFT 領域中初創公司最常見的盈利方式，即使是大型視頻遊戲發行商，其大部份收入也來自向使用者銷售數位商品。好比 Epic Games 出品的遊戲《Fortnite》，在 2019 年帶來高達 42 億美元的收入，其中很大一部份收入來自出售稱為「皮膚」的數位化產品。

儘管在目前與可以預見的未來，直接將 NFT 出售給用戶是一條生財之道，但區塊鏈技術還帶來其他更多的經濟機會。

② 二級市場交易手續費

遊戲開發者可以從其開發的物品二級市場交易中收費來賺錢。例如，號稱「區塊鏈遊戲 eBay」的 OpenSea，其平台上的開發者能夠設置二級市場銷售抽成，但是存在一條明確的界限，如果二級市場抽成

太高，則會讓用戶避之唯恐不及，私下出售交易。

 遊戲內部經濟中的交易費

從遊戲內部經濟收取交易費用來產生收入也是一種二級市場的收費模式，但它側重於用戶生成的NFT，例如在《Cryptovoxels》的虛擬世界中，用戶可以自行創建「可穿戴設備」的配件。

這種經濟和市場完全是遊戲原生的，因此《Cryptovoxels》開發者可以從用戶每次在遊戲內部買賣這些數位產品的交易中，收取少量交易費用。

如今在NFT領域，來自遊戲內部的交易費用僅占整個經濟體的一小部份，因此遊戲開發商很難從中獲得可觀的收入，可一旦NFT世界發展壯大、坐擁數百萬使用者，這種類型的交易費用可能會對企業營收產生重大影響。

治理代幣

遊戲開發者可以透過向社群成員出售治理代幣來賺錢，獲取治理代幣的遊戲社群成員可以獲得一定的投票權，對遊戲未來的發展方式提出新建議甚至是新功能等。

遊戲或虛擬世界推出治理代幣的想法非常令人興奮，針對很多玩家的遊玩體驗，都常常有此想法：「真希望官方能創建X功能。」所以如果真的有了治理代幣，玩家對遊戲的建議就可能真的實現。

持有這些代幣的用戶將能夠對新功能進行投票，甚至可以提出要

建構的新功能。目前投票權與所持有的治理代幣數量成正比，但也許會有其他有趣的治理模式出現，例如二次投票。

治理代幣商業模式的主要缺點是可持續性較差，遊戲開發者可能會創建固定數量的治理代幣，總有一天出售治理代幣所產生的收入將降為零。採用此模式的最佳方法可能是讓開發者在較長時間內出售治理代幣，同時自己握有相當一部份權益，因此開發團隊被激勵去繼續執行其願景，因為這樣做會增加自己所持代幣的價值。

⑤ 收入分成代幣

遊戲開發者還可以透過推出具有收入分發功能的代幣發放給遊戲玩家，持有代幣的玩家可以在遊戲中獲取遊戲營運商扣除之外的遊戲收益。例如，一個虛擬世界平台可以推出一款收入分成的代幣，該代幣將獲得遊戲內部交易費用的50%，而其他50%則分配給遊戲開發者。

這激勵雙方都積極增加遊戲內部經濟活動，所有用戶都可能積極投入宣傳，鼓勵其他用戶加入並創造商品和服務，這種代幣模式也可以看作一種證券，但需要考慮監管問題，可筆者還是樂見這種代幣模式能成為應用之一。

⑥ 認購

使用者將加密資產投入到DeFi協議或資金池中，將產生的收益提供給遊戲開發者，作為遊戲入場券或其他服務的獲取資格。例如，用

戶可以將100顆代幣Dai放入貨幣市場協議 Compound 中,而收益可以交給遊戲開發者。

⑦ 原生代幣

即NFT項目開發自己的NFT代幣,作為遊戲或其他項目中獲取數位資產的唯一貨幣。NFT項目也可以直接推出自己的代幣,作為其商業模式,開發團隊可能會要求只能使用這種代幣購買遊戲/虛擬世界中的所有資產,這種代幣就有了用途。

遊戲開發團隊還可以強制以某種方式質押,隨著DeFi向用戶和開發者展示這種原生代幣行之有效,這種類型的原生代幣模式在NFT生態系統中可能會變得更加流行。

⑧ 拆分

NFT拆分平台NIFTEX允許用戶投入高價值的NFT,並將其拆分為10,000顆ERC-20代幣。然後這些ERC-20代幣將在NIFTEX市場上交易,比如NIFTEX平台。理論上講一個團隊可以創建高價值的NFT後對其進行拆分,然後在 NIFTEX上對拆分後的ERC-20代幣進行交易,希望資產增值。

這種方法可能僅適用於已經建立社群,並具有較多人數、討論熱絡的NFT項目。如果一個新項目將NFT進行拆分並投放市場,那參與者可能非常少,若想讓這種方法發揮最大作用,那前提就是要建構出非常出色的東西。

⑨ 抵押貸款

所謂的抵押貸款，即是透過抵押NFT來獲取資產，對比銀行的資產，該種貸款方式放款更快。借助NFTfi等NFT抵押貸款平台，遊戲開發者可以利用其創造的資產作為抵押來獲得貸款，無須透過銀行系統取得，因為銀行可能需要數周的時間審核、確認，才能正式撥款，且這樣的方式只需將其資產作為抵押，可立即獲得貸款要約。

這不完全算是一種「商業模式」，但對於開發團隊來說，如果急需一筆金流支出，這是一個獲得短期現金流的好辦法。

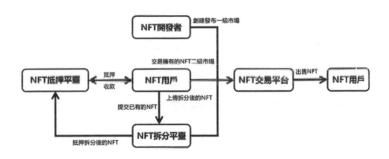

哪裡質押NFT？

大多數NFT質押機會來自邊玩邊賺的遊戲，MOBOX及Zookeeper就是其中兩個案例，有些專案也在各自平台上開發NFT質押功能，例如幣安粉絲代幣平台及狗狗幣資本（Doge Capital）。

☑ MOBOX（MBOX）

MOBOX是將 DeFi流動性挖礦與NFT結合起來的邊玩邊賺遊戲，

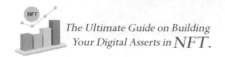

The Ultimate Guide on Building Your Digital Asserts in NFT.

於幣安智慧鏈上建構而成，可讓玩家質押NFT來賺取其原生加密貨幣MBOX作為獎勵。

☑ Zookeeper（ZOO）

Zookeeper是一款遊戲化流動性挖礦DApp，在具備不同吉祥物的流動性資金池中提供NFT質押。Zookeeper中所有的流動性資金池都允許雙重耕種，你可以賺取功能型代幣ZOO和WanSwap流動性提供商代幣作為獎勵。

為了增加APY獎勵，你也可以選擇將代幣鎖定一段時間，最長達180天，或質押為ZooBoosters的NFT，以最大限度增加獎勵，縮短WSLP鎖倉期。ZooBoosters屬於NFT卡，可在DApp中購買的遊戲金箱中或透過質押ZOO代幣獲得。

☑ 幣安粉絲代幣平台上的NFT PowerStation

幣安是第一個提供NFT充電服務的加密貨幣交易所。在幣安粉絲代幣平台上，代幣持有人可向他們喜歡的團隊支援NFT充電，以賺取額外的幣安粉絲代幣獎勵。幣安粉絲代幣是運動俱樂部發行的功能型代幣，可讓運動迷獲取特殊的俱樂部福利，例如門票和限量版商品的獨家優惠、俱樂部事務的投票權及決策權。

NFT PowerStation是幣安粉絲代幣平台上的一項創新遊戲化功能。透過在相應團隊的NFT PowerStation上為支援的NFT充電，粉絲可以強化他們的粉絲力，並領取額外的幣安粉絲代幣獎勵，為NFT充電的時間愈長，所獲得的粉絲獎賞就愈高。

4-3 元宇宙領域的NFT應用

元宇宙的實體包含接入元宇宙的使用者、智慧型設備、人工智慧，以及元宇宙中媒體資訊形成的資料。這些實體都可以有數位身份，也都可以通證化，並支援進一步的許可權規約，形成權杖化通證。

因此可以說，元宇宙中所有動作、行為和客體都可以通證化，根據數位實體產生的特徵，元宇宙的數位實體主要包含三類：

● **虛擬實體：**現實世界創造者根據實物在虛擬世界實現的，或直接在虛擬世界創造的新數位實體，類似現實世界藝術家創造的虛擬藝術品。且虛擬世界的實體和現實世界的無關聯，在虛擬世界流通，不影響實物在現實世界流通。

● **虛擬原生實體：**人工智慧藝術家創造的純虛擬藝術品，可以借助3D列印等手段在現實展示，但是核心權利僅在虛擬物品上。

由於現在虛擬化技術日益完善，各系統的體系架構都具備開放性設計，依託NFT技術，可以實現泛宇宙的授權、鑑權、審計方案。

虛擬世界支援數位孿生，但由於系統相對封閉，如何在不同系統

中對同一資料的孿生實體進行識別，並將這同一實體在不同系統的資料應用到系統的開放生態中，形成更多的可能性，是極待解決的問題。

　　區塊鏈作為可信任的第三方平台，可以為跨系統交互操作提供實體識別和許可權管理的能力，能為跨系統交互操作打下紮實基礎。透過同一套區塊鏈許可權協議，可以為同一個數位孿生協議，以不同的系統創造出更完善的服務，同時也為系統本身的開放性生態提供無限可能，並進一步打造出交叉生態圈。

元宇宙中NFT的業務展望

由於元宇宙的多樣性，NFT在其中將擁有更廣泛的使用場景。

① 零售業

　　從7-11到Gamestop之類的零售商，未來可以使用NFT來刺激消費者購物，利用創作NFT項目，將流量吸引到實體店面。例如，只有在Gap商店購買，才能解鎖Yeezy NFT，或特斯拉推出的專屬功能NFT。

② 服務業

　　NFT未來可以用來解鎖對服務和社群論壇的瀏覽權限。NFT持有者可以和有影響力的廚師、攝影師、醫生或其他社群進行互動，BAYC和FOMO就類似此種模式，而此模式未來會更蓬勃，並擴展到

其他服務，比如交通、飯店和按摩等服務。

③ 社會運動

隨著數百萬人進入加密社群，透過擁有NFT的所有權，來支持政治事業。想像一下，好比一個關注氣候變化的NFT群體，其NFT銷售收入直接用於政治遊說，而這些工作由社群DAO協調。

④ 社交媒體市場

未來，將出現基於NFT收藏的社交資訊流，提供頂級收藏家相關的策略研究及報告，並為收藏家提供互動平台，且這些社交資訊流將演變為社交電商市場，具有評論、分析等功能。

⑤ 多人遊戲

可以透過NFT刺激群體行為來創造風潮活動。例如，線上遊戲玩家達到10,000人，就會解鎖全新的等級關卡；或是向已簽署合約、將其底層NFT資金池化的用戶空投稀有NFT，屆時收藏將成為一項團隊運動。

⑥ NFT借貸平台

因應NFT背後的賦能，興起借貸NFT這項目的應用。例如，筆者借給朋友NFT，讓他們可以短期參與該NFT社群相關的活動。

⑦ NFT 指數

想像一下未來的「佳士得NFT ETF」，這些NFT指數的影響力龐大，足以讓資產流動起來，投資者對其趨之若鶩。這類指數還將擴大民眾對NFT社群的支持。

⑧ 抵押借貸

DeFi中，便有抵押借貸這項應用，透過質押代幣來獲取金流，但加密借貸項目始終很反對NFT持有者以NFT進行抵押借貸。NFT和代幣相比，它能將萬物都賦予價值，若以抵押的概念來說，應用性更佳，即代表抵押的物件不僅限於「幣」，為所有NFT持有人提供靈活性和流動性。

⑨ 碎片化

將NFT拆分為若干權益份額，讓更多的人可以投資NFT藍籌資產，例如擁有《Crypto Punks》的若干分之一，促使更多資金進入NFT市場，NFT流動性增加，藍籌資產的升值空間也會更大。

⑩ DeFi

隨著NFT愛好者對NFT資產進行質押，以獲取收益的商業模式越來越成熟，NFT帶來的收益將不僅限於APY（年產量百分比），將成為DeFi的底層資產之一，包括提供社群論壇的瀏覽資格，且此類項目不是一般的儲蓄遊戲，也是一種對社群的投資。

⑪ 換取忠誠度

隨著品牌和創作者追求使用者忠誠度的提升，用戶參加社群活動將會獲得相對應的NFT作為獎勵。例如會員在社群內發布文章，就獎勵NFT；參與調研問卷，就獎勵NFT；或是購買某限量產品，就獎勵NFT……等，NFT比傳統優惠券更具流動性。

⑫ 研發

品牌和創作者透過獎勵NFT的方式，獲取外界對產品開發的想法、反饋、痛點、行銷方案、營運規劃等。NFT還將解鎖早期產品發布的機會和潛在利潤分享。

⑬ 內容貢獻

未來，使用者可以透過提交短視頻、評論和教程等內容，來賺取NFT獎勵，相應權益可以透過代碼寫入智能合約，以便在廣告中使用貢獻者的內容，同時為內容貢獻者帶來利潤。

⑭ 客戶專屬NFT

想像一下，如果你因為是Air Jordan球鞋的首批客戶，而收到NIKE公司贈送元老級客戶的專屬NFT，試問這個NFT會多有價值，NIKE日後又可能再透過其他特殊管道和產品來獎勵元老級客戶。這類專屬於特定用戶的NFT，將用來證明你在某個特定時間段採取了某種特定行動。

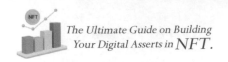

15　用戶教育和用戶支持

使用者如果展示出對品牌產品的了解程度跟品牌忠誠度，可以獲得NFT獎勵，企業可以利用這一方式吸引新的用戶，或以此提供用戶支援。

16　賞金

創作者和品牌將在社區內發布獨特的任務，對完成相應任務的用戶獎勵NFT。此類任務可以涵蓋任何事情，比如完成問卷調查、為社群推薦成員、參加活動等，此賞金可以是高度競爭性的，也可以是開放性的。

17　排行榜

NFT社群可以透過排行榜的方式獎勵活躍用戶，實現參與活動的遊戲化，活躍用戶將獲得獎勵及相應的影響力權重，從而激勵社群積極持有NFT和參與活動，以確保自己的投資獲得更好的回報。

NFT的發展才剛起步，未來一片光明。在調動社群廣泛參與和獎勵上，NFT技術每天都在進步，這一市場前景極其光明。

NFT在元宇宙的應用

前面有提到，NFT將成為元宇宙的重要基礎設施，發揮基礎性作

用,讓人們完全擁有自己的角色,累積虛擬世界中的物品、甚至虛擬土地,所有無形的虛擬物品或有形的真實物品都可以表示為NFT,下面筆者跟各位介紹幾款元宇宙雛形的應用。

1 The Sandbox

《The Sandbox》為幣安2010年啟動的第三個項目,在此之前曾獲得幣安孵化器的私募輪投資。所以單從項目的角度來看,《The Sandbox》得到行業高度認可,據OpenSea數據顯示,《The Sandbox》總體交易量達到20794.27顆以太幣,在沙盒遊戲領域有一定的基礎,擁有超過1,600萬名玩家,下載量達4,000萬,月活躍用戶數達100萬名。

該遊戲致力於建立一個深度沉浸式的虛擬世界,讓玩家在其中協作創建虛擬世界和遊戲,無需中央權威管理,顛覆傳統的遊戲製造商,《The Sandbox》旨在為創作者提供作品真正的所有權,創作者能在沒有中央控制的情況下進行製作、遊戲、分享、收集和交易,讓作品以NFT的形式呈現,然後獎勵玩家SAND代幣,感謝他們的參與,玩

The Ultimate Guide on Building Your Digital Asserts in NFT.

家享有版權所有權外，還能賺取代幣，符合邊玩邊賺的模式。

② Cryptovoxels

《Cryptovoxels》是一個建立於以太鏈上的區塊鏈遊戲，用戶可以購買土地並建立虛擬商店、藝術畫廊、音樂工作室或任何想像得到的項目，玩家可以在遊戲開放的地圖上自由探索，從西向東擴展到數十公里。據開發者說，遊戲每個月大約有3,500名用戶於線上活動，在其中漫步的你，很有可能遇到來自世界各地的人類。

《Cryptovoxels》跟《The Sandbox》皆為區塊鏈沙盒遊戲，《Cryptovoxels》中的土地是由6個數字（x1，y1，z1，x2，y2，z2）呈現，形成地塊的邊界。地塊大小是城市生成器隨機生成，該生成器也會創建街道，每個地塊至少有二條街道相鄰，因此玩家可以自由地從一個地塊走到另一個地塊，互相交流及觀看其他人的建築。

遊戲所有的地塊都可以在OpenSea上進行買賣，由出售者自由定價，越靠近中心區域或建築密集區，地塊的價格就越高，例如法蘭克福區域，建築物密集價格也比其他區域略高，目前價格最貴的地塊來自法蘭克福區，價值7顆以太坊。

《Cryptovoxels》在DappReview上獲得許多關注，總交易量達到

16453.92顆以太坊，在目前元宇宙板塊排名前五。

③ Somnium Space

《Somnium Space》發起Indiegogo眾籌活動，以販售虛擬土地為號召，期望能在幾個月內籌集10,000美元，結果一推出，短短三天內即達成目標，更募集到200,000萬美元，超額募資。

《Somnium Space》試圖利用虛擬現實、區塊鏈和加密貨幣來創建一個共享、跨平台的虛擬世界。用戶可以購買土地，設計各種建築並導入平台，創造一個共同的虛擬宇宙，旨在幫助玩家於虛擬現實世界中創建一個正常運轉的經濟體系，來促進玩家在虛擬世界中獲得沉浸式體驗。

2019年5月，《Somnium Space》宣布獲得100萬美元種子輪融資，該資金被用於開發開放式虛擬環境等技術。根據OpenSea數據顯示，《Somnium Space》整體交易量達到21367.56顆以太坊，整體排名僅次於《Decentraland》。

④ Axie Infinity

《Axie Infinity》是目前元宇宙板塊的生力軍，日活躍人數達到29.5萬人，同時《Axie Infinity》的原生代幣 AXS 也有十分亮眼的表現，半年投資回報達到了 4571%，其 NFT 交易量也達到 1,000 萬美元。

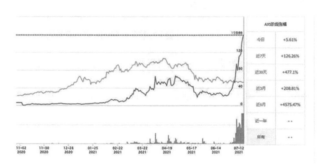

《Axie Infinity》的成績亮眼。

前面章節已有介紹過，《Axie Infinity》是一個以「精靈寶可夢」為靈感而創造的遊戲，任何玩家都可以透過嫻熟的遊戲技巧和對生態系統的貢獻度來賺取遊戲代幣 AXS，玩家控制自己的寵物進行戰鬥、收集、養成，透過一系列遊戲和挑戰升級，甚至繁殖自己的 Axie，遊戲中還有土地元素，玩家可以置辦 NFT 虛擬土地，建立屬於自己的精靈王國，或是將寵物、土地拿到 NFT 平台上販售，因遊戲內的產物皆為 NFT 項目，其代幣也可在交易所上交易。

　　進軍元宇宙對開發團隊來說，還有技術需克服，跟DeFi相比，元宇宙的競爭雖激烈，但仍為藍海，就筆者以元宇宙的發展趨勢和模型來看，有望成NFT的最佳容器。

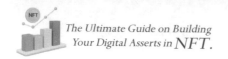

4-4 萬物皆可NFT之生活應用

2021年，NFT在全球掀起風暴，不管是遊戲、金融、藝術和醫學等，各種不同行業皆為之瘋狂，NFT的應用是無邊無界、無止境的，像Meta、Twitter、Reddit到Visa等跨國大公司也極力搭上此趨勢。

筆者列出幾個應用在生活中的NFT案例。

NFT 遊戲

2017年時，遊戲《Crypto Kitties》允許用戶收集、繁殖和銷售NFT小貓，在市場上獲得廣泛關注，使用者量突然暴增。如今NFT被整合到廣大遊戲中，又衍生出GameFi的商業模式，像《Axie Infinity》和《Blankos Block Party》，主打邊玩邊賺，讓玩家能在遊戲過程中賺到「現實世界中的錢」，受歡迎的程度呈爆炸式增長，畢竟無人不想賺錢，更何況現在只要打遊戲就能賺錢。

　　而現在許多人都把元宇宙視為未來線上互動的主要媒介，所以元宇宙將與NFT有密切的關係，可以說沒有NFT就不會有元宇宙，元宇宙中的隱私、安全和互通性的建立相當重要，只要人類生活越靠向虛擬世界，就越需要一個安全的方式來證明我們的身份和數位資產的所有權。

　　《Decentraland》和《The Sandbox》充分利用NFT，從用戶名到遊戲中的穿戴道具乃至房地產，遊戲中的所有東西都作為NFT、通證化。

　　以房地產為例，《Decentraland》中房地產是有限的，但可以作為NFT擁有，在《Decentraland》購買的土地完全屬於玩家，用戶們可以自行規劃自己的土地，做你喜歡的事情，好比蓋房子、開演唱會、做生意、建藝術館，或者貼廣告……等等。

　　遊戲中和真實世界裡的經濟模式相同，在真實世界的所有一切都可以在虛擬世界以數位方式重現。現實世界的土地之所以有價值，不僅是因為它給你帶來的效用，還包括它的稀缺性和對其他人的潛在效

The Ultimate Guide on Building
Your Digital Asserts in NFT.

用，這意味著大家對這塊地越有興趣，這個地區的房產就越有價值，其他像位置、面積和市場趨勢等因素，也都會影響房產的價值。

你可以出售它以獲得利潤，並將所有權轉讓給其他人，這也是為什麼會有許多企業在《Decentraland》上挹注大筆資金，買下一大片土地，因為他們想利用遊戲中的人流來建立一個虛擬商場。

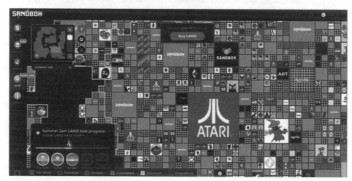

有些品牌、企業斥資在《Decentraland》中圈地。

NFT 串流媒體

NFT經常因開創創造者經濟而受到稱讚，它讓成千上萬的藝術家有機會按照自己的方式創作生產和銷售他們的作品。但NFT創作者經濟的潛力遠不只如此，NFT為成千上萬的藝術家提供了銷售創作的機會，不只有圖片，還包括音樂、影視節目等。

DJ 3LAU是第一個將專輯做成NFT的音樂人，他出售的專輯一共為他賺取了1,160萬美元。這些NFT可以被碎片化，將歌曲部份所有權出售給歌迷和投資者，歌曲的串流媒體版稅也將分給這些所有者。

　　想像一下：一個你喜歡的歌手創作一首新歌曲，你認為這首歌一定會大爆紅，剛好他們把這首曲子鑄成NFT並分成好幾份，於是你買下這首歌30%的股份。一個月後，這首歌果真開始流行起來，大街小巷都在播這首歌，成為抖音、YouTube上最熱門的歌曲，連可口可樂公司都想用在他們的新廣告中，你將與製作這首歌的音樂人一起從中獲得收益。而且你可以在派對上播放這首歌，告訴你的朋友你是這首歌的部份擁有者，甚至可以出售你的歌曲份額，從中獲利。

　　歌曲NFT化，讓歌迷可以投資和支持這些音樂人，而音樂人也可以透過分享他們的收入來回饋他們背後最強大的支持者。

　　不只有音樂，最近有一個明星雲集的NFT動畫系列，名為《Stoner Cats》，是部充滿各種貓貓的節目，但沒有購買該NFT的人無法觀看這個系列動畫。

Stoner Cats的價格約0.35顆以太幣,目前有近5,000名貓主,只有這些人能接觸到該節目並觀看。你購買一隻貓,就是在贊助這系列的未來,而且作為貓的主人,你還可以對未來的劇情給予意見,並成為貓貓社群的一員,如果這個節目未來越來越受歡迎,你擁有的資產可能會升值,而這僅僅是NFT進入娛樂世界的開始。

不僅華納兄弟在前陣子超有名的電影《沙丘》首映時發布了NFT,連迪士尼也發布了與Disney+訂閱相對應的NFT!

NFT和藝術

任何對NFT有所了解的人，都知道它們已經徹底改變數位藝術的概念，但NFT藝術其實還有其他趨勢，顯示出它撼動傳統藝術界的潛力。在過去一年裡，加密貨幣平台波場創始人孫宇晨將價值3,000萬美元的知名藝術作品鑄造成NFT，吸引了藝術界的注意。

彩虹貓（Nyan Cat）動圖以60萬美元售出，Twitter創辦人Jack Dorsey的第一條推文「just setting up my twitter（剛創設了我的推特帳號）」化為NFT資產後，拍賣價也飆破290萬美元，藝術家Beeple的數位圖檔作品《Everydays: The First 5,000 Days》更以6,934萬美元天價在佳士得上拍出。

NFT可謂掀起一波顛覆數位產品交易的革命，彷彿任何數位形式的虛擬事物只要轉化NFT，就能激起搶購與收藏欲望。NonFungible.com網站顯示，2022年起迷因、動圖、短片等NFT藝術品的銷售總額已超過2億美元，超越2021年的2.5億美元記錄。

由於區塊鏈技術具「不可竄改」的特性，一旦交易記錄成「區塊」，即永久無法更改這個交易事實，你可能會想，雖然買下NFT，但得標者並沒有獲得作品流通的買斷權，網路用戶仍然可以在合法範圍內無限觀賞、複製此NFT加密藝術品，那些高價搶購NFT的人到底在想什麼呢？

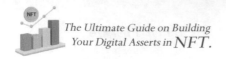
筆者分析如下。

① NFT 為藝術品賦能

每個NFT加密藝術品的價值都是獨一無二的，通常是最高出價者設定的估值，若想要以NFT形式出售作品，藝術家必須與市場簽約，然後在區塊鏈上傳並驗證作品之資訊，以「鑄造」成專屬的唯一數位驗證NFT，然後藝術家就可以在OpenSea等平台的NFT市場上進行拍賣。

NFT加密藝術作品會爆紅，不純粹是投資者想吹大投機泡沫而已，這是因為藝術產品登記於區塊鏈上並且「通證化」，事實上就是在建立一個透明、可信賴的藝術資訊平台與藝術市場，因為在區塊上的NFT資產具有不可分割、不可替代、可被驗證與永久記錄等特性。這個做法彌補了藝術市場長期的需求，過去作品來源、真偽等資訊不透明，一直是買賣交易的一大阻礙，買家受制於藝術市場的鑑定與經銷業者等，難以獨立、高效地鑑別藝術品的價值。

② 區塊鏈技術輕鬆解決買賣雙方的信任障礙

買家透過NFT清楚記載的藝術品真實資訊，諸如原作的鑑別方式、作品年代、交易記錄、交易時間、價格等，便於獨自追查與釐清疏漏，帶動快速又高效率的自由購買與數位藝術市場繁榮。對藝術家或藝術機構來說，這便於他們確認數位作品在全球的使用狀況、歷史交易資訊，還有版權收益。

數位藝術沒有實質存有且通常免費流通，價值長久以來都被市場低估，NFT讓這些作品增值「稀缺性」，例如限量版甚至是獨一無二的名牌球鞋，肯定會被炒高售價。

實質存在的限量球鞋，很容易明白為何物有所值，但很難理解為什麼數位藝術或任何其他數位檔案值得賣出天價。NFT數位藝術的「稀缺性」在於，它透過區塊鏈終於產生獨一無二的「擁有權證明」，對收藏家來說，購買藝術品的重要誘因是獲得原版的「擁有權證明」，買下之後除展覽外還便於流通，只不過數位藝術品的展示空間在網路或區塊鏈上。這也證明購買數位原版的名畫，其實不會比購買實體還虧，因為全世界本就流通著名畫的實體複製品，而數位版還有區塊鏈第三方公正的記錄。

③ 顛覆過往藝術鑑賞的形式

在區塊鏈世代掀起的NFT藝術熱潮，象徵著新世代年輕人藝術鑑賞方式的改變，他們習慣購買線上遊戲的虛擬寶物、投資加密貨幣，現在藝術鑑賞方面，他們願意購買虛擬藝術品，放在網路空間上欣賞。此外，購買數位藝術品不僅是為數位檔案本身付費，也是為了支持藝術家的勞動付出。

④ 讓數位內容生產者激發創作熱情

NFT爆發前，許多數位藝術家對內容創作感到厭倦，因為這些內容雖然在FB和IG等社群平台上吸引很多網友的關注和追蹤，卻難以

「變現」，NFT的出現激起數位藝術家的創作熱情，畫家、音樂家，電影製片人甚至是新聞媒體等數位內容生產者，都在構想著NFT能如何改變他們的創作過程。

《紐約時報》專欄作家Kevin Roose將專欄文章「在區塊鏈上買下這篇專欄！」（Buy This Column on the Blockchain!）轉換為NFT，在加密藝術平台上出售，截至目前，最高叫價約34,000美元。

當代藝術家Krista Kim創建全球首件NFT虛擬房地產「火星屋」（Mars House），以約50萬美元賣出，買家可上載「火星屋」檔案到虛擬世界中，體驗在「火星屋」裡的生活。

技術專家也認為，NFT是區塊鏈革命邁出的最新一大步，這場革命可能會從根本上改變消費者資本主義，對房屋貸款到醫療保健等各個領域都有重大意義，透過區塊鏈儲存個人病史與貸款資訊，可以有效避免人為操作產生的隱私與種族主義問題。不過這超乎想像的發展讓傳統藝術界人士措手不及，但整體發展方向是好的。

4-5 萬物皆可NFT之金融應用

區塊鏈的原始特性即為「分布式帳本」，因此將它應用於金融領域再適合不過了，好比早期的區塊鏈應用加密貨幣及加密貨幣的其他衍伸應用，都是屬於金融領域，所以將區塊鏈發展至NFT領域，在金融領域的應用更應當仁不讓。

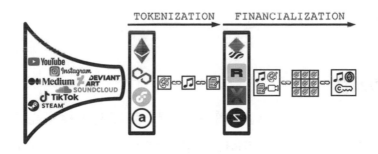

雖然NFT早在2017年就出現，但最開始只在加密貨幣的社群裡流行，並未於全世界拓展開來，直至近年才看到藝術家、設計師、游戲開發者、音樂家和作家開始使用NFT技術，現在還出現了一項新的金融服務，透過使用NFT作為抵押品來貸款。

加密貨幣和去中心化金融的世界正蓬勃發展，其中NFT也佔有一席之地，關於NFT在金融領域的未來猜測中，有一種說法是NFT可以解決長供應鏈的融資問題，因為不管是NFT、比特幣還是DeFi，一樣

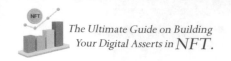
都是一場金融、社會、政治運動。

NFT可以將內容的所有權和來源數位化，讓人們得以向遍布全球的創作者購買內容，實現幾近即時的價值傳遞，且NFT技術還未發展到主流階段，仍有巨大潛力尚未釋放出來，目前仍處於第一階段，實現鏈上和鏈下媒體資產的通證化，將來第二階段是透過DeFi協議，將這類資產金融化，來提升它們的價值主張，並實現在其他應用上。

DeFi 是 NFT 的助推器

等未來技術越發成熟，NFT金融可以運用DeFi協議來實現，並可解決可能產生的諸多問題，比如。

可及性

由於每個NFT從定義上來說都是獨一無二的，買家需要具備特定資產的專業知識，以便做出明智的買入或賣出決策。此外，這類資產的稀缺性會推動資產價格飆升，超出散戶的購買能力。

正是這兩點因素提高了新買家進入NFT市場的門檻，並阻礙NFT價值的累積，由於NFT價值中有一部份源自其社群，限制長尾買家進入市場，增加NFT滲透到整個網路的難度，而DeFi協議會降低參與NFT市場所需的資金和知識，吸引更多散戶湧入。

②　流動性

　　圍繞一個特定NFT形成的買賣方流動性市場具有更好的價格發現能力，因為這能提高NFT在二級市場的交易速度，交易量越多，越能找出NFT的平均市價，這樣一來，賣方就能更好地將其工作產出變現，讓新手買方更易於進入新市場，因為他們可以輕而易舉地退出投資。

③　實用性

　　雖然所有權和來源是免許可型密碼學網路賦予NFT的兩個重要屬性，但是其價值主張並未完全引起散戶買家的共鳴，DeFi協議可增強NFT的實用性，諸如現金流、內容和體驗，吸引主流用戶擁有NFT。

　　DeFi和NFT之間也能產生良好的綜效，讓結果加乘，1 + 1>2，分析如下。

①　抵押品

　　自二十世紀八〇年代，銀行開始推出傳統藝術品的抵押貸款業務，且規模龐大，據估計，全球藝術品抵押貸款額在2019年高達210至240億美元。現在，NFT也可以用來提供加密藝術品、收藏品、虛擬土地和其它內容的無追索權貸款，也就是債權的安全性來自債務方提供的擔保品，若違約，債權人可獲得擔保品，但無論其價值如何，均不可進一步追索，因此稱為「無追索權」。

　　假設你的數位錢包裡有價值100萬元的NFT，但你在現實世界中

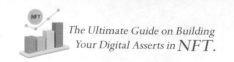

的銀行裡沒有錢，偏偏這時你又看到了一個投資機會，你也相信它會帶來可靠的回報，可是你又不願意放棄你寶貴的NFT，這種時候你就可以透過把NFT作為抵押品來貸款。

且在借貸協議中接受NFT作為抵押品，不僅能增加NFT的實用性，又能增加借貸協議的經濟活動，這是雙贏的。

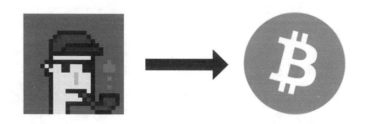

② 眾籌

還記得以太坊上首個殺手級應用，藉由發行加密貨幣向群眾募資的ICO嗎？這一商業模式其實也適用於NFT。來自全球各地的用戶可以投資不同生命周期階段的創意作品，從而推動數位世界的文藝復興，並為各類內容創作者提供新的商業模型。

例如Emily Segal為他的下一部小說募資了大約5萬美元，並以$NOVEL代幣的形式出讓這部作品，每個$NOVEL代幣代表該小說NFT的一部份所有權，共出讓了70%的所有權，如果這個NFT在二級市場上以更高的價格出售，$NOVEL代幣持有者就能夠按其持有的比例分得利潤。

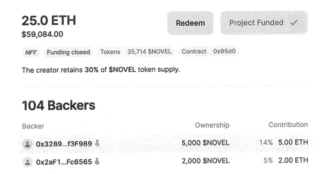

書面內容的所有權數位化也為出版商提供了一種新的商業模式，如一篇紐約時報專欄文章NFT以56萬美元的價格出售，這遠遠超出紐約時報利用這篇文章所帶來的廣告收入。

③ 合夥制企業

在傳統商業領域，合夥制企業由其成員所有，成員通常需要出資才能加入，DAO（去中心化自治組織）就是密碼學貨幣行業的合夥制企業，已成為管理DeFi協議的標準方式，DAO對NFT來說會顯得更為重要，因為圍繞NFT創建的資產和社群將增加。

合夥制企業現已成為一種趨勢，因為它能讓個人組成團體來投資NFT，從而打破投資成本過高的壁壘。2019年底，DAOSaka就對此進行了實驗，現FlamingoDAO也在進行嘗試，這兩個項目都從個人籌措資金，共同決定購買或出售哪些NFT。

一般合夥制企業都是自發形成，共同組織地發展起來，如PleasrDAO最開始時集資購買了一個NFT，之後又擴大範圍，以550萬美元購買藝術家Edward Snowden的NFT。

④ 經濟歸屬

公開的來源記錄讓以前無法或難以實現的應用成為可能，如在二級市場上出售的藝術品或其它資產的版稅。

交易平台Rarible、SuperRare和Zora在版稅實現上提供不同的功能和互操作性，Mirror在應用層面上實現了版稅，並提供「Splits（分拆）」功能，讓作家可以將出售作品所得收入分配給其他人。

版稅也可應用於除了加密藝術品和音樂之外的內容，例如TikTok上有支舞蹈讓Charli D'Amelio一夜成名，Charli和TikTok賺得盆滿缽滿，但這支舞的原創作者Jalaiah卻仍默默無聞，NFT便可以有效解決這類問題，透過NFT將內容代幣化，內容變現所得均歸屬於原創者，未來像運動員、舞者、攝影師和其他創作者會直接將他們的內容鑄造成NFT，然後享受其內容所帶來的讚譽和經濟收益。經濟歸屬也可以透過編程的方式，分配給不同的NFT所有者。

經濟分成也可以透過編成分配給多個特定NFT所有者，Planck便將一項科學研究的成果鑄造成NFT，對這一概念進行實驗。此外，Planck將實現名為「SplitStream」的功能，可以直接將NFT未來的銷售額部份分配給其它NFT。

AKA funds to giants who stand on the shoulders of giants who stand on the shoulders....

⑤ 交易

實現NFT之間的交易很重要，因為這會開闢更多潛在交易，從而促進流動性和價格增值，但NFT會受限於底層協議，因而無法跨協議交易，缺乏流動性。

所幸現已透過ZEIP-28解決這一問題，買家可以使用一個NFT來購買協議支持的另一個NFT，但是買家必須指定想要購買的NFT。之後又推出了基於屬性的訂單功能，讓買家可以創建訂單來購買滿足一組特定屬性的資產，這一功能實際上是基於特定屬性將原本分散化的各類NFT流動性集中起來。

其它解決方案試圖將同質化ERC-20代幣作為中間方來促成交易。為了實現NFT交易，NFT20為每類NFT鑄造了ERC-20代幣，並根據類型將這些ERC-20代幣集中起來，然後透過恆定函數創造一個市場，讓這些ERC-20代幣可以利用相同的記帳單位，跨越不同的交易池交易。

假設有一個MASK20/ETH交易池和一個MCAT20/ETH 交易池，用戶能在Uniswap平台上即時用MASK買入MCAT。這個解決方案尤其適用於收藏品，因為收藏品中只有少量高價值資產，絕大多

數都是有明確底價的低價值資產。

另外，由於以太坊交易的原子性和DeFi協議的可組合性，開發者可以在一筆交易中將多個中間代幣和流動性池連接起來，從而實現各類NFT之間的交易。

⑥ 部份所有權

部份所有權是一種可以有效實現資產民主化的方式，一直以來都應用於度假房產之類的高價值資產。收藏品專門的交易平台Otis便將這種方式應用到傳統藝術品和收藏品上，即購買這類資產，將它們儲存在金庫中，並發行代表這些資產的所有權的股票。

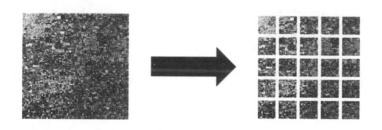

NIFTEX平台則將部份所有權概念引入了NFT領域，讓某個NFT的所有者可以將這個NFT儲存在智能合約中，並發行代表該資產的「碎片（ERC-20代幣）」，集齊所有碎片或一次性買斷，即可獲得該NFT的完整所有權。

一組資產的所有權也可以進行分割，例如Metakovan發行的B.20 Token就包含了28種資產，從Beeple的加密藝術品到《Cryptovoxel》、《Decentraland》和《Somnium Space》裡的虛擬土地等。

⑦ 指數基金

過去十年來，在傳統金融市場，基於指數的投資大受歡迎，因為它提供了一種透明且低成本的方式來實現跨越多個市場的多元化建倉。同樣地，聚焦於NFT的指數基金可以讓投資者買入某一類NFT，無需對某個NFT進行評估。

好比專門針對加密收藏品的指數基金NFTX，每支基金都由一個NFT背書，如《Crypto Punks》的持有者隨時都能從池中贖回。

⑧ 租賃

很多時候人們只是單純想租賃藝術品來欣賞或為了活動使用，並非真的想購買、擁有一件藝術品，而這種租賃藝術品的商業模式，其實早在藝術界行之多年。現代藝術博物館自1957年起就開始經營藝術品租賃業務，藝術家和收藏家有了新的收入來源，承租方則能以極低的價格短暫擁有某個藝術品。

The art of renting art

For a modest fee you can now adorn your walls with original paintings
and replace them with others when you start to feel the lure of change

By Anne McIntyre
Want to spruce up those drab
walls and bask amid original
paintings in your own home or
office? Getting bored with old
day-glo posters and faded calen-
dars hanging limply over the
hearth? Is your office an artistic
wasteland?
  The solution is at hand. The
world of art has now entered the
rent-all realm and it's as easy to
rent a painting as it is to lease a
post hole digger . . . and proba-
bly twice as esthetic.
  Without investing a small for-
tune you can join the art commu-
nity and add a little class to your
place. And when the novelty
starts to wear off you can take
your painting back and replace it
with another.
  Art rental schemes also give
you a chance to "try out" a
painting on your own turf. If you
get attached to it you usually
have an option to buy.

1980 年 3 月 15 日的《渥太華日報》。

所以，租賃模式理應也可套用在製成NFT的數位藝術品。目前ReNFT正在構建一個點對點的NFT租賃市場，就像DeFi協議那樣，ReNFT同樣採用超額質押方案，即承租方必須質押與所租NFT的市場價值相等的數位資產，並額外支付租賃費，但ReNFT將底層協議加以改良，引入具有租賃功能的ERC-2615代幣，從而免去質押之需。

Yield Guild Games組織則改變租賃模式，向《Axie Infinity》的新玩家出租寵物Axie，換取玩家在中獲得的部份SLP代幣獎勵，所以玩家其實是用未來收入的一部份租賃Axie。

⑨ 合成

區塊鏈是一個開放的全球平台，其核心價值在於可編程性。當前絕大多數的DeFi應用看起來跟傳統金融產品沒什麼不同，用戶可以把一種代幣兌換成另一種，在貨幣市場上借入、借出，甚至可以在交易所進行保證金交易或者槓桿交易。

合成資產是一類新的金融衍生品。金融衍生品的定義是指其價值源自其他資產或基準的資產，買賣雙方交易追蹤未來資產價格的合約，比如期貨、期權等。DeFi 僅是更進一步，而合成資產就是以數位形式表示金融衍生品的代幣，目標是交易任意資產，雖然當前採用的合成方案並不可與實際資產共享除價值波動之外的屬性，但是從需求角度來思考，大部份用戶對「資產」的需求往往也只有享受價格波動所帶來的收益。

未來，將看到更多獨特、複雜且相互聯繫的加密媒介，利用多種 DeFi 協議來實現傳統金融行業所無法實現的價值主張和應用。目前合成可實現的設計模型包括：

● **打包**：Index Coop 創建了來自 NFTX 的 AXIE、MASK 和 PUNK 指數基金，彼此同為 ERC-20 代幣，散戶可以輕而易舉地買到各種 NFT。

● **切割＋打包**：分別將《Axie Infinity》裡的寵物、《Crypto Punks》人物頭像和《The Sandbox》中的土地「切割」開來，鑄造成 100 顆 ERC-20 代幣。將上述每種資產的 25 顆 ERC-20 代幣存入合成平台，鑄成包含所有碎片化資產的 NFT。

● **組合**：將多個 NFT 組合在一起，或將額外的實用性和價值附加到現有 NFT 上。合成平台 AlchemyNFT 的 AutographNFT 就屬於後者，利用數位簽名來簽署現有的 NFT 功能。《Punkbodies》的 NFT 則採用前者思路，讓用戶可以將《Crypto Punks》與《Punk Body》組合起來，創建出新的 NFT，而這新鑄造的 NFT 會鎖定原來的 ERC-

721代幣，用戶可以將這個NFT銷毀，從而釋放原來的 ERC-721
代幣。簡言之，組合型NFT繼承原有代幣的來源和實用性，同時提
供了額外的功能或實用性。

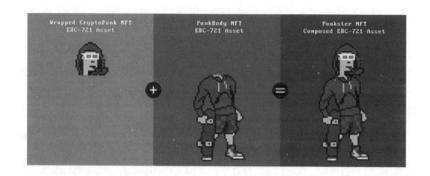

10 NFT電子票證

　　從粉絲搶票的那刻起，就是戰爭！不僅要和其他粉絲競爭，更困
難的是還要和黃牛、機器人搶票，好不容易參加演唱會結束後，想將
這些具有特別意義的門票收藏起來，但紙張終究還是敵不過時間帶來
的破壞，或是想護貝起來好好保存，卻弄巧成拙整張黑掉的慘劇。

　　但現在只要將票製成NFT就能有效遏止黃牛，還能將門票作為一
項數位收藏品保存一輩子。目前幾個創新應用的例子如華納的DC漫
畫公司就將漫畫書NFT與DC FanDome活動的門票一起發放；NBA
達拉斯獨行者隊的老闆Mark Cuban也公開表示想將NFT應用到NBA
門票上。

相信很快就能看到大量基於這些概念的實驗，筆者萬分期待開發者、創作者和社群能攜手將它們一一實現、落地。

NFT 不可分割為什麼還能碎片化？

相信各位都知道有些NFT的價格高得嚇人，但現在有一個新趨勢，能使高價值的NFT更具流動性，也更容易為投資者所接受，那就是——碎片化。

如果有人和你說，一張圖片被「分割」成16,969,696,969份，其中20%的11,942顆以太幣還比完整作品的總值高出7倍，請問你會相信嗎？你還真的要相信，因為這在NFT碎片化市場真實上演。

加密藝術平台PleasrDAO將拍得的Doge NFT進行碎片化，獲得16,969,696,969顆ERC-20代幣（DOG），然後拍賣其中的20%，籌得11,942顆以太幣，價值遠高於該作品的競拍成交價1696.9顆以

太幣。

三天後，DOG代幣價格升至0.04美元，總市值超過9,000萬美元，Doge NFT總值也連帶上漲，升至5億美元，遠超許多熱門NFT項目的市值。

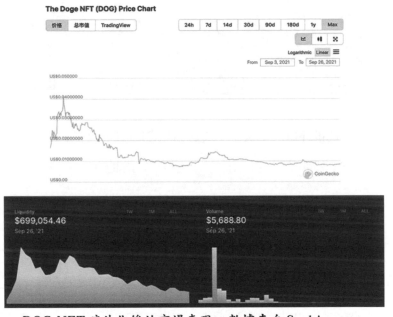

DOG NFT碎片化後的市場表現，數據來自Sushiswap。

你可能會問什麼是NFT碎片化？碎片化就是將一個NFT分解成許多小塊，所以人們得以購買昂貴NFT的一小部份，也就是說，你沒有實際持有NFT，但你擁有以它發行的代幣的所有權。

你可以把NFT碎片化這個概念想像成公司股份，當你買一張股票，你就擁有該公司的一小部份。同樣地，NFT可以被分割成數百萬個小塊或碎片，人們就可以用較低的價格購買，因此分割的是NFT的「價值」，而非NFT本身。

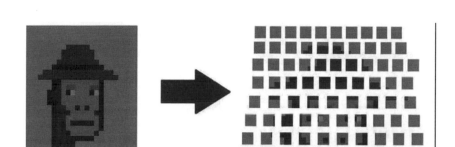

透過智能合約，基於ERC-721的NFT作品被分割成多個ERC-20代幣，其所有權也被一同拆分，易於流轉與交易。簡單來說，NFT碎片化的過程相當於「資產再分配」，但這一過程會改變資產標準，由ERC-721轉變為ERC-20。

NFT碎片化最主要的目的為創造流動性，流動性不足已經成為NFT市場向前發展過程中極需解決的問題。 目前熱門NFT收藏品的天價，要快速找到合適的買家並不容易，想要擁有這些NFT的普通投資者也會因為價格過高而難以入場。最終，賣家無法脫手，潛在買家無法入手，雙方買賣需求不能滿足。

但如果透過智能合約，將NFT所有權分割，散戶投資者就可以共同擁有一件NFT作品，使進入市場的門檻降低，為NFT二級市場注入更多流動性。藝術家及NFT創作者也可以在不完全出售作品的情況下，將作品的部份所有權代幣化，獲得現金流。

具代表性的NFT碎片化工具：NIFTEX

✅ **最早進軍NFT碎片化市場的項目之一。**

✅ **特點是買斷／版稅保留功能。**

2021年Niftex推出V2版本，宣布支援基於ERC-721、ERC-777 和 ERC-1155協議的NFT作品，同時搭建自己的交易平台。目前，Niftex 平台有近100種NTF碎片化資產，其中包括《Crypto Punks》、《Axie Infinity》等項目。

使用NIFTEX拆分NFT時，使用者可以選擇Layer 2網路Matic 或以太坊，並從OpenSea複製NFT資產的URL地址，繼而啟動碎片化功能。用戶可以選擇定價銷售或自訂拆分，如果用戶想保留所有的碎片化資產，以便日後自己重新分配，則需在「保留碎片」一欄中輸入「99%碎片」（NIFTEX默認保留1%）。

例如，碎片化資產總發行量為100萬個，用戶需保留其中99萬個。如果不選擇保留所有碎片化代幣，資產將以用戶設定的固定價格出售兩週，當結束為期兩週的銷售後，如果所有碎片化資產售罄，NFT持有人（賣家）可獲得以太幣，而買家將獲得碎片代幣；如果NFT沒有售罄，銷售會重置，賣家拿回NFT，買家則是以太幣。

對於想擁有完整NFT的用戶來說，那他可以透過NIFTEX的「買斷」功能，來出價買入青睞的NFT，如果報價者所出價格在兩周內沒有被NFT持有者拒絕，即代表對方接受報價，報價者可以獲得NFT，

而持有者的碎片化代幣將被燃燒。

　　但如果報價不被接受，報價者擁有的碎片化代幣將被參與拒絕出價的持有者獲得，除「買斷」功能外，NIFTEX還推出「版稅保留」功能，當用戶為NFT創建碎片化代幣時，平台會自動為其保留5%碎片化代幣，當NFT完成碎片化後，這些碎片化代幣會被發送至由NIFTEX控制的位址

　　其實將NFT碎片化並非多大的創舉，早期在加密市場尚未出來前，Rally公司就已在執行將「資產拆分再分配」的商業模式。在該公司的設想中，他們要為收藏品成立「公司」，然後將公司的股權拆分成股票，「股東」可以從收藏品（公司）所帶來的收益中分得一杯羹，也就是說，Rally將具有收藏價值的資產證券化，讓普通投資者得以參與、買入投資。

　　根據資料顯示，2017年至今，Rally已將逾300種收藏品證券化，其中包括古董汽車、稀有書籍及奢侈品，平台註冊用戶量達20萬，用戶平均年齡27歲，平均投資額達300美元。

　　無論是Rally在傳統市場的玩法，還是現在智能合約的設計思路，其本質都是「資產再分配」，拆分收藏品，降低買入價格，為散戶提供投資窗口。

　　回到NFT本身，市場目前處於去泡沫階段，細分項目「碎片化」的發展面臨諸多考驗。目前碎片化在一定程度上解決NFT收藏品流動性，高昂NFT的持有者可以透過碎片化實現資金流轉，其在市場熱潮階段還有望獲得NFT溢價（代幣化後資產價值上漲），但NFT碎片化

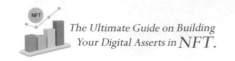
後的流動性問題依然存在，散戶成為「承重者」。

　　換句話說，NFT市場原本存在的流動性問題在「碎片化」後轉嫁給散戶。當然，引入DeFi的思路能為解決流動性獲得些許改善，但當市場熱潮減退時，流動性挖礦也不是「萬能藥」。

 房地產NFT化

　　在NFT的金融應用方面，現也逐步聚焦於房地產領域，但這並非單純指虛擬土地而已。

　　巴西超模Alessandra透過房地產公司的協助，將其西班牙風情別墅變成NFT出售，Alessandra表示希望透過物業NFT化，表達出科技日新月異，亦想將NFT帶進現實生活。她又指，利用此方法進行物業交易，將是前所未有的快捷方便。

　　Alessandra將NFT以拍賣形式放售，底價為65萬美元，除物業外，屋內亦有藝術家親手製作的壁畫裝修，已吸引逾7,000人參與投標。Alessandra說自己不是因房地產市場太具競爭性，所以大搞噱頭來炒作，而是真心相信區塊鏈這項技術，才決定將名下房產NFT化出售。

　　對於房地產NFT化，有房地產專家認同此售屋方法，形容「你就像在出售一間公司，而該公司擁有一幢物業」，這間公司亦須承擔傳統物業交易應付之物業稅。若此方法可行，受大眾接受，市場將來有機會出現「加密貨幣按揭貸款」，讓物業買家多一個方法來多元應用。

4-6 萬物皆可NFT之生活應用

NFT在2021年掀起一場風暴持續至今，可以看到NFT被遊戲、金融、藝術和醫學等不同行業所採用。NFT的潛在應用幾乎是無止境的，甚至有人認為，從現在起十年後，所有的購買都將伴隨著NFT。

下面筆者整理出一些各式不同領域的應用。

PHP頭像

個人頭像（PFP）算是NFT歷史上最成功的項目之一，像無聊猿頭像BAYC就是這類應用，從2017年最先開始的頭像《Crypto Punks》，一轉眼來到2022年，這10,000個PFP中，最便宜的價值也超過40萬美元。

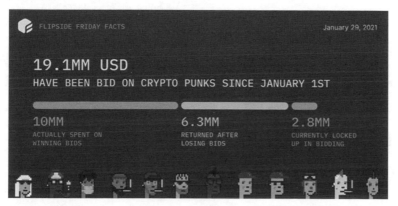

一張虛擬頭像售價上千萬美元，你可能會覺得不可思議，但高價拍賣及成交的鏈上頭像圖片在加密藝術圈很常見，除了廣為人知的加密龐克和BAYC外；卡通胖企鵝圖像《Pudgy Penguins》編號#5687成交價也高達100顆以太幣。

除NFT本身的特性外，加上去中心化金融DeFi的發展，頭像NFT在鏈上流通、所有權轉讓、買賣交易都有了更容易的途徑，也因而讓頭像NFT與現實資產之間有了價值掛鉤，你可以在鏈上把頭像NFT兌換為以太幣、泰達幣、DAI等其它有價加密資產來變現。

這些頭像類NFT每個獨一無二，持有者不但可以利用稀缺性進行溢價拍賣，獲取收益，項目發起方也會賦予頭像NFT持有者一些權利。簡單來說，PHP類的NFT正在成為一種鏈上身份的象徵，擁有某個NFT，你就相當於擁有進入該NFT俱樂部的門票。

比如，你可以進入項目的Discord會員社群，加入私人Telegram頻道，或獲得鏈上私人聚會活動的參與資格，你也可以把自己的Twitter、IG等社交帳號的頭像改為你持有的NFT頭像，以此標識你是某NFT社群的成員，和同好者一起互動、社交。

隨著各類PHP頭像熱燒，越來越多加密圈外人士進入，明星余文樂的IG頭像是《Cryptop Punks》，演員徐靜蕾IG頭像則是用《Animetas》，頭像類NFT層出不窮，筆者整理出幾個代表性PHP。

① NFT鼻祖《Crypto Punks》

《Crypto Punks》是最早期建立在以太坊上的頭像類NFT，2017

年由Larva Lab團隊所創建，前面章節有詳細介紹過，可以再翻回去複習。

2 俱樂部身份頭像《Bored Ape Yacht Club》

《Bored Ape Yacht Club》，簡稱BAYC，建立在以太坊上，以猿猴為主題發行NFT頭像，所以又可稱為無聊猿，同樣可以翻到前面複習。

3 墮落派猿學院《Degenerate Ape Academy》

因BAYC興起一陣猿旋風，猿這個形象備受加密創作者喜愛，因而有創作者在Solana鏈上推出NFT頭像《Degenerate Ape Academy》，以「墮落派猿學院」為主題。

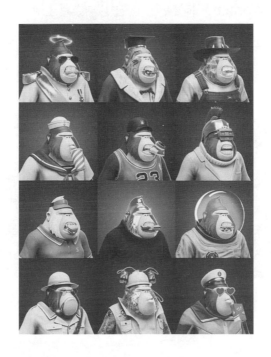

4 可愛胖企鵝《Pudgy Penguins》

《Pudgy Penguins》在以太鏈上發行，是一款以企鵝為主題的卡通頭像NFT。

5 女性身份NFT《World of Women》

《World of Women》同樣建立在以太鏈上，由藝術家Yam以女性頭像為主題創建，它是首批女性加密收藏類頭像NFT，女性頭像以ERC-721協議生成，儲存在以太坊上，託管在IPFS上。

⑥ 《Animetas》主攻動漫愛好圈

《Animetas》也是在以太鏈上生成的NFT項目，以動漫為主題，為每個人類和其它物種配置虛擬身份，憑藉這些虛擬身份，用戶可以在虛擬世界Animetaverse中生活、工作、娛樂。

數位分身NFT

數位分身可說是一個產品或資產的數位副本，也就是說透過NFT對實物資產的所有權進行數位記錄。你可能會想為什麼有人在擁有真實的產品後，還是需要一個虛擬的NFT呢？這是為了證明自己買的是正品。

據統計，假貨、山寨品占世界貿易總額的3.3%，也有研究報告指出博物館保存的所有畫作中，竟有20%可能並非真跡。好比你在網路

上買的新鞋，拍賣照片看起來像NIKE正品，但如果不是直接從直營店或官方通路購買，好像又不能真正確認不是假貨。

但數位分身可以將實

體產品連結到NFT上，並儲存在一個去中心化的區塊鏈上，它就像一張收據或保證書。例如NIKE製造鞋子時一併鑄造NFT，當你買一雙鞋時，你得到的不僅有鞋，還有對應的NFT，若你把鞋子和NFT賣給其他人，對方就可以清楚了解完整的購買史。NIKE也將自己品牌的數位分身申請專利，鞋與代幣兩者結合，形成「CryptoKicks」，不僅允許驗證真實世界的所有權，還可能像一個NFT遊戲，允許用戶繁殖、購買和出售鞋子。

 NFT與健康醫療

BRIC INVEST推出Aimedis（AIMX）代幣，利用區塊鏈和人工智慧的穩健eHealth投資，借助首次代幣發行，Aimedis旨在籌集資金，在全球推廣其以區塊鏈和人工智慧為基礎的eHealth平台，並為投資人提供獨特的機會，以利病患與醫生的互動方式產生革命性變化。

Aimedis是以區塊鏈與人工智慧為基礎之平台的創建者，該平台讓病患和各大機構能安全地儲存和共享醫療資訊，例如診斷、X光、血液檢測等，並讓他們能進行視訊問診或線上取得藥物處方，其代幣可用於平台內各項服務。

每顆Aimedis代幣價值0.12美元，意欲藉此籌集3,600萬美元，為平台的進一步發展和推廣國際市場提供資金，並致力於「將個人資料貨幣化」，推出世界上第一個結合NFT的醫療生態系統，並允許將「醫療資料」作為NFT商品買賣，使用者可以透過Aimedis系統，將

自己的醫療資訊販售給製藥公司，這使得醫療資訊得以「通證化」，使用者也可透過這個買賣過程獲取額外收入。

而這樣的區塊鏈技術，未來可能會將病人作為醫療生態系統的中心，提高其中醫療個資的安全性、隱私性與互通性，成為醫學和NFT在整合上的先驅者。

資料是數位經濟中最有價值的資產，但大多數人都沒有辦法將他們的個人資料通證化，而區塊鏈技術能將病人置於醫療生態系統的中心，並提高健康資料的安全性、隱私性和互通性，將完全改變目前的醫療系統。

特別是假疫苗接種護照問題或敏感的醫療資訊集中資料儲存的脆弱性，在未來幾年很可能會有越來越多NFT和區塊鏈被整合到醫學和健康領域的案例。

新加坡區塊鏈平台Enjin也宣布與Health Hero建立合作關係，Health Hero是一家與微軟、Slack和Salesforce皆有合作的數位健康參與公司，開發基於NFT的健康應用程式「Go！」。

「Go！」是一款新的健康監測和參與應用程式，它引入NFT概念，該應用程式透過與健康跟蹤設備和App，如Apple Health、Google Fit和Fitbit的集成，來收集活動和健康資料。

基於這些資料，該應用程式生成獨特的W-NFT，其中包含一組旨在將稀缺性注入代幣功能，每個使用者都能為他們的健康和活動特徵創建一個獨特的代幣。然後隨著他們輸入更多活動統計資料和幸福感參數，相應的W-NFT將獲得新的特徵，使其變得更加獨特和稀有，

The Ultimate Guide on Building Your Digital Asserts in NFT.

然後該W-NFT可以在Enjin市場上交易並兌換成 Enjin Coin，也就是說，使用者越健康、鍛鍊越多，其W-NFT就越稀少、越有價值。

Health Hero正透過以Telegram為中心的活動，將W-NFT引入全球挑戰，允許使用者根據他們的健康參數創建自訂W-NFT，這些NFT是免費的，目的是讓使用者成為社群一部份，Health Hero的應用程式強調跨行業企業如何以全新和創新的方式採用NFT。

在元宇宙時代，NFT於醫療方面的應用會越來越廣泛，美國是全世界醫療產業的縮影，從1975年至今，美國醫療產業的每人每年平均消費額度從550美元增加到11,000美元。

醫療產業在GDP（國民生產總額）的占比從8%升至18%，就診時間卻從初診60分鐘變成12分鐘，複診則從30分鐘變7分鐘，醫療費用不斷增加，患者和醫生的溝通時間卻越來越少。

但只要透過結合NFT，可以創造新的商業模式為病人和醫生解套，用去中心化的加密科技，讓所有的醫療資源去中心化，不再受醫院控制，患者都能拿回自己的自主權，這樣的趨勢會越來越受歡迎。

有人認為，人類將透過NFT進入一個前所未有的「醫療元宇宙」時代，在過去幾千年的文明裡，醫生和患者之間一直沒辦法正常溝通，醫生總是強勢霸道，病人也沒有辦法擁有自己應有的權益。

　　一直到五〇年代末，醫病關係才開始民主化，患者也越發強調自主性，未來的社會只會更加數位化，醫病關係完全改變，因為資料的開放透明，患者可以自己去找更多資料，在治療過程中有更多的參與。

　　現在醫院裡的電子病歷仍是託管制，病人的資料雖然存在醫院裡，但所有權本就該屬於病人，可是國家卻要求在醫院裡託管，這對病人、醫生和醫院來說其實都是負擔。可以預見未來全世界的醫療環境將大幅改變，除了因為像NFT這樣的科技不斷進步，也是人性需求下必然的演變。

AI人工智慧 NFT

　　2018年，Obvious Art在拍賣會上以超過40萬美元的價格出售一件由GAN AI創造的藝術品。另一個Alicia AI在研究 9,100 多幅知名藝術家畫作後，完成了30萬次複雜的運算，以了解藝術家的模式和技術產生了畫作Arlequín，而這只是Alicia創造的作品其中之一。

「人工智慧生成的NFT」在藝術圈中越來越流行，也越來越受對人工智慧、區塊鏈和元宇宙等新興技術感興趣的人歡迎。

人工智慧生成的NFT藝術是一種相對較新的藝術類型，而藝術是與一些類似人工智慧的東西一起創造的，為了創造AI生成的NFT，利用了一個名為「Eponym」的藝術生成器，由AI生成藝術公司Art AI所開發。

Eponym建立在個性化生成藝術的算法之上，它可以讓人們透過與電腦互動來創作藝術，是一個合作性的NFT項目，用戶可以在網站的文字框中輸入任何短句或單詞來使用它。人工智慧會根據你輸入的文字來生成圖像，而每個文字只能生成一次，好比你輸入Bitcoin，那就只會有一個名為Bitcoin的Eponym，然後這些創作會直接鑄造到OpenSea上。

AI生成藝術是一個相當新的概念，第一個Eponym項目在OpenSea上推出後，一夜便售罄，也因此使它成為由3,500名不同藝術家創建的最大的合作藝術項目之一。AI生成藝術是一個將藝術去中心化的實驗，因為它是由算法生成的，生成藝術將探索一個與人機交互緊密相連的社會的未來。

雖然人工智慧生成的NFT潛力是顯而易見的，但人工智慧能否在信任基礎下基於文本或照片生成高質量的圖像仍然是一個擔憂，撇開技術不談，人工智慧生成的NFT未來必將成為一個顛覆性的趨勢。

生成藝術已在OpenSea上獲得巨大的銷量，在市場上仍繼續增長，這部份歸功於AI生成NFT的功能，且元宇宙的興起應該也會促

進基於人工智慧NFT的發展，例如以交互式虛擬身份為特色，可以用自己的肖像創建3D角色，並使用人工智慧將其動畫化，並在《The Sandbox》等元宇宙環境中兼容。

NFT的問題

5-1 借鏡ICO

ICO是讓人人可以發行代幣（Coin），而NFT是讓人人可以發行數位資產（Token），很多人都擔心ICO過去發生的泡沫問題，是否會在這波NFT熱潮重演？

俗話說：「幣圈一天，人間十年。」區塊鏈世界變化之大，技術發展與商業模式之迭代更新，讓人目不暇給。嚴格來說，比特幣從發想至今不過十餘年，撇開它本身價格的劇烈波動每每造成話題外，其背後所運用的區塊鏈技術，在這幾年有著突飛猛進的發展，雖說有99%為曇花一現的噱頭，但仍有1%是在技術為基礎的前提下，認真在嘗試改變市場的創新模式，確實能加以應用。

區塊鏈技術最具體的應用無非是各種「幣」，無論是基於應用場景的「功能型代幣」，還是具有實際資產做兜底的「證券型代幣」，又或者是類似貨幣功能的「支付型代幣」，再者就是2020年底開始引起關注的非同質化代幣「NFT」，眼花撩亂。

 ## 從原本的應用變成如今的炒作

與其說NFT炒作，不如說是數位藝術品的銷售，NFT特點剛好適

合這樣的商業模式，畢竟除了NFT可以證明物品所有權以外，背後是否擁有附加價值，才是重點。

請看上圖，你是否願意花幾百萬美元買一幅石頭畫像呢？《EtherRock》就有這樣的魅力，根據EtherRock Price網站指出，《EtherRock》編號#27以888顆以太幣價格售出，刷新歷史價位，打破先前《EtherRock》編號#42的400顆以太幣售出紀錄。

《EtherRock》屬於早期生產的數位藝術品，現被炒作到一幅NFT作品要價888顆以太幣，著實難以想像，讓人不解的是背後支撐為何？讓人始終摸不著頭緒。

有時突如其來的價格暴漲無跡可尋，但可以先試著推敲是否有名人加持？好比波場區塊鏈的創辦人孫宇晨也加入了這場賽局，這項NFT跌價機率自然就會大大降低，但你要買在名人之前，基本上是微乎其微。

　　且這樣突然暴漲的NFT，基本上是不容易追蹤的，因為NFT的不確定性特別高，你不會知道何時會有大咖將它買下。如果以藝術品來說，則需要搭配行銷，才能夠發展屬於自己的未來性，所以筆者認為那些賺得盆滿缽滿的NFT數位藝術家，其實都是行銷大師，但這些NFT之所以能有價值，也幾乎是拜他們自身的名氣所賜。

 ## 品牌價值

　　品牌價值也可以讓NFT不跌價，除了自己製作NFT進行銷售外，如果本身就已是知名品牌，NFT自然就價值連城，NFT會因為品牌效應，使升值空間上升。

　　如麥當勞、NBA、NIKE這些大品牌所製作的NFT，肯定會有人開始獵捕這項高增值性的數位藝術品，如果你在剛推出時便看到，即便價格有點貴，也要買下來，因為絕對有九成的機會有好果子吃。

　　如果今天NBA開放第一季賽事售票限量3,000張，其中有50張

以NFT模式販售，且價格比實體票價貴上一倍。看到這個資訊，你可能會心想只有白癡會買，而賽季也就這樣平穩地結束。

接著來到第二季賽事的售票，主辦單位告知，這次售票限量2,900人，其中50張票以NFT形式發售，價格一樣比實體票券貴了一倍，而上場賽季購買NFT的50人可以憑NFT入坐VIP包廂觀看賽事。

筆者相信在購票規則曝光後，這一系列NFT的價格絕對會瞬間暴漲，而這些NFT除了限量與品牌背後做支撐外，最初可能只有鐵粉會購買，絕大部份的觀賽者一定都會猶豫，所以，很多時候你可以當暫時的傻了，未來變成人人羨慕的贏家。

NFT是否為泡沫，要看的方方面面很多，一般大IP、大品牌推出的NFT泡沫化機率較低，畢竟不管是大IP還是品牌，都還是會維持其形象和價值，因此被炒上去的數位資產，背後通常有名人加持，跌價機會大大縮減；但如果是以「品牌」出台，需要先了解背後是否有品牌價值，這樣NFT的跌價空間機率才會降至最低。

再者是「行銷模式」，如果是品牌兼行銷模式，自然增值的空間也將無限放大，最後搞不好已經不是炒作，而是炫富的工具了。筆者要再次提醒，炒作NFT，請了解背後的價值再做行動，畢竟未來的發展很難說，但可預期性的下手，才能保障自己不會在NFT市場中摔一跤。

NFT會是泡沫嗎？

無論是成功跨出加密貨幣領域，讓主流世界瘋狂追逐的NFT，還是在全球各地都引起熱議，並成為炒股話題之一的元宇宙，在近年、

過去幾個月，都是熱到不能再熱的科技話題。

不過，在這兩個名詞大紅之際，也有很多人質疑不過是被過度追捧、無法持久存在的泡沫而已。「泡沫」這樣的質疑筆者並非無法理解，畢竟所謂的NFT，就是一個加密貨幣領域的數位資產憑證，且整個加密貨幣世界，在很多人眼中根本不具真實價值，是一個巨大的龐式騙局，自然會有反彈的聲音出現，筆者完全可以明白。

元宇宙也沒好到哪裡去，電影《一級玩家》裡的世界看起來十分精彩，但現階段不大會有人整天戴著穿戴裝置活在虛擬世界之中。即使現在已是一個網路高度重要的時代，但對大多數人來說，元宇宙的世界仍難以想像，更遑論要他相信了。在這樣的背景下，有許多人認為NFT與元宇宙是被炒作的泡沫其實不用感到意外，因為這樣的例子筆者看過太多了。

如果是自創的NFT，也許會有人看上並且購買，雖然不是價值連城，但我相信時間會向你證明NFT的價值。另外關於爆漲NFT背後的脈絡，則在於「品牌」、「行銷模式」這兩者背後的價值，不管當下你是否覺得貴，在未來，這價值遠不會低於此時的價格，但請注意背後的品牌與真實性，畢竟唯有真正了解NFT背後的價值，才可以再早期獲得未來巨量利潤的機會。

而且筆者認為即便NFT泡沫了，也終究會再起，因為元宇宙會賦予NFT真實的價值，誠如前面所說，元宇宙跟NFT兩者是共生共榮的，NFT是物品在元宇宙中的證明，而元宇宙也是NFT最重要的應用領域。

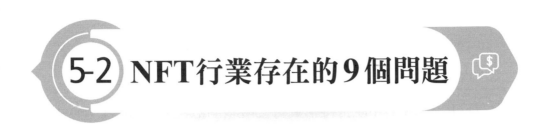

5-2 NFT行業存在的9個問題

延續討論NFT泡沫化的問題，筆者雖對NFT持以正面態度，但我也認為泡沫化是「非常有可能」發生，而且泡沫可能較當時ICO更大，預估大多NFT相關的泡沫及價格修正估計會很驚人，最後能存活下來的NFT大多會是那些具有代表性的項目，或是可以賦能其他價值的NFT。

筆者整理出幾項NFT存在的問題給大家參考，可以評估NFT的市場性。

ICO、NFT都存在炒作問題

無論是之前的ICO時期，還是現在的NFT熱潮，兩者都存在炒作問題，NFT的限量發行與稀缺性，更容易讓有心人士掀起一翻炒作熱，致使價格快速堆積，實質空洞而形成泡沫。

一張圖片、一首歌、一段視頻，甚至只是一個頭像，都可以和一串代碼擦出火花，製成NFT項目，身價呈倍數增長，打破大眾認知。因此自2021年以來，明星、KOL、企業紛紛推出自己的NFT產品，數位藝術品儼然成為NFT落地最快的應用場景之一。

在「萬物皆可NFT」的概念下，NFT究竟是會成為通往元宇宙世界的關鍵密鑰，還是又一場幣圈和資本炒作下的零和游戲呢？現在沒有人可以給出答案。

2021年3月，在佳士得拍賣行上販售的數位藝術品《Everydays: The First 5,000Days》，其交易金額刷新數位藝術品成交記錄的同時，也讓NFT這個詞長驅直入至大眾視野之中。

NFT交易平台OpenSea上，有好多看似普通的馬賽克頭像、圖片、收藏品上架，且每個作品頻頻以「天價」售出，數據顯示，OpenSea累計銷售額早已超過百億美元，平均每個NFT售價為872美元。

區塊鏈分析公司Chainalysis還發現有些NFT賣家試圖刷交易量大賺一筆。刷交易量，意味著執行交易，其中賣方在買賣過程中，用交易量來描繪資產價值和流動性的誤導性畫面，從歷史上看，刷交易量一直是加密貨幣交易所已存有的問題，試圖讓交易量看起來比實際更多。

同理，NFT刷交易量即是要讓某個NFT看起來比實際上更有價值，將其「出售」給原始所有者也能掌控的新錢包。從理論上講，這對NFT交易來說相對容易，因為許多NFT交易平台允許用戶連結錢包到平台進行交易，無需識別KYC。

所以，透過分析NFT銷售地址來追蹤NFT的交易量，銷售分析表明，有部份NFT賣家已進行數百次刷交易量的行為。

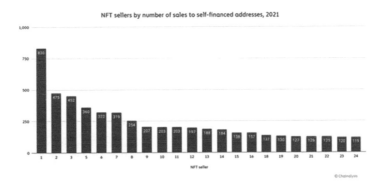

上圖中進行最多NFT交易量的賣方1，他對自己的錢包地址進行830次交易，進一步調查，在Etherscan顯示了一筆交易，在該交易中，賣家以0x828開頭的地址，透過NFT市場用0.4顆以太幣，將NFT出售給開頭為0x084的錢包地址。

外行人來看或許會覺得交易很正常，但下面的鏈分析反應器圖顯示，地址0x828在銷售前不久，才向地址0x084發送了0.45顆太幣，真相慢慢浮出水面。

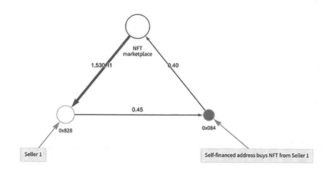

接著再看看下面的反應器圖，完全顯示出賣方1與他出售NFT的數百個其他地址之間類似的關係。

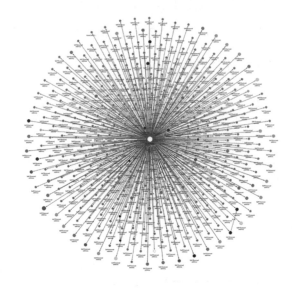

賣家1是中間的地址，圖表上的所有其他地址，在購買NFT前，都從該地址收到資金。不過目前為止，賣家1似乎並沒有從他們多次的洗牌交易中獲利，如果我們計算賣方1從NFT銷售到他們自己地址的金額，我們可以假設他們是受害者，不知道他們購買的NFT已被洗

售，這並不能彌補他們的金額，且在刷交易的過程中，還得花費交易
所需的Gas費。

地址	洗盤交易中的gas費支出	向受害者出售清洗交易NFT的收入	利潤
0x828	– 35,642 美元	27,258 美元	– 8,383 美元

然而，如果我們觀察更大部份的NFT生態系統，情況就會發生變
化。使用區塊鏈分析，確定有262名用戶向自籌資金地址出售NFT超
過25次。雖然不能100%確定向自籌資金錢包出售的NFT都是為了
刷交易量，但25次交易的數值會讓我們更加確信這些用戶是習慣性刷
交易量的帳號。

就像在上面對一位刷交易者所做的那樣，從他們向毫無戒心的買
家出售NFT的金額中減去他們在Gas費上花費的金額來計算。再看看
下圖，一個有趣的現象出現了，大多數NFT刷交易者都沒有盈利，但
成功的NFT刷交易者卻獲得如此多的利潤，以致整體而言，這262名
交易者總體上獲得了巨大的利潤。

洗牌商組	地址數	清洗交易的利潤
有利可圖的洗牌商	110	8,875,315 美元
無利可圖的洗牌商	152	– 416,984 美元
全部	262	8,458,331 美元

NFT刷交易量位處一個模糊的法律地帶，傳統證券和期貨禁止刷
交易量，但涉及NFT的刷交易量尚未成為違法事實。然而，隨著監管

機構轉移重點並將現有的反欺詐機構應用於新的NFT市場，這種情況可能隨時產生變化。簡單來說，刷NFT交易量是在創造一個不公平的市場，它會破壞市場對NFT生態系統的信任，抑制未來的增長。

NFT正如現實社會中資產憑證的重要性一樣，元宇宙生態也有大量數位資產，需要仰賴資產憑證，是元宇宙生態相當關鍵的要素，而NFT便是元宇宙中數位化資產憑証的一種表現形式，它也會隨著元宇宙的發展逐步演進，元宇宙概念持續熱燒，讓市場看到了NFT的商業機會。

在一些行業人士看來，元宇宙為NFT提供了更加多元的應用場景，NFT將成為實現虛擬物品數位資產化和流通交易的重要工具；反對聲音則認為，NFT與元宇宙突然走紅，背後可能是一些媒體與幣圈精心設計的炒作。有媒體報導，此前在佳士得拍下「天價」NFT畫作的競拍者，正是某NFT基金的創始人。

狂歡之後，NFT正在偏離價值，走向異化，藝術品、遊戲、炒作、幣圈化、元宇宙……對於普通人來說，很難辨別究竟哪個才是NFT真正的標籤，要想玩得長久，就不能短期內都想割韭菜就跑路，把整個市場給毀掉。

目前大眾對於NFT的想法大多仍是投機、炒作，關注其真實價值的人並不多，一些主流幣圈交易所，也打著NFT的概念發新幣。有時候很難判斷這是投資還是騙局，但不論是幣還是NFT，只要是炒作那就是投機，跟著市場趨勢快進快出，賺些快錢。

現在年輕人更容易接受並參與NFT交易，他們希望能捕捉到新一

輪的造富機會，而參與造富的風險很大，且投資NFT的風險可能比炒幣更大，因為NFT產品的流動性弱，必須不斷有下一批買家才行。

因技術的進步，造就人人可以鑄造NFT，但鑄造出的NFT必須要有價值，市場才會需要，所以平台應該讓收藏者和創作者交流，讓價值生長，而不是在價格上多加幾個零，就盼著會有買家，但在狂熱市場中，人們的理性往往被浪潮所淹沒，使得好的應用最終變質。

 ## 有價值的NFT不如想像中多

其實現今社會已有元宇宙的雛形，只是尚在開發階段，多虧Meta公司拋出這項議題，讓各產業更積極投入，有望加快大眾步入元宇宙的腳步，你會發現一個與現實世界平行的去中心化虛擬環境其實不遠，彷彿人造的平行世界已在眼前。

元宇宙處於極早期階段，只是有一塊已率先被人們認為是元宇宙概念股「虛擬世界」，還有「虛擬土地」。首先，加密貨幣及NFT將是未來元宇宙裡重要的基礎，元宇宙使用的貨幣會是比特幣或其他加密貨幣，而不是現在所流通的法定貨幣。

元宇宙中，大家的資產都會是加密貨幣或是以NFT的形式被創造及持有，但你千萬不要因此去搜刮一堆NFT，因為現在的熱潮，市場上有許多NFT推出，有點類似前幾年的ICO亂象，結果存活下來的加密貨幣了了無幾，所以你若真的想要收藏NFT，務必做好功課，確認這個NFT有賦能嗎？能否產生價值？

目前市場尚在摸索怎麼樣的新世界才能稱為元宇宙、Web 3.0，而大眾又需要怎麼樣的元宇宙？是中心化呈現，好比Meta正在打造的新宇宙；還是去中心化的，建構在區塊鏈公鏈上的虛擬世界，不依賴任何網路巨頭，由區塊鏈協議及去中心化組織治理，筆者不知道未來究竟會如何發展，也相當期待。

馬斯克也發文並留言認為，Web3.0現階段更傾向於行銷話術而非現實：「我並不是在暗示Web3.0是真實的，我只想知道十年、二十年或三十年後的未來會是什麼樣子。」

虛擬世界項目起手式大多皆為賣虛擬土地、虛擬遊艇、通證、遊戲角色，但之後真的能留下來、進入元宇宙的，不曉得會有幾個，更何況NFT供給量是無限的，所以你可以思考看看真正有價值的又有幾

個呢？

比特幣的數量是寫死的，總共就2,100萬顆，全由區塊鏈所運行，不依賴任何人的承諾，但虛擬土地、GameFi及市面上超過90%的NFT項目，通常沒有供給量限制，而是由項目方「承諾限量」。

《The Sandbox》遊戲裡的土地「LAND」，自發行以來總量維持在166,464塊，取其中74%出售。BAYC系列也號稱是10,000個NFT，但因為太紅了，不斷有人捧著鈔票給發行團隊，因此又再開其他系列，衍生出更多「10,000個NFT」。遊戲規則可改，LAND總量可以因項目方的需求而改變，數位頭像也可以再開系列，因此投資NFT真的要評估這個項目是否有價值。

 ## 不是投資而是在買周邊商品

ICO，其中一項迷人之處，是讓人人都有機會進入市場，過去只有創投、天使投資人跟大型機構有機會參與，一般散戶只能買二級市場的上市股票，例如Apple股票，但你無法參與到賈伯斯早期創業階段。可ICO推出後，一般人也可以在早期投入區塊鏈技術，若項目成功打入市場，你還可以用投資換取的代幣，分享到高成長的紅利。

ICO為何能有幾百倍、甚至上千倍的超高報酬，因為它符合早期技術採用曲線，被早期13.5%使用者採用，ICO代幣的市場價值會彰顯出爆炸性成長，並獎勵早期使用者，這是早期創投在做的高風險股權投資。

ICO賦予散戶參與科技投資的機會，致使很多人以為投資NFT也是，其實並非如此，講白了你只是在買周邊商品而已。買NFT數位頭像這件事跟科技投資一點關係也沒有，你投資一個NFT數位頭像項目，其實就是在買產品，買一堆知名品牌套上NFT外衣的周邊商品。

NFT背後是數位創作、品牌光環、社群炒作，跟投資一個早期的科技技術基本上無關。舉例來說，波場鏈每天處理高達100億美元以上的轉帳交易，鏈上資產超過500億美元，達到與支付寶、Paypal類似的商業服務與規模，而長期持有波場代幣的人，就像早期投資支付寶、Paypal公司股權，將獲得豐沛收益，這是屬於新時代散戶的機會。

雖然仍有很多不錯的NFT投資標的，但請不要幻想自己正在參與一項早期科技投資，10,000個數位頭像就是在5,000人中不停轉手，例如最新的Adidas推出聯名系列NFT「Into The Metaverse」，一個「號稱」限量30,000個的穿衣服數位人像以及通行證，持有者可以使用這個代幣取得《The Sandbox》遊戲內的特殊服裝以及兌換獨家的實體商品，引來無數想像空間。

就像筆者所說的，你買Adidas「Into The Metaverse」NFT，就像在買品牌周邊商品，並且賭未來元宇宙裡面沒有比《The Sandbox》更強的對手。轉手賺到錢很好，不過就像是炒作Jordan鞋，筆者認為

買NFT，在90%的場域裡不屬於早期科技投資。域名是一種網路原生的早期數位資產，NFT域名可能是未來元宇宙最有價值的數位資產，也更可能標章未來一個人的數位身份，可惜的是，現在大多數的人只在意那些追不完的數位頭像。

筆者從資料上看，真正有價值的PFP頭像，大概就是《Crypto Punks》的系列頭像，為什麼呢？因為頭部效應的關係，這就好比加密貨幣始祖比特幣一樣，若以現今的技術來看比特幣，它其實是非常落後的，現在全世界有超過上萬種加密貨幣，但目前仍沒有任何一種價值大於比特幣，可是在技術、功能上以及速度上卻遠勝於比特幣。

這是因為比特幣為世界第一顆受人矚目的加密貨幣，在頭部效應的影響下，奠定了比特幣的江湖地位，這是其他貨幣永遠無法改變的事實，所以依筆者來看，NFT鼻祖《Crypto Punks》也享有頭部效應，任誰都無法撼動，這也是許多相同類型NFT無法跨越的高牆。

洗錢與恐怖融資

美國財政部和Chainalysis相繼提出報告，證實NFT市場中某些洗錢行為的存在。Chainalysis強調去中心化金融（DeFi）越發被應用於洗錢上，儘管與法定貨幣洗錢的金額相比，以加密貨幣洗錢的資金幾乎是微不足道的，但這種統計數據仍讓大多數政府和監管機構存有疑慮、加以

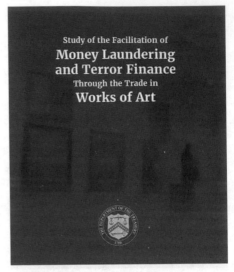

Study of the Facilitation of
Money Laundering and Terror Finance
Through the Trade in
Works of Art

February 2022

設防，更對部份行業的發展造成不利影響。這次美國財政部的一份新報告涉及對NFT的投資，因為這是加密貨幣領域的一個子領域，無法完全避免有時有問題的資金湧入。

美國財政部發布一份將近40頁的「高價值藝術品市場」的研究報告，有充分證據顯示出NFT被用於在高價值藝術市場洗錢。報告寫到「透過網路轉移某些NFT，無論地理距離如何，幾乎可以瞬間跨越國界」，這些好處將鼓勵犯罪份子使用數位藝術來運作他們的非法收益，由於NFT易於轉移，使得犯罪份子可以逃避「實物運輸的潛在財務、監管或調查成本」。

美國財政部表示越來越多資金用於藝術品投資或將其當作金融資產，可能會使高價值藝術品交易容易涉及洗錢或恐布融資活動的影響，其中NFT具有相當的潛在危機。官方更大膽提出一個可能性，即犯罪

份子可以用非法資金購買NFT，然後轉售給收藏者，達到洗錢目的。

　　據《Cointelegraph》報導，財政部這份研究指出，在新興的線上藝術市場，NFT價格是由買賣雙方而非市場所決定，取決於市場中的活動的結構和激勵措施，因此可能帶來新的風險。

　　由於NFT可以透過P2P銷售，這繞過了對中介的需求或透過公共帳本記錄交易，因此NFT生態系統可能導致各種洗錢漏洞。此外，傳統的藝術品拍賣行或畫廊等可能不具備在該領域實施有效客戶識別驗證所需的分布式帳本技術。

　　而且只要NFT具有支付用途或實質投資目的，那交易NFT的平台就有可能被視為VASP，等同於交易所的數位資產交易平台，需識別用戶身份（KYC）。

　　Chainalysis也追蹤了至少價值442億美元的加密貨幣被發送到ERC-721和ERC-1155合約中，與NFT市場和收藏相關的兩種以太坊智能合約對比之下，較往年高出1.06億美元。

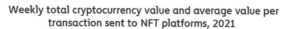

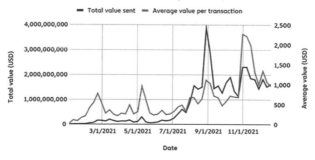

Weekly total cryptocurrency value and average value per transaction sent to NFT platforms, 2021

非法活動，尤其是洗錢，長久以來始終困擾著傳統藝術界，一些專家也不斷警告NFT可能加劇這一問題，與任何新技術一樣，NFT也有可能被濫用於洗錢。重要的是，當我們考慮用新興技術串起區塊鏈與真實世界，為此還建構了讓投資NFT盡可能安全可靠的產品。

但在觀察NFT中，卻看到透過購買NFT進行洗錢的非法活動，洗錢長期以來一直是藝術界的一個問題，不難看出原因，因為繪畫等藝術品易於移動，價格相對主觀，且可能提供一定的稅收優惠。

因此，犯罪份子可以用非法獲得的資金購買藝術品，然後再出售，操作一波下來他們的錢看似乾淨，與最初的犯罪活動無關。而這種模式如果在區塊鏈下的加密貨幣及NFT會更加容易，所以NFT很有可能已經被用於類似實體藝術品的方式洗錢，因為它和去中心化的貨幣掛鉤，並且沒有實體藝術品所需要的運輸，又不需要存放在離岸避稅天堂的倉庫。一些NFT市場缺乏客戶KYC，從而創造了繞過身份辨識的途徑，區塊鏈的匿名性允許最終受益所有者隱藏他們的身份，加上用戶間的NFT交易，也有可能以分層或集成的形式構成洗錢。

NFT洗錢的實際操作其實也相當簡單，你只使用兩個不同的帳號，將非法資金拿去買自己手上另一個帳號發行的NFT，就完成了一次乾淨的資金轉移，你還可以宣稱這些資金是用於正當的藝術品買賣，逃漏稅就是那麼輕鬆。

NFT洗錢流程的運作方式

假如你有100萬美元的非法資金，你可以把這100萬美元拿去買自己的NFT；你也可以使用自己或任何信任的第三方帳戶進行這些操作，接著把這些NFT轉賣，剩下的利潤再全部存到銀行。

基於上述原因，相信NFT很快會引發監管機構和稅務單位的關注，儘管目前許多NFT交易都沒有受到KYC/AML約束，但這種情況在未來肯定會有所改變，且根據美國基礎建設法案之下的加密貨幣稅法條款，NFT確實有可能被列為國稅局（IRS）的課徵對象。據《CNBC》訪問稅務專家的預測，對NFT交易課徵的資本利得稅稅率恐高達20%。

進入門檻更低，造成信任度不夠

NFT出圈的情況會比加密貨幣更熱絡，NFT各行各業都可以參與，而且NFT門檻很低，甚至比過去的ICO更低。台式炸雞店師園鹹酥雞店可以發、YouTuber可以發、不分國界、知名度的藝術家都可以參與，任何數位媒介的產物都可以發，而這也是NFT的主要魅力之一，人人有機會，打破地域限制，這裡的買賣就是一手交錢，一手交貨，銀貨兩訖，藝術品本身能不能升值，全看收藏者的眼光。

現處於牛市，但不可能天天過年，市場熱潮中會減退，熊市勢必會迎來，最後留下來的東西不多，所以你現在必須睜大眼睛挑選，但

這個問題不大，正好透過市場機制，讓好的項目被市場看見。不好的東西，就像過去一樣，不論你用實體發行還是數位發行終究賣不動，但好的藝術、項目，投資人可以在其中找到黃金。

NFT的初衷是專門設計給數位藝術品收藏家，以紀念性質為目的，因此NFT收藏品往往是高價售出，不短期轉售，若不是高人氣作品，轉售常有賣不出去的窘境；然而，商人則利用各種宣傳手法，鼓勵投資人購買NTF的「周邊代幣」，請注意NFT的周邊代幣，並非NFT藝術收藏品，而是衍伸的加密貨幣。

這些周邊代幣主要分兩類，一是NFT技術平台或交易所發行的加密貨幣，如Tezos（XTZ）；二是以遊戲NFT主導的加密貨幣，如MyNeighborAlice（ALICE），這兩者的投資風險極高，特別是遊戲類型的NFT加密貨幣，價格往往跟著遊戲熱度大起大落；而且這類型的加密貨幣，背後沒有任何的支撐元素。

但即使沒有NFT，藝術界的水也已經夠深了，因為藝術品價格高，玩家少，所以經常被富豪用來避稅。所以從長期來看，散戶們未必會參與到藝術品NFT炒作的大潮中，但有一種NFT正在慢慢流行起來，就是那些已經具備粉絲基礎，且有大品牌背書的NFT。

 能源消耗問題

急遽增加的NFT產品及交易量消耗大量能源，並對氣候造成負面影響。2021年7月，國際遊戲開發者協會IGDA就發聲明，遊戲開發

者在單一遊戲生態中，應停用NFT，因為過多的NFT遊戲產品將對能源消耗和氣候造成負面影響，在NFT普及之前，應先解決區塊鏈的耗能問題。

按照一項研究的說法，每件NFT藝術品就將帶來200公斤的碳排放量，大致等於一輛汽車行駛500公里。由於大多數NFT都是使用以太鏈，因此以太坊的耗能問題，自然成為NFT的一大缺點。

 ## 以太坊1.0的問題－POW（Proof of-Work）

以太坊止處於進化階段，但仍未完全進化，目前仍在使用，還未進化完畢的以太坊，稱作「以太坊1.0」，進化後的版本，則稱作「以太坊2.0」。

以太坊1.0的運作方式為POW的「共識機制」，NFT資訊會被以太坊上鎖保護著，並在各自帳本上同步這項資訊。其中，「上鎖保護」可理解為以太坊1.0會用一道困難的數學題目，來上鎖這些資訊，若要比喻說明的話，被保護的資訊就像是一個箱子（區塊）中的物品，而數學題目就是箱子（區塊）上的「鎖」。

這些鎖需符合一定的安全規定，且彼此具備連鎖特性，因此這些鎖會將每個箱子（區塊）串起來，形成「區塊鏈」。而提供電腦運算能力，幫助上鎖的節點就是所謂的「礦工」。

在所有礦工中，最先算出符合安全規定的「鎖」、最先得出數學題目答案的礦工，會得到些許以太幣作為獎賞，這個答案也會公布給

其他節點同步訊息，這個同步的動作，就是指「大家在各自的帳本上同步資訊」，同步完成就代表完成資料上鎖。

簡而言之，POW就是「所有礦工競爭，最先算出答案者獲得獎賞，並讓其他節點跟著同步資訊」的機制，且隨著幣值價格上漲，引來更多礦工競爭後，數學題目會逐漸變得困難，需要越來越多的運算能力，因而耗費更多電力。

雖然POW建立了一個礦工競爭的市場，保證了資料的安全性，但其耗能著實驚人，目前以太坊1.0每年消耗的電力，估計相當於匈牙利整年的耗電量。而NFT因為必須頻繁交易、競標等動作，預估其耗能是一般以太坊1.0交易耗能的10倍。

筆者針對耗能問題，提出幾個自己的小見解。

① 以太坊2.0到來

最直接解決NFT耗能的方法，就是等以太坊進化到2.0。碳補償公司Offsetra共同創辦人Brendan McGill指出，以太坊2.0能夠降低NFT的耗電量高達99%。具體一點來說，100,000筆Visa信用卡交易需要149度電；100,000筆以太坊2.0交易只需要17.4度電。

雖然兩者不能直接拿來比較，畢竟以太坊不只處理交易記錄，還要處理其他功能，再加上以太坊的耗能是以時間計算，不管處理多少筆交易，以太坊耗能都一樣，但這個比較能讓人更清楚知道以太坊2.0的省電程度。

以太坊2.0會有如此巨大的進步，是因為2.0不再使用POW機

制，改為使用不需要礦工提供運算能力的POS
機制，由於細節超出本書主題，筆者在這裡就
不多加贅述，有興趣的讀者可以去看筆者另一
本著作《虛擬貨幣的魔法即賺力》。

但這個解決方法的缺點就是，以太坊進化
到2.0需要時間，從1.0進化到2.0需要經過階
段0、階段1、階段1.5以及階段2.0，目前才
走完階段1，在下一個階段中，以太坊1.0會和以太坊2.0的區塊鏈結
合，不過有些人懷疑以太坊1.0能否成功進化到以太坊2.0。

② 使用低耗能區塊鏈的NFT

既然耗能問題是以太坊1.0引起的，那只要選擇其他低耗能的
區塊鏈，就能解決NFT的耗能問題了。例如藝術家Damien Hurst在
Palm sidechain上發行一系列NFT，據說該區塊鏈耗能比POW制還要
少99%，Damien Hurst也表示該區塊鏈運作更加快速且便宜。另一個
可替代以太坊1.0的則是Flow，採用的機制正是未來以太坊2.0將採
用的POS。

③ 碳足跡補償機制

目前解決NFT耗能問題最主流的方法是碳足跡補償機制。許多知
名數位藝術家共同販售碳中和作品，賣出作品所獲得的營利將會用於
抵消區塊鏈所造成的環境破壞，每件藝術品則會獲得60噸的碳排放額

度供創作者使用。碳補償公司 Offsetra 也在近期發起一個工具，該工具會以以太坊錢包為單位，幫助藝術家和買家計算他們所造成的碳足跡量有多少。

以區塊鏈技術為基礎的 NFT 安全性非常高，但這也使其具有耗能問題，被環保人士大力抨擊。針對高耗能的問題，有許多解決方法在研討中，也許在不久的將來，NFT 就不再會被其高耗能的缺點限制住發展。

NFT 著作權問題仍無解

原生資產無法確權，區塊鏈技術雖然能對已上鏈的數位內容進行資訊溯源，保證數位內容上鏈後的真實性和所有權歸屬，但數位內容被鑄成 NFT 前的資產確權環節卻存有漏洞，鑄幣平台無法確認數位內容的版權歸屬。

某媒體發布一篇特別報導，其中攝影記者的一幅拍攝藏族婦女雙手拎著比特幣礦機的照片，在全球範圍內引起熱烈討論。隨後，在 OpenSea 等各大 NFT 交易平台出現了大量該照片的 NFT，價格從幾萬到上百萬不等。

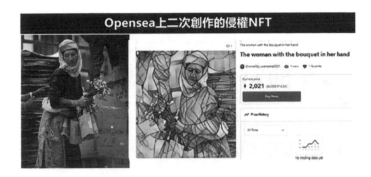

 **NFT 相關費用昂貴**

　　如果你在公開發售期間鑄造新NFT的話，一般要花費120到400美元，開銷似乎不算太大，但可能是你忘了把交易費用算進去。

　　對NFT來說，這一點尤其麻煩，因為有些人就以它會引發「交易費戰爭」來攻擊。若有10,000人打算購買NFT，就會導致交易成本的大幅飆升，因為會有使用者以互相競價來加快自己買下的速度。整個競價過程的持續時間可能只有1至2分鐘，但這段時間卻可能造成大面積殺傷，在交易費上花超過10,000美元並不罕見；因交易失敗而損失1,000美元也不鮮見。

⑦ Transaction Hash:	0xc83f8207665a5cffa1e6339b4d102367675c8b305f0c542054f0f0f7294d073
⑦ Status:	⊘ Fail
⑦ Block:	13563127　24 Block Confirmations
⑦ Timestamp:	⊙ 7 mins ago (Nov-06-2021 01:01:55 PM +UTC) ｜ ⊙ Confirmed within 1 mi
⑦ From:	0x826a98010ff540791a150111164191dc8b02e5de ⧉
⑦ To:	Contract 0xc631164b6cb1340b5123c9162f8558c866de1926 ⚠ ⧉
	└ Warning! Error encountered during contract execution [Out of gas] ☺
⑦ Value:	0.36 Ether　($1,573.68) - [CANCELLED] ❶
⑦ Transaction Fee:	1.076274163123224352 Ether ($4,704.75)
⑦ Gas Price:	0.000000876247816552 Ether (876.247816552 Gwei)
⑦ Txn Type:	2 (EIP-1559)

The Ultimate Guide on Building
Your Digital Asserts in NFT.

5-3 19種常見NFT騙局

　　各式各樣的詐騙在我們生活中無所不在，尤其是在一個新領域更加常見，區塊鏈早期的加密貨幣詐騙多如牛毛，現在的NFT也不遑多讓，筆者帶你一起了解這些詐騙集團所用的手法，以避免自己落入詐騙集團的全套中。

 ## 假的「真NFT」

　　以技術角度來看假的「真NFT」的確是真的NFT，因為只要符合區塊鏈規範，就是真的NFT。什麼意思？筆者舉一個例子，之前有一位創業班的學員很開心的跑來找我，他跟我說他朋友賣他便宜的比特幣，當時比特幣價格一顆約莫7,000美元，他朋友賣他一顆6,000美元，於是他一次買10顆，花了200多萬，換算下來等於一顆便宜了30,000台幣，10顆相當於省30多萬元。

　　筆者聽到當下就想哪有那麼好的事情，心裡直覺反應就是他被騙了，但那個學員很肯定地跟我說是真的，因為他已經用加密錢包收下來了，他明白一般網路和區塊鏈是不一樣的，在網路上的數據是沒辦法轉到錢包裡的，他使用的還是主流錢包imToken，而且他也在錢包

裡看到比特幣（BTC）的欄位，這一切似乎都很正常。

但我真的是不太放心，於是我請他把錢包打開讓我看看，沒有看還好，一看嚇一跳，沒錯，他收到的比特幣確實是「真」加密貨幣，但卻是在以太鏈上發行的「假」比特幣，而不是在比特幣區塊鏈上發行的比特幣，我知道有很多人聽不懂什麼意思，因為那名學生當時也不懂我在說什麼。

我換個方式來假設說明或許會比較清楚，有一個人他拿Apple手機，然後說他買App比其他人便宜，於是他一次買了10個App，打開他手機一看，手機確實有10個App，但只能在Android手機上使用，而不是Apple的iOS系統。

這例子就跟我的學生買到的假比特幣是一樣，錢包裡的比特幣確實是真的加密貨幣，卻不是真比特幣，在技術上來看是貨真價實的加密貨幣，但這個以太鏈上的比特幣跟真比特幣的價值完全無法相比。

而所謂假的「真NFT」概念跟上面案例差不多，假NFT的確存於區塊鏈上，所以他是真的NFT，只是假NFT的原創者並非真的原創者，而是有人去盜取原創者的NFT圖片，再來製作成假的NFT，然後放在交易平台上販售，製作並發送一些連結誘導不清楚的買家交易，因為大多買賣NFT都是依靠去中心化的錢包來執行，所以一旦買賣交易成功，你的加密貨幣轉出去後才會發現自己被騙了，這時你也無可奈何、求償無門。

下圖是我朋友他要買歌手陳零九的NFT，結果買到假NFT，一共花了4.5顆以太幣，錢就這樣一去不復返。

NFT市場熱度極高的BAYC，在OpenSea上也迅速冒出兩個離譜的「仿冒品」：PHAYC和PAYC。

BAYC仿冒品：PHAYC。

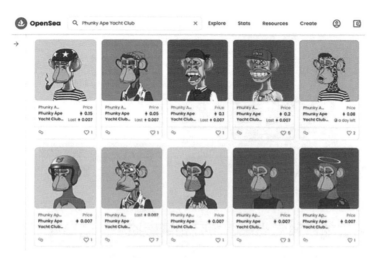

BAYC仿冒品：PAYC。

　　不僅名稱雷同，實際項目也只是把BAYC圖像翻轉，離譜的是這兩個山寨品還在社群媒體上爭論：「到底誰先仿冒BAYC和到底誰才是真正的仿冒品」。PAYC創始人更表示PHAYC是「現金詐欺專案」，雙方有點互咬的概念。

　　雖說是仿冒品，兩個NFT也受到不少追捧，都在發售數小時後售罄，平台數據顯示，PAYC交易量達60顆以太幣，PHAYC則是500顆以太幣，但它們上架後不久就因違反智慧財產權被OpenSea下架。

　　那山寨、仿冒的項目層出不窮，究竟要如何預防買到假NFT呢？購買時要先確認該NFT是不是真正的項目，你可以從項目的藍勾勾認證、發行數量等來判斷。請參考下圖框線處，點選項目名稱，進入該項目頁面。

一般假冒項目通常尚未認證且相關數據少，請參考下圖數據。

而正版NFT，官方頁面通常有藍色打勾認證以及較高的交易數據。

所以購買NFT前要做足功課，最好是在官網提供的連結進行購買，而且要確認NFT交易平台的帳號是否正確，千萬不要購買來路不明的NFT，加密貨幣有所謂的場外交易，那是沒有問題的，因為所有的加密貨幣都是「同質化貨幣」，只要規格相符，基本上就沒有太大的問題。

但NFT就不一樣了，NFT是「非同質化代幣」，每個代幣都是獨一無二的，所以要購買NFT，最好在知名交易平台上購買，並再三確認賣家的帳號是否為官方帳號，或者是直接在官網購買。

仿真網頁（釣魚網頁）

在網路上搜尋，可以找到許多買賣NFT的平台，會出現成千上萬的搜尋結果，但其中有許多假的NFT交易網站，要區分這些詐騙網站和真網站可能很困難，因為看起來大都非常相似。

首先，詐騙網站上沒有合法的NFT，所以如果你在上面買NFT就是在浪費錢，更糟的是，詐騙者可以取得你在網站上輸入的所有資料。通常你只需要提供MetaMask錢包地址就可以進行交易，但詐騙者可能會要求你提供以太坊錢包的助記詞（加密貨幣錢包的主密鑰），透過它來入侵你的錢包，竊取裡面所有的加密貨幣，甚至是NFT。

自2017年以來一直從事加密產業、NFT遊戲匿名開發者的Stazie，因誤按到釣魚網站連結，遭騙走超過16個《Crypto Punks》和一些以太幣，損失估可能超過百萬美元。

Stazie在Twitter上表示自己昨晚躺在床上，沒幹什麼就滑滑手機，然後看到Discord版裡的機器人，於是就點下去，網站看起來像《Crypto Punks》，網站彈出的視窗也像極了MetaMask。

● **假網站網址：**LarvaLabs.io
● **真網站網址：**LarvaLabs.com

Stazie接續說道，與MetaMask極為相似的視窗，跳出安全性受到損害，並提出需要錢包的助記詞才能重啟連接到錢包，就這樣不知不覺的將助記詞拱手給了騙子。這種完全零批判性思維，簡直不要太愚蠢，NFT和以太幣隨即就消失了。

最後Stazie也在Twitter上公布騙走他錢包裡一切資產的地址，該地址裡原先的15個《Crypto Punks》NFT，已有5個被騙子賣出，賺

得149顆以太幣，整個過程就像一場噩夢般，Stazie覺得自己就像被催眠，矇了雙眼一樣。

　　平時在使用區塊鏈的相關遊戲與項目，一定會安裝MetaMask，有許多知名人士都遭受MetaMask詐騙事件，所以大家一定要小心。MetaMask最重要的就是12個助記詞，還有你的帳戶私鑰，當別人跟你取得這兩項千萬不要給，因為一拿到就可以輕鬆駭入你的錢包把錢轉出來。

　　著名DeFi網站PancakeSwap和知名錢包擴充程式MetaMask，都曾有駭客惡意註冊釣魚網站，只要你透過搜尋引擎搜尋加密貨幣相關網站，就有可能搜尋到釣魚網站，常見手法有把正版網域「.finance」改成「.io」或其他相似結尾來混淆使用者，或是用大寫「I」跟小寫「L」仿製相似的網域。

　　最好的防範方式是除了直接用Google搜尋網站外，也可以從官方Twitter或官方社群直接連結到網站，藉此來二次確認，之後只要把網站加到我的最愛就不會點錯了。

　　除此之外，任何情況都不應該在陌生網站上輸入私鑰或助記詞，一但私鑰流出，駭客就可以完全控制你的錢包。

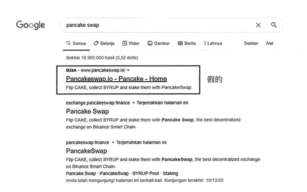

因此，務必選擇合法的NFT交易網站，而除了最知名的NFT交易平台OpenSea，還有一些其他合法NFT市場/NFT收藏網站：

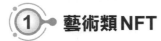

① 藝術類NFT

- Super Rare
- Foundation
- Nifty Gateway
- Rarible
- Zora
- Mintable

② 遊戲類NFT

- Axie Infinity
- Street Fighter
- Myth.Market
- Treasureland

③ 運動類NFT

- NBA Top Shot
- Sorare

④ 虛擬地產NFT

- Decentraland

● The Sandbox

● Cryptovoxels

 **推特貼文 NFT**

● Valuables

 **假優惠**

　　有些詐騙者會冒充知名NFT交易平台，傳送一封假E mail給你，聲稱有人對你的NFT出價，要求你點擊E-mail內嵌的按鈕，與之前報導的網路釣魚詐騙一樣，只要點擊按鈕，就會被導向至釣魚網站。

　　然後假網頁會要求你連結錢包、提交你的助記詞，詐騙者將這些資料記錄下來，再侵入你的錢包，竊取你的加密資產。

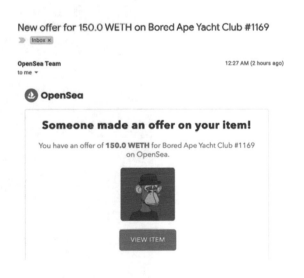

The Ultimate Guide on Building
Your Digital Asserts in NFT.

 假技術支援

除了假優惠通知外，假客戶服務/技術支援也是常見的詐騙手法。

① 透過 Discord

想像一下，當你遇上技術問題並在 Discord 上尋求幫助時，出現自稱是 OpenSea 的官方人員來拯救你，假技術人員（詐騙者）可能會要求你分享螢幕畫面來檢查發生什麼事，讓你在無意間洩露加密貨幣錢包的憑證。

在這個時候，他們可能會截圖你的助記詞或連結它的二維碼，也可能將你導引至看似 OpenSea 的網頁，但其實不是，要求你輸入詳細的個人資訊，而接下來會發生什麼，相信不用筆者多加敘述了。

② 透過 E-mail

在其他案例中，詐騙者會發送關於你 OpenSea 帳號/NFT 收藏的假安全警報，同樣要求你點擊內嵌的釣魚連結。

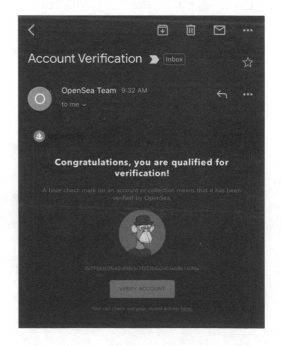

以過高的價格購入 NFT

　　由於部份交易所在流量大的時候會有延遲狀況，導致賣家臨時更改價格後，網站卻沒有同步更新的情況發生，買家如果因為急於購買，沒有仔細確認的情況下標，就可能意外以高價購入商品，比如賣家將標價時更改一位數，網站上雖然顯示售價0.09，但交易的時候可能會以0.9購入。

 以不同的加密貨幣進行交易

　　在相同交易所上多次交易，大家可能會過於習慣以同一種加密貨幣進行交易，例如在OpenSea上使用以太幣，而忽略貨幣種類的重要性，有人就會看準這樣的機會，以外觀相似，但價值相差很多的加密貨幣進行報價，一不小心就會以很低的價格將商品賣出。

 混入仿冒品的 NFT 組合包

　　當你想在OpenSea上購買兩個以上的NFT時，可能會想到用組合包（Bundle）的方式一次購買多個NFT，以節省每筆交易所要消耗的大量手續費，但千萬小心，在你想著用組合包節省成本的時候，可能已經落入有心人士的陷阱，很常見的組合包詐騙就是將3、5個NFT綁成一組來賣，但只要你花心思檢查，很容易就能發現他們的秘密，組合包裡可能只有1、2個是官方的NFT收藏，剩下的全是濫竽充數

的仿冒品，一不小心買到絕對是血本無歸。

 ## 網絡釣魚E-mail

　　除虛假網站外，詐騙者還可能冒充著名NFT交易網站，發送NFT相關優惠的假E-mail通知，誘使你點擊按鈕以查看詳細內容。如果你從未聽說過此發信人或網站，為什麼要點擊它？他們還可能製造恐慌，透過E-mail發送虛假的安全警報，說你被駭客入侵或有人試圖登入帳戶⋯⋯等等，讓你覺得好像真的有狀況，而無法冷靜思考。

　　在這種情況下，最好不要點擊E-mail中的任何鏈接直接連至該網站，可以直接聯繫客服，確認自己的帳戶是不是真的有任何可疑活動，順利排查為詐騙後，也別忘了更改密碼，避免真的被駭客破解。

 ## 假贈品

　　詐騙者冒充知名NFT交易平台的員工，透過社群媒體，好比Discord或Telegram等來聯繫你，聲稱網站正在舉辦贈品活動，只要轉發贈品資訊並註冊活動，就會得到免費NFT，但如果你嘗試連結MetaMask錢包，你的憑證資訊就會被盜。

　　有時候詐騙者的手法很拙劣，但就是會有人被騙。

假NFT專案（抽地毯詐騙）

每天都有許多新NFT項目出現，像是以韓劇魷魚遊戲為名義發行的新代幣Squid，但當價格到達頂峰時，就瞬間變成「抽地毯（rug pull）」詐騙，NFT將無法流通，擁有者無法賣出代幣，導致其價格在短時間內暴跌，而這類騙局中，唯一獲利的便是代幣創造者。

 # 釣魚錢包

很多人都選擇用MetaMask這加密錢包進行交易，不過當你要點入任何連結和輸入密碼前，務必特別小心。有許多假的MetaMask發送E-mail，主題各不相同，有電子報、通知，或是謊稱你的MetaMask錢包因某些安全問題，而被暫停使用。

The Ultimate Guide on Building
Your Digital Asserts in NFT.

　　然後要你點開郵件內的連結，以驗證你的帳戶取回錢包，而該連結會將你帶到一個假MetaMask網站，這個假MetaMask網站看起來跟真網站幾乎完全一樣，但只要仔細看，你會發現域名有些蹊蹺、被動手腳，MetaMask真正的網域名稱應該要是MetaMask.io才對！

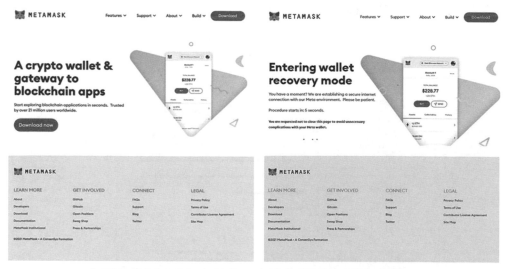

左圖為真MetaMask網站；右圖為假MetaMask網站。

如果你提交了如助記詞之類的認證資訊，詐騙者就能夠入侵你的 MetaMask錢包，轉走裡面所有的加密貨幣。更糟的是，因為加密貨幣是去中心化的，丟失的貨幣要追回來幾乎是不可能的。

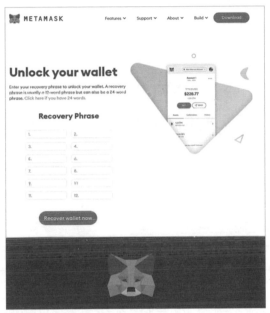

要求你提供助記詞的假MetaMask網站。

社群軟體的私訊

加入加密貨幣項目的社群，如Telegram、Discord後，你等於把自己暴露在駭客的下手名單內，只要你在群內發言，駭客常常會假扮成官方人員私訊你，表面上是要幫你解決問題，實際上是要奪取你的資產。因此，在回覆任何訊息前都要再三確認對方的身份，官方人員通常不會透過社群私訊你，你可以利用社群內的公頻道解決問題，或直接到官方網站聯絡客服。

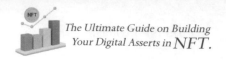

假平台

建置假的NFT網站與投資項目，利用民眾不熟悉NFT投資平台的特性，打造幾可亂真的投資網站，民眾因而在假冒的NFT網站進行金錢交易，或被要求輸入以太坊錢包助記詞，詐騙集團就能竊取所有加密貨幣。

除此之外，建立假冒的NFT項目，透過行銷推廣的方式吸引投資客大量下單購買，當交易達到顛峰後再藉口放棄投資項目捲款潛逃，都是常見的詐騙圈套。

假空投

在這資訊爆炸的時代，想第一時間知道馬斯克又在吹捧哪種幣或V神對以太坊升級的想法，最直接的方法就是看直播，偏偏會有不肖人士做惡意轉播，在自己的轉播頻道加上假的名人站台資訊。

常見的詐騙手法有轉特定數量以太幣到指定地址，系統會自動還給你數倍以太幣，但實際上是有去無回。過去也曾發生過馬斯克與歐巴馬的真實Twitter帳號被駭，要求粉絲轉加密貨幣到指定地址，就可以收到空投，實際上也是進到駭客的口袋。

最好的防範方法就是不要轉錢給任何陌生錢包地址，因為在加密貨幣的世界，錢一旦轉出去，就沒有任何方法可以要求對方退回來。

 ## 詐騙案例：YouTuber 啾啾鞋

　　YouTuber 啾啾鞋在《又韭了一波！加密貨幣錢包被釣魚網站騙走，辛酸畫面流出》影片中表示，自己遭到駭客以假的 MetaMask 錢包網站釣魚，導致錢包內款項全遭捲走，呼籲粉絲們千萬注意助記詞保存，建立釣魚危機意識。

　　當時一位 Discord 成員突然找上啾啾鞋，表示有 Cool Cat NFT 要進行空投，啾啾鞋不疑有他，便進入對方提供的網址，然後將自己的 MetaMask 錢包與該網站連接，豈料該網站要求使用者輸入 MetaMask 的密碼和助記詞，而非透過瀏覽器擴充程式連結，啾啾鞋連續輸入了兩次，發現根本沒有與網站完成連接，這時啾啾鞋突然意識到自己被釣走了，還把鑰匙跟鎖頭一起交給對方。

　　啾啾鞋立刻準備搶救資產，然而在遭釣魚後的 3 分鐘內，該錢包的資產便已遭提領殆盡。啾啾鞋指出，雖然區塊鏈世界缺乏監管，經常有許多

超額報酬的機會，但相對的也缺乏保障，所以投入前務必慎思自己能否保障安全，切莫因為FOMO或是一時衝腦，導致血本無歸。

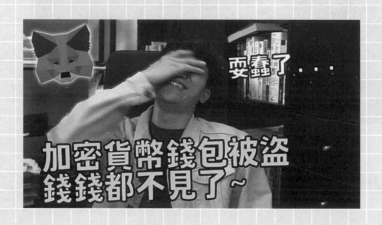

 ## 假資料，炒作NFT價格

還記得在佳士得首次以NFT形式拍賣純數位藝術作品《Everydays: The First 5,000 Days》，寫下在世藝術家作品拍賣第三高價，成為數位藝術史上亮眼的一筆。

這經典畫作的買賣有被質疑其真實性，據美國記者Amy Castor調查，這場拍賣只是一場左手倒右手的遊戲，畢竟這拍賣價格令人跌破眼鏡，尤其這只是一幅數位NFT畫作。

根據調查，這件作品的買家是Twitter使用者@Metakovan，其真名是Vignesh Sundaresan，他並非傳統藝術的收藏家，而是不折不扣

的幣圈人士，他進入這個行業已經有七、八年的歷史，不僅發幣「割過韭菜」，還涉嫌創辦交易所但惡意跑路的事件。

● 2013年，Vignesh在加拿大創辦加密貨幣交易所coins-e.com，如今這個網站已不復存在，在reddit或是bitcointalk這些加密貨幣論壇上，仍可以找到不少使用者控訴他惡意跑路，被他捲走價值幾百萬加密貨幣的使用者大有人在。

● 2014年，Vignesh創辦比特幣ATM企業BitAccess，並獲得美國著名投資機構Y Combinator的投資，隨後發行LST幣，發行兩天就賣了50,000顆以太幣，可如今LST的價格近乎於零。

　　2021年，加密貨幣迎來另一牛市，Vignesh再次發幣，稱為B20。該幣的願景是「使藝術品和收藏變得更加民主」，由於大多數的散戶並不具備鑑賞藝術品的能力，且藝術品價格昂貴，並非常人所能負擔，B20的發行方會購入市面上有價值的藝術品，持有B20就相當於間接持有藝術品，像是一個藝術品的ETF。但Vignesh接下來的一系列動作，讓人懷疑這次會不會又是一次割韭菜的行為。

　　Vignesh並非第一次購入Beeple作品，他先前就已用220萬美元買入Beeple創作的20件作品，所以他將代幣名B20，不知道是否為一種巧合。

　　Beeple本身持有B20總量的2%，是唯一一個在B20發行之初直接獲得代幣的藝術家，且擅長營銷的孫宇晨也參加了這次拍賣，且他

還是出價第二高的買家。據他說，他的出價在最後一秒鐘被別人超出250,000美元而競拍失敗。

顯然，把Beeple的藝術品拍出天價已經是藝術家Beeple和買家Vignesh的共識，這次拍賣Beeple得以爆紅，成為在世身價最高的藝術家之一，Vignesh的幣則可以大漲。根據CoinMarketCap顯示，在佳士得拍賣會後，公募價為0.36美元的B20漲到25美元，之後落到15美元左右，Vignesh持有590萬顆B20，價值仍遠遠超過他為作品付出的價格，況且如果他真的和Beeple共謀的話，可能並不需要付出全額。

至於孫宇晨是否也和Vignesh在拍賣前就事先溝通過呢？筆者猜想，深諳炒作和營銷之道的孫宇晨，有可能是刻意而為之，把這件作品拍成這個價格，獲得全球媒體曝光資源，拍賣會結束後，不僅華爾街日報對拍賣進行報導，這次拍賣也成為街頭巷尾人們討論的話題，比特幣的價格也隨之迎來新高。

當然，孫宇晨也可能不知情，只是像拍巴菲特的午餐那樣純粹想參與一把，卻打亂了Vignesh原來的計畫，使得拍賣價格一路抬高，一不小心把這個NFT拍成佳士得史上成交價第三高的作品。但真正傳統藝術收藏人士究竟願意為NFT付多少錢呢？除了媒體曝光，從真正收藏意義的角度來看，NFT也可能仍未出圈。

假App或錢包擴充程式

隨著加密貨幣的興起，Google商店跟App Store上也充滿著假錢包App，而Google或Apple不負責審查App背後是否有惡意代碼，因此要發布惡意App非常容易，最好的方法就是不要下載任何來路不明的錢包，也不要在「熱錢包」內放太多資產。

你可以選擇把加密貨幣放在認證過的冷錢包，或是把資產放在可信任的交易所，好比幣安、Coinbase、FTX等，但交易所也屬於熱錢包的一種，所以可能有風險。

 # 龐氏騙局與Pump and Dump（拉高倒貨）集團

這類型的詐騙通常會強調「早期紅利」，不斷釋放訊息給你，說只要現在加入就是早期投資者，再慢機會就沒了，並且強調之後會有多少人進場，價格可能拉到幾倍。

這種項目通常只有創始團隊會獲利，其餘加入者只有被割韭菜的份，所以這種保證超高獲利的往往都是龐氏騙局。Telegram、FB或其他社群軟體內常常會有這種Pump and Dump群組，通常會由手上一堆代幣的創始團隊操作與發布假訊息，慫恿群友上車，接著在最高點時惡意倒貨，最後也只有創始團隊獲利。

 莫名的私訊以及中獎訊息

　　不論是NFT還是加密貨幣，都需要透過社交軟體如Twitter、Discord等，來獲取更多有用的資訊，然而在個人訊息處常收到自稱NFT團隊，或是你當前關注的項目開發人員傳來的私訊，告知你中獎或是你所關注的NFT項目提前秘密販售……諸如此類的。

　　千萬要記得，收到這樣的訊息請不要點開連結，也絕對不能將錢包連上他們提供的網站！99%的開發團隊都公開聲明不會私訊用戶，避免有人假冒他們的名義，如果真的有相關訊息，大多都可以在官方社群或論壇上找到。

 誤入介面、地址相似的仿冒網站

　　像前面提到的詐騙方式，很多訊息中會提供仿冒的網站連結，進入發現網站介面和地址幾乎與官方一模一樣，當下其實很難分辨

是否為正確網站，像這樣假冒的網站除了可能私訊中不小心點入，也會出現在Google搜尋結果中，可以參考下方圖片 ，若你想要下載MetaMask擴充程式時，可能意外連上詐騙網站，即便搜尋結果也可能出現盜版網站。

加密貨幣世界是投資人的新天地，同時也是詐騙者的天堂，要分辨出高報酬項目是否為詐騙的基本原則為你是否了解他的獲利機制，高報酬的背後意味著高風險，只有你了解獲利機制並願意承擔風險才是一個好的投資，或者更簡單的說「天下沒有白吃的午餐」，無端承諾你沒有風險又高報酬的項目，其中必然有詐，請三思而後行，不要因小失大。

 5-4 NFT 風險及安全守則

NFT 系統是由區塊鏈、儲存和網路應用集合而成的技術，其安全保障具有一定的挑戰性，每個組成部份都有可能成為安全漏洞，致使整個系統受到攻擊。

筆者以 STRIDE 為例，STRIDE 是微軟 Praerit Garg 和 Loren Kohnfelder 建立的威脅模型，目的是在找出電腦安全上的威脅，STRIDE 是由六種安全威脅分類英文的字首組成的助記詞，全方位評估 NFT 系統所存在的風險可能。

下面筆者針對這六個英文分析、討論。

1 仿冒（Spooling）

仿冒與真實性相對應，是一種在系統中冒充另一個人或物的能力。當用戶鑄造或是交易 NFT 時，惡意攻擊者可能利用認證漏洞竊取用戶私鑰，來非法獲得 NFT 的所有權。筆者建議對 NFT 智能合約進行正式驗證，並使用冷錢包與線上數據隔離，防止私鑰泄露。

2 竄改（Tampering）

竄改與完整性相對應，是指對 NFT 數據進行惡意修改。區塊鏈是

一個強大的分布式帳本，其使用的哈希演算法具有原像抗性和次原像抗性，如果NFT的Metadata儲存在鏈上，那麼交易一旦確認，NFT的Metadata和所有權是不能被惡意竄改的。

但若是儲存在鏈下的Metadata或儲存在鏈下的媒體數據，這些數據則有可能被操縱，所以建議使用去中心化的去中心化雲儲存系統，保障數據的安全可靠性。

3 抵賴（Repudiation）

抵賴與不可拒絕性相對應，是指NFT創作者或所有者在交易資訊透過鏈上確認後，無法拒絕或撤回。這一流程的安全性由區塊鏈分布式帳本的特性和其簽名的不可偽造性進行保證，其中涉及到的哈希值有可能被惡意攻擊者竊取或替換，建議使用多簽名驗證的智能合約，可以規避掉部份風險。

4 資訊洩漏（Information Disclosure）

資訊洩漏與保密性相對應，是指NFT相關資訊洩漏給未經授權的用戶，由於在NFT系統中，智能合約的狀態資訊和交易指令代碼都是完全透明的，任何人都可以公開訪問，這種情況下存在多種資訊泄露的風險。

即使只獲取到NFT的哈希值，惡意攻擊者也可以利用哈希值與交易訊息的關聯性作惡，所以建議創作者使用保護隱私的智能合約來替代普通智能合約，以保護隱私。

⑤ 拒絕服務（DoS）

拒絕服務與可用性相對應，是指惡意攻擊者攻擊DApp或鏈下儲存的原始數據，導致其對NFT系統拒絕服務，得益於區塊鏈的高使用性，用戶可以隨時調用自己所需要的資訊，不用擔心鏈上系統拒絕服務的情況。

但由於鏈上有限的空間和通訊壓力，部份NFT的功能需要依賴鏈下系統來實現，比如Metadata和媒體數據的儲存，中心化的網路應用和儲存系統仍有遭受傳統DoS攻擊的風險，進而拒絕對NFT系統進行服務，建議使用新的混合區塊鏈架構，或者去中心化的去中心化雲儲存系統。

⑥ 許可權提升（Elevation of privilege）

許可權提升與授權性相對應，是指攻擊者透過智能合約的漏洞，獲取NFT相關許可權，或是透過攻擊NFT鏈下相關系統獲取非法許可權。NFT的授權完全由智能合約進行管理，設計不良的智能合約會存在授權方面的風險，同時儲存在鏈下的Metadata或媒體數據，也有可能產生對許可權造成影響的風險。

比如，竄改或刪除儲存在鏈下的Metadata或媒體數據，將使NFT的所有權失去意義，建議創作者在鑄造NFT時，使用成熟完備的智能合約，在不考慮成本的情況下將數據全部存在鏈上，或是使用更可靠的去中心化雲儲存系統來降低成本。

但即便防護地再仔細，仍有可能會有疏漏，好比不法人士惡意的

破壞。全球最大NFT交易平台OpenSea便被指出含有毀滅性漏洞，駭客可以用低於市價的金額購入NFT，並轉售以謀取暴利。

　　區塊鏈分析業者Elliptic揭發NFT交易平台OpenSea存有漏洞，駭客以0.77顆以太幣買下BAYC編號#9991的NFT，但BAYC市場售價最少都要80顆以太幣，且該名駭客購入後，很快就以84.2顆以太幣（正常市場行情）轉售。

　　事件爆發後，有一名在去中心化平台Orbs任職的軟體工程師Rotem Yakir，以及英國區塊鏈分析公司Elliptic揭露OpenSea裡面有臭蟲，允許駭客透過OpenSea API，以低於市價的價格購入平台上銷售的NFT，已有三名駭客成功以不到15萬美元的價格，購入市值超過100萬美元的NFT。

OpenSea為全球最大的NFT交易平台，集結超過2,000萬個NFT作品，卻爆發漏洞事件，平台允許使用者在更新NFT產品列表及價格時不必刪除舊有資料，使得這些舊資料依然保留於區塊鏈上，讓駭客得以透過OpenSea API以舊有價格買下該NFT，並快速轉手。

另有一名駭客也以13.3萬美元買下了7個NFT，並以價值93.4萬美元的以太幣快速將它們拋售，數小時之內就將相關的以太幣透過Tornado Cash服務混幣，以避免被追蹤，不到一天獲利80萬美元。

還有一名駭客是以1.06萬美元的價格買下《Mutant Ape Yacht Club》的NFT，數小時後就以3.48萬美元脫手。上述這些駭客在一天之內，便以不到15萬美元的成本，利用OpenSea的漏洞獲利近100萬美元。

據聞漏洞似乎與OpenSea用戶可以在不刪除首次上架資料情況下重新上架的功能有關，OpenSea也透過Twitter表示他們已創建新的上架管理器來解決這個問題。

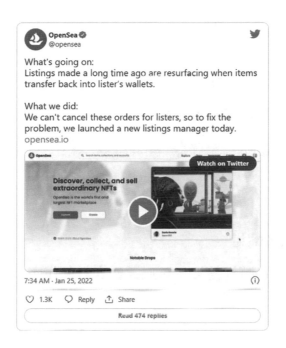

安全守則

　　隨著NFT蓬勃發展，交易的安全問題也層出不窮，筆者列出幾項安全守則供參考，未來要進行交易時，須特別小心留意。

1 檢查價格

　　如果一個網站上的NFT價格遠低於OpenSea等合法網站上的價格，則可能是一場騙局。

2 檢查驗證標記

　　大多數合法NFT賣家的使用者名稱旁邊會有藍色勾勾標記，並清

楚列出收藏屬性，如下圖。

The Sandbox ✅

LAND (200, 44)

Owned by Blauenjvheeed 👁 4.6K views ❤ 13 favorites

③ 檢查聯絡地址

說明NFT是在哪裡鑄造，可以透過查看創作者網站來確認資訊的真實性。

④ 檢查官方客服

需要幫助時可以聯絡NFT交易網站的官方客服，而不是在社群媒體上尋求自稱為官方人員的人幫助。

⑤ 保管好錢包憑證

小心使用你的錢包憑證資訊，切勿分享你的助記詞。

⑥ 使用認證錢包

使用合法錢包應用程式和瀏覽器擴充程式以避免網路釣魚，有很多惡意應用程式會冒充成官方應用程式。

加強保護帳號

　　使用強密碼並啟用雙因子身份認證（2FA）來保護帳號，可以試試趨勢科技的〈個資保鏢〉系統，輕鬆主動監測你的個資是否有外洩，避免你的E-mail、密碼、銀行帳號、社群帳號在暗網洩漏，防範資料外洩，避免財損擴大。

　　那用簡訊為何不好？因為當別人拿到你手機，有時不用解鎖螢幕就可以看到跳出的通知，輕易取得驗證碼，或直接暴力拆除手機的SIM卡。假設沒有設定SIM卡密碼的情況下被拿走了，2FA是一個安全機制，確保你的帳號密碼不小心外流的時候，還有一層機制保護著讓對方無法登入。

 勿點來路不明的連結

　　切勿點開來路不明的連結或附件，也不要亂點在Google搜尋到的網站，假網站可以藉由買廣告的方式，頻繁出現在大眾面前，假如你沒仔細看就點進去，那就上鉤了。

假網站俗稱釣魚網站，可以騙到你的帳號密碼或錢包授權。當你首次要造訪一個新的相關網站，較安全的方式是請信任的人丟他確認過的連結給你，例如初次註冊交易所，請朋友提供推薦連結，然後從CoinMarketCap網站中找到超連結再點過去。

你也可以把正確的網站加入書籤、我的最愛，儘量從我的最愛連過去，不要再從Google搜尋來連結，然後不小心點到釣魚網站。千萬不要太相信自己的眼睛，真假網站那一點點微小的差異很難在第一時間發現，都用書籤來連可以避免很多點到釣魚網站的風險。

⑨ 提幣一定要設定限制

你可以開啟白名單功能，白名單功能會限制只可以把幣提到有登記的白名單地址，這樣就算帳號被駭客登入，他也無法輕易提出。或是設定提幣密碼，而提幣密碼要跟登入密碼不一樣，有些交易所甚至提幣可以另外再設定一個2FA。

這是更進一步的保障機制，就算你真的不小心帳號密碼和2FA都外流了，對方登進去把你的帳號看光光，但有這個提幣限制的話，對方依然無法立刻把幣盜走。平時一發現帳號怪怪的就先改密碼，通常交易所都會規定改完密碼後的一天內無法提幣，如此一來你就能獲得緩衝時間來檢查和確認。

⑩ 不要所有東西都在同一個裝置裡

不然手機被偷走就全部被看光光了。假如Google驗證器裝在手

機，然後手機也可以開E-mail，也可以收簡訊，手機中的App又通常都保持登入狀態，這樣不就等於一拿到手機就全部都拿到了，所以盡量不要都放在同一個裝置。

例如驗證器放在別支手機，或至少把手機中相關App上鎖，要另外輸入PIN碼或生物辨識才能打開啟。

 安全小守則

- ✅ 牢記資安觀念的原則。
- ✅ 任何「保證收益」的投資都不要碰。
- ✅ Google上「查不到相關資訊」的東西也不要碰。
- ✅ 「陌生人私訊」推薦的東西不要碰。
- ✅ 「沒見過面」的人所說的話不要相信。
- ✅ 沒有「https」只有「http」的網站心中都先扎個問號。
- ✅ 看到任何要「輸入錢包助記詞」的頁面時，心中警報一定要自覺地響起。

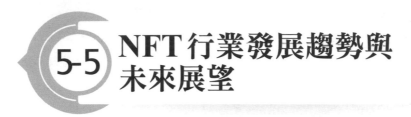

5-5 NFT行業發展趨勢與未來展望

NFT真正的發展其實不到一年，未來NFT行業若持續依照這個趨勢必定會蓬勃發展，不再僅限於藝術品類的投資，而是體現在各行各業的賦能與扮演何種角色痛點的關鍵要素，筆者列出幾個大方向，看看未來有哪些機會。

基礎設施層

在基礎設施層，NFT行業的營運提供必要的技術支持，主要包括公共鏈、側鏈/層。

 更多區塊鏈加入NFT生態布局

隨著NFT行業的持續升溫，現有以太坊網路存在著手續費過高、網路擁堵、使用者體驗差等問題，尋求可以承載高頻交易、規模化市場的解決方案是NFT行業進一步發展的關鍵。

目前Flow、Near等公鏈，Polygon、xDai、WAX等側鏈以及Immutable X等Layer 2擴容解決方案，都在不斷豐富各自的NFT生態系統。

② 去中心化儲存

受成本影響，NFT映射的數位內容一般不上鏈，而是儲存於其他中心化或非中心化的儲存系統中，並透過雜湊值或URL映射上鏈。

諸如《Axie Infinity》、《Crypto Kitties》等很多NFT映射的數位內容，全儲存在中心化系統中，存在內容資源丟失或被竄改的風險。雖然有越來越多的NFT項目的數位內容儲存在IFPS等去中心化儲存系統中，但隨著技術的發展，會有更安全可靠的去中心化，且可修復的儲存系統出現，如Filecoin、Memo等有望成為NFT儲存的未來解決方案。

項目創作層

協議層透過建構協議來創建NFT資產。以藝術品收藏和遊戲為代表的協議層是當今最活躍的領域，也是許多新興區塊鏈項目最喜歡的領域。

① 文娛行業IP延伸至NFT

音樂、影視、遊戲等數位內容產業與NFT是天作之合，各IP可以將自己的文娛IP延伸至NFT領域，憑藉IP的影響力豐富盈利的同時擴大自己的IP影響力。

2 傳統消費企業入局NFT市場

越來越多傳統消費領域企業擁抱NFT市場，利用NFT來進行行銷，Audi基於新奧迪A8L 60 TFSIe的插電混動特質及經典設計元素再次創作，限量發行幻想高速（FANTASY SUPER HIGHWAY）系列五款NFT。

3 區塊鏈遊戲和元宇宙將驅動未來NFT行業的擴張

隨著基礎設施層側鏈、Layer 2等擴容解決方案和去中心化可修復儲存系統的技術突破，交易速度與交易成本對區塊鏈遊戲的限制大幅降低，區塊鏈遊戲和元宇宙的經濟體系有安全儲存保障。

2021年以來，以《Axie Infinity》為代表的遊戲類別DApp新增數量明顯增加，市場對區塊鏈遊戲的需求也有所增加，2022年初區塊鏈遊戲領域活躍錢包數量比2021年大為增長。

衍生應用層

主要代表利用NFT作為資產表示工具的協議，可將NFT看作Token的進化，從原先只能表示無差別資產到現在可以定義更多獨特價值。

1 衍生應用領域更緊密的結合

NFT目前在收藏品、藝術品及遊戲領域發展的較為迅速，在其

他領域的發展尚處於起步階段。但隨著NFT的發展，其應用場景將不斷被擴展，與各領域的結合更加緊密，好比GameFi（如Land of Strife）、DeFi（如MEME）、保險（如iearnfinance）、社區代幣（如whalc）、元宇宙（如The Sandbox）等。

② NFT 領域 IP 反向輸出傳統文娛行業

隨著NFT的發展，部份熱門NFT專案可能會形成自有的數位內容IP，並衍生至傳統的文娛行業，與影視、潮玩等領域結合，如創作相關動漫、發行盲盒等。

未來，我們將看到更多獨特、複雜且相互聯繫的密碼學媒介，利用多種DeFi協議來實現傳統金融行業所無法實現的價值主張和應用。相信在未來幾年就能看到大量基於這些概念的實驗，萬分期待開發者、創作者和社群能攜手將它一一落地。

NFT 在元宇宙的未來

元宇宙的實體包含接入元宇宙的使用者、智慧型設備、人工智慧，以及元宇宙中的資料實體，這些實體都可以有數位身份，也都可以通證化。

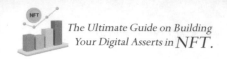
① 虛擬實體

現實世界創造者，根據實物在虛擬世界實現的，或者直接在虛擬世界創造的新數位實體，類似現實世界藝術家創造的虛擬藝術品。虛擬世界的實體和現實世界的無關聯，在虛擬世界流通，不影響實物在現實世界流通。

② 虛擬原生實體

人工智慧藝術家創造的純虛擬藝術品，可以借助3D列印等手段於現實世界中展示，但是核心權利僅在虛擬物品上。

而在元宇宙的NFT將擁有更廣泛的使用場景，前面章節有討論過NFT的發展絕對不僅於此，一起期待未來的元宇宙世界吧！

投資NFT

6-1 NFT 交易平台分析

　　NFT就是具有唯一性或同一組批次的數位通證，擁有各自的編號，或極限量的數位代幣，可以想成把實體文件、音樂、藝術品等數位化後放到區塊鏈上。

　　那NFT要去哪裡買呢？就像買任何物品一樣，都會有市場或是平台可以讓交易順利進行；同理，每個NFT就是一件商品，必須到對應的平台交易。每個平台或交易所都有自己特殊的地方，針對商品性質選擇特定平台露出，可以讓NFT商品獲得最精準的受眾與露出。你也可以把NFT交易平台想像成真實世界的蝦皮、亞馬遜、eBay、淘寶及露天拍賣等等，所以平台的選擇非常重要，將關係到你產品的曝光度及交易的安全性。

　　例如你把產品上架到亞馬遜平台販售，跟把產品上架到露天拍賣，產品的銷售速度絕對不同，所以選擇交易平台去上架你的NFT同樣非常重要，但每個NFT交易平台可以上架的NFT屬性不盡相同，有時候流量最大的平台未必最適合你，要依照NFT屬性和客群來決定上架和購買條件，才更加容易找到適合你的NFT交易平台。

　　據1confirmation與CoinMarketCap調查顯示，市場主流的NFT交易平台，其總交易量由2020年的8,570萬美元上升到2021年的

196億美元,增長近23,000%。由於絕大部份NFT使用以太鏈,筆者下面列出十個用以太鏈的NFT交易平台來比較。

1 OpenSea:目前最大交易平台

OpenSea為一綜合性交易平台,是目前最大、最自由的NFT交易平台,自由上架、自由買賣。

支援的NFT包括收藏品、遊戲物品、數位藝術、活動門票、域名,甚至還有實物資產的所有權記錄。OpenSea有點像eBay,可以購買、出售和瀏覽數百個類別中上千、上萬的數位加密項目。

OpenSea錢包支援類別很廣,筆者個人是用MetaMask錢包操作,當然其他錢包也有,可以上官網看看有哪些。

連接上錢包之後,OpenSea可以讓使用者執行的功能如下。

● **購買**:有分固定價格拍賣和競價拍賣。OpenSea允許賣家創建幾種不同類型的拍賣方式:固定價格、荷蘭式拍賣和英式拍賣。每種類型的購買過程略有不同。

● **銷售**:在OpenSea上銷售是一個將信任最小化的過程。換句話說,不必相信OpenSea或交易對手就能把交易完成,依靠對於技術與資產的理解,而不是賣家聲譽來確保事情順利進行,所以整個交易過程無需依賴託管或第三方支付。

The Ultimate Guide on Building
Your Digital Asserts in NFT.

　　銷售部份也分固定價格、荷蘭式拍賣和英式拍賣，每種類型的購買過程略有不同。OpenSea使用者介面簡單易懂，使用Lazy mint技術，賣家可用低成本的方式鑄造NFT，成交時由買家支付礦工費用。

　　OpenSea支援的協議有：ERC-721、ERC-1155及Polygon。

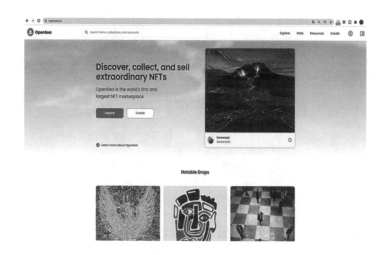

② Lootex：虛寶交易平台

　　Lootex使用0x技術框架，也就是讓點對點無信任交易可以透過智能合約完成，提供買賣雙方撮合，自行完成交易。

　　Lootex強調自己是無詐騙、跨國境、公開透明的數位資產拍賣場，只要簡單幾個步驟，就能創建智能合約來創造及交易虛擬資產，平台上有許多收藏品都有個別領域的特殊意義，為目前最重視藝術原創性的NFT平台。

　　Lootex支援的錢包有MetaMask、Blockto、DappPocket、Alpha

Wallet App……等，Lootex是臺灣創辦的公司，所以出入金可以使用台幣來兌換加密貨幣，十分方便。現在也支援Qubic錢包連結，可以使用信用卡購買，對於那些還不熟悉加密貨幣錢包的使用者來說相當友善。

目前Lootex是以定價拍賣的方式交易，支援以太坊、幣安智能鏈、Polygon Network等協議。

③ Oursong：數位音樂交易平台

Oursong原是由KKBOX集團創新實驗室成立的音樂數位收藏平台，現也 **OURSONG**
推出NFT服務，將區塊鏈與數位音樂收藏結合，標榜創作者可透過手機在3分鐘內製作與發行NFT。

Oursong有自己的App可以在App Store下載，是專門為創作者設立的平台，強調可以在一碗泡麵的時間內完成NFT創作。目前已與眾多藝人和音樂製作人簽下IP合約，使用ERC-721和ERC-1155來發行。

支援以太坊、幣安智能鏈、Thunder Core 等協議，以太坊的部份則串聯 OpenSea 模組，在中心化的便捷操作下，兼顧部份去中心化的原則，Oursong 也預計發行代幣，筆者蠻期待它未來的發展。

④ Nifty Gateway：藝術品交易平台

Nifty Gateway 是 NFT 藝術品交易平台，善於操作頂級藝術品，並發布獨家收藏品 NFT，且接受用戶使用信用卡來交易 NFT。平台有多位知名創作者進駐，好比藝術家 Beeple 的 NFT 作品便在此上架，其作品《Everydays: The First 5,000 Days》創下 NFT 藝術市場最高價。

在 Nifty Gateway 可以看到頂級藝術家與品牌緊密合作，限量版的藝術作品在平台獨家發售，高質量的藝術收藏品則會在特定時段限時開賣。

作品在 Nifty Gateway 上成功售出，還可以自由選擇分潤比例，5 至 50% 不等，Nifty Gateway 收取的費用是每次銷售收入的 5% ＋ 30 美分，包含平台抽成及信用卡處理費。

⑤ Binance 幣安：提供中文服務的 NFT 交易所

據 CoinMarketCap 排名，幣安是全球最大的加密貨幣交易所，提供超過 100 種加密貨幣交易，比起 OpenSea，幣安無論是規模、交易量、資本其實都更加龐大，但因為 NFT 服務是之後拓展的業務，所以 OpenSea 在 NFT 領域仍為最大的平台。

幣安用戶之間可以自由買賣 NFT，幣安僅收取 1% 手續費，同時創作者或收藏品提供者也將持續獲得 1% 版稅，將大部份的利潤分配給創作者及用戶。

而幣安為面向亞洲市場所提供的中文介面，再加上幣安交易所自帶流量的賦能，其 NFT 市場未來的發展不可小覷。

⑥ SuperRare

　　SuperRare是一個專門為專業、知名藝術家打造的NFT平台，也是最早成立的NFT平台之一。

　　若想在SuperRare上架作品，必須經過嚴格審核，且審核不通過的機率相當高。另外，SuperRare對作品版權有較完善的保護機制，對專業藝術工作者或非常著重版權問題的創作者來說，SuperRare是不二之選。

⑦ Foundation

　　Foundation是採用社群主導和自動限時拍賣機制的NFT交易平台，生成的作品也會被放到OpenSea發行。

　　社群主導的策展模式意思是，透過最初邀請到平台上的50位藝術家，他們每成功售出一件原創作品，便會獲得兩個邀請名額，可以邀

請新人進駐平台，以此類推，但如果藝術家惡意買賣邀請碼，將被剝奪永久入駐的資格。

入駐方式還有Community Upvote，所有經過Twitter認證的社群成員在加入後，可獲得5票用來支持5位可入駐的藝術家，排名前50的創作者便可加入這交易平台創建NFT。

8 MakersPlace

MakersPlace極度看重加密藝術品的質量，因此會為藝術家或創作者每件NFT作品製作區塊鏈指紋和數位簽署，以證明作品的身份和來源，這也成為藝術品的一種獨特象徵，即使作品被複製，也不會有原始的簽名版本。

MakersPlace另引進社交功能，創作者可透過瀏覽量、喜愛程度等功能進行分析，同時，MakersPlace也提供數位錢包給創作者存放作品。交易方面，除以太幣外，接受信用卡和PayPal支付。

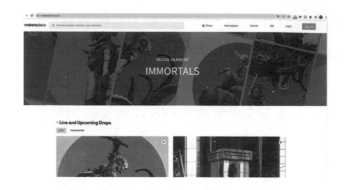

 **Zora**

Zora是一個邀請制的數位藝術平台，專門提供限量NFT通證化產品及作品。該NFT交易平台有個既定規則，每位新加入的藝術家都有三個邀請名額，可以邀請好友或藝術家加入。

現在，Zora已開放鑄造功能，任何人都可以鑄造NFT作品。2021年8月，推出《Crypto Punks》拍賣所Punk House，是目前唯一的公開且無需許可的《Crypto Punks》鏈上拍賣場所，而且推出全新的拍賣模式為組團競價「Party Bid」。

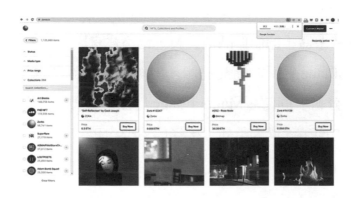

**Rarible**

Rarible是第一家透過發行專屬平台幣 RARI，讓用戶能參與發展決策的NFT交易 平台。另外，於Rarible上架的作品也可以

在OpenSea上看到，讓Rarible賣家能接觸到更多用戶，從而提升整體 交易量。

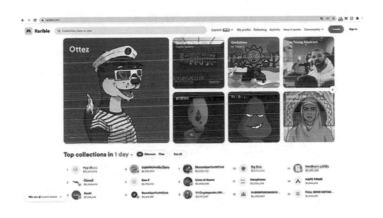

上述NFT交易平台是臺灣經常使用，同時與國際接軌的NFT交 易平台，如果你正在選擇交易平台，除了參考上面的幾個外，筆者也 提出兩個評估標準，可以助你從眾多的平台中，篩選出最適合自己的 平台。

● 創作者的保護。

● 平台的市場類型。

無論你是NFT創作者、收藏者還是投資者，完整的創作者保護機

制，將確保你較不會成為犧牲品；而選對與商品屬性貼合的平台，將有助於將你的動機轉化成最大利益。

 **NFT 查詢工具**

在現在資訊當道的時代，網路上有許多方便又專業的免費工具可以使用，透過這些工具你可以快速判斷你手上的資訊是否正確，並知道目前有什麼項目正在進行。尤其現今為區塊鏈當道的世代，可以說是一日多變，每天都有新知識大量產出，也有許多新項目在市場誕生，透過網路平台工具可以有效幫助發現早期商機，若你也懂得利用網路工具來分析趨勢，將更有機會掌握先機。

由於網路工具非常多，筆者這邊就以CoinMarketCap為代表來做介紹，CoinMarketCap是加密貨幣領域中最常被使用的加密貨幣價格追蹤網站，旨在透過展現公正、高品質及精確的資訊，讓用戶藉由讀取資訊得出投資結論，進而促進加密貨幣的普及。

Brandon Chez於2013年5月創立CoinMarketCap，快速成長並成為用戶、機構和媒體最信任的資訊來源，經常用於比較數千種加密資產，並被CNBC、彭博社和其他主要新聞媒體普遍引用，連美國政府也使用CoinMarketCap數據進行研究和報告。

2020年4月，CoinMarketCap被幣安收購，透過此次併購，CoinMarketCap計畫利用其廣泛資源，以收購更深入的數據項目，減少加密行業資訊的不對稱性，並為數億用戶帶來更高品質的數據。

筆者簡單整理出 CoinMarketCap 的發展歷程：

● 2013年05月，CoinMarketCap 創立。

● 2016年05月，CoinMarketCap 推出其首個公共 API。

● 2018年05月，CoinMarketCap 推出其首個 iOS 應用程序。

● 2018年08月，CoinMarketCap 推出其專業 API。

● 2018年12月，CoinMarketCap 頁面瀏覽量為36億。

● 2019年03月，CMC200和CMC200EX 指數在納斯達克、彭博和路孚特上市。

● 2019年04月，CoinMarketCap 推出其第一個 Android 應用程式。

● 2019年05月，CoinMarketCap 成立數據聯盟，以促進加密領域的數據透明度和問責制。

● 2019年06月，CoinMarketCap 收購 Hashtag Capital。

● 2019年11月，CoinMarketCap 的首屆會議 The Capital 啟動。

● 2019年11月，CoinMarketCap 引入流動性指標。

● 2020年04月，幣安收購 CoinMarketCap。

● 2020年05月，CoinMarketCap 使用新方法中解釋的新細節來升級流動性評分。

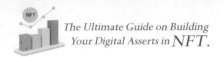

　　下面筆者示範如何登入CoinMarketCap，網站有支援繁體中文版本，幣別也可以依據個人的喜好去選擇。

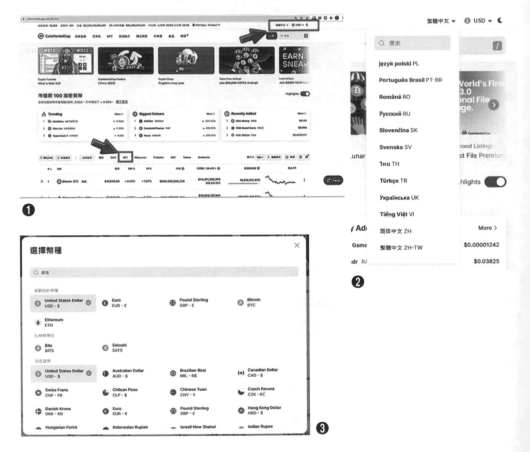

在使用CoinMarketCap前，建議建立一個屬於自己的帳戶，這樣很多的設定都會被保留下來，以免到時候查詢資料時幣別搞錯。首先請在網頁的右上角點選註冊。

之後輸入你的E-mail及密碼，推薦人那欄可填可不填。

登入CoinMarketCap後可以查到NFT市場的資料，透過點選首頁的「NFT」選項即可看到市場排名。目前支援系列專案或單一品名

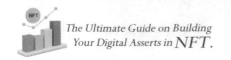

的作品去做排名，此外，點選下圖紅框的類別，可以依照**NFT**種類，像遊戲、音樂、元宇宙、藝術及運動等等，進行更細部的排名。

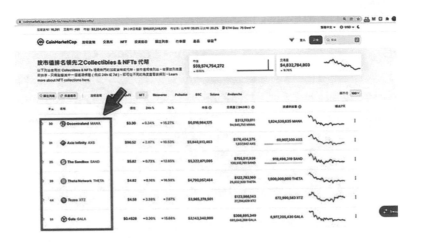

CoinMarketCap還可以查詢每個項目的詳細資料，例如白皮書、社群、區塊瀏覽器、合約地址等等。底下總覽的欄位有更多的數據可供參考。

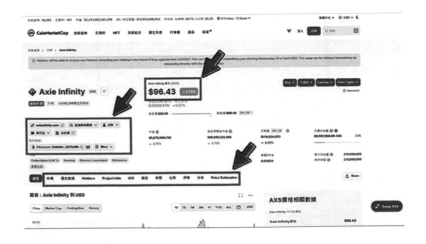

在「市場」這一欄位可以查到該貨幣在哪邊有販售，也有標明交易有哪些，金額、深度、交易量分別是多少。

在「歷史數據」這個欄位，清楚記錄過去歷史的價格，投資者可以參考。

還有一個數據也非常有參考價值，那就是「地址總數」，你可以從這個數據判斷此項目參與的人是否有增長，如果每年都有持續不斷

增長，那可以判斷該項目具可投資性，反之，如果地址總數都沒有什麼增加，就代表該項目不具投資價值。

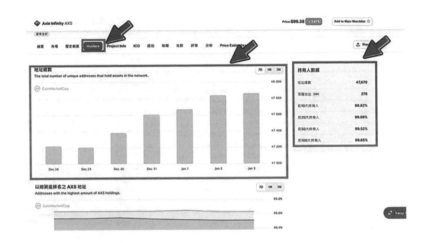

如果有進行ICO，也可以在「ICO」這裡查到相關發行資訊。

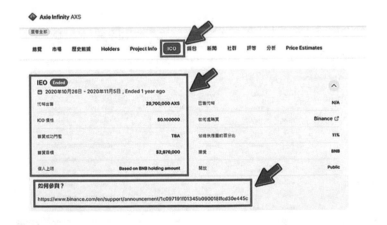

每個NFT相關的錢包不盡相同，這邊可以查到哪一個錢包有支援該NFT。

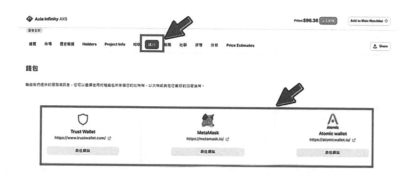

　　社群資料也非常重要，有一些新訊息通常會在社群裡發布，可以多多關心該社群有時候能掌握到一些商機。

　　接下來「分析」這個欄位可以看見市場上持幣的狀況大致如何，還有市場的操作訊息。

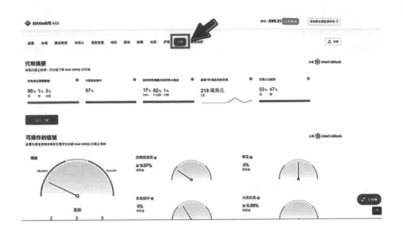

最後一欄的「價格預估」，可以看見市場上對該項目的信心，當然你也可以參與投票。

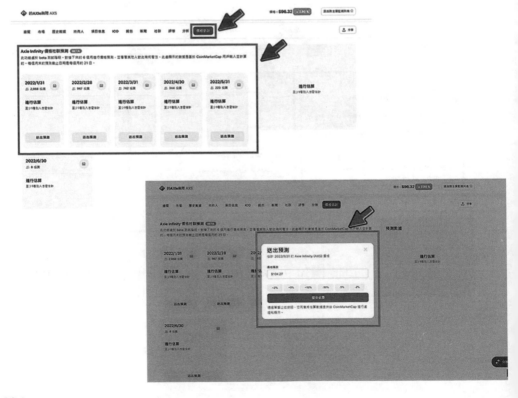

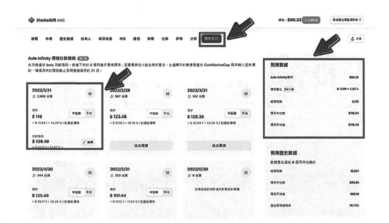

以上介紹的功能並非CoinMarketCap全部功能，而是筆者認為較實用且必要的功能，CoinMarketCap也持續推出不同的新功能，若想要在加密貨幣產業長年打滾，花時間好好了解這個平台絕對會為你帶來莫大的幫助！

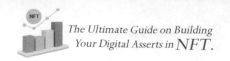
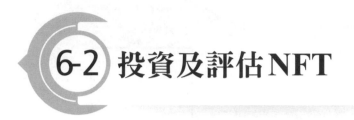

6-2 投資及評估NFT

　　NFT迎來大牛市，以BAYC和《Phanta Bear》為代表，各大社群們皆喊著「東熊西猿」的口號。不少投資客看中NFT其中商機紛紛入手，那一般小民可以如何參與投資NFT呢？下面筆者列出四種投資NFT的方法。

① 直接持有 NFT

　　用戶可以在交易平台上用泰達幣、以太幣等加密貨幣直接購買NFT作品，可以透過前面介紹的OpenSea交易平台，其囊括了藝術品、收藏品、遊戲資產、虛擬土地、域名等各個種類的NFT。

② 將NFT轉化ERC-20代幣

　　ERC-20代幣也稱NFT20代幣，你可以在Uniswap等去中心化交易平台創建流動性池。

● **NFT指數基金：**就像藝術品一樣，多數NFT的流動性其實很差，可能一幅加密畫作或一隻加密貓在交易平台上幾個月，都沒幾個買

家出價，但透過NFTX指數基金，投資者無需挑選單個收藏品便可以參與到NFT領域的市場增長。比如你想接觸Hashmask NFT，但沒有鑑別其價值的相關專業知識，那就可以選擇在NFTX購買MASK指數。NFTX是由NFT收藏品支撐的ERC-20代幣平台，其鑄造的代幣代表流行收藏品的指數基金。

● **將NFT「切割」**：NIFTEX設計了一種將具有唯一性的NFT「切割」成大量同質化代幣的技術，然後這些代幣可以在Uniswap等去中心化金融交易所進行交易，讓用戶從NFT中獲得流動性。

③ 投資NFT公鏈、側鏈的代幣

投資NFT最佳的方式是可以投資NFT的公鏈或側鏈代幣，因為直接持有NFT的風險性太大，而且市場上值得投資並有價值的NFT單價成本太高，一個NFT動則幾十萬到上百萬美金，那不如把投資方向放在公鏈或側鏈上。

NFT常用的公鏈有以太坊、Flow、BSC、Near，側鏈則有Polygon和Ronin，前面章節有介紹過，可再翻過去查閱。

④ 投資平台代幣，具有治理、基礎貨幣等功能

這個概念就如同亞馬遜上面的商品賣得非常火熱，你不需要去買亞馬遜上的商品來轉賣賺取差價，而是直接投資亞馬遜公司。NFT的市場概念也是一樣，你可以投資不錯的NFT交易所，有的NFT交易所會發行自己的代幣，你就可以去購買該交易所的代幣，這樣子投資

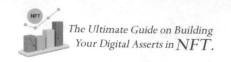

風險相對來講也比較小，NFT交易平台OpenSea並沒有打算要發行代幣，它想走傳統IPO路線，並非區塊鏈的ICO、IEO、IDO模式。

而Enjin是一個不需要區塊鏈經驗就可以開發區塊鏈遊戲的開發服務平台。其發行的ENJ為一種通貨緊縮的代幣，可供開發者鑄造ERC-1155協議的代幣。Enjin現已託管超過30萬個遊戲社群，可以接觸到超過 1,900 萬名玩家。

另一個Aavegotchi是一種接受抵押NFT數位收藏品的平台，每個Aavegotchi均為一個ERC-721協議的NFT，由抵押資產數量、不同特質和對應的遊戲裝備來決定其價值和稀缺性。

每個Aavegotchi背後的協議都管理著一個託管合約地址，該地址持有Aave支持的ERC-20抵押物，即「aToken」，隨著Aave借貸池中收益的不斷增長，錢包中aTokens數量也隨之增長，平台代幣GHST也具有支付、抵押和治理的作用。

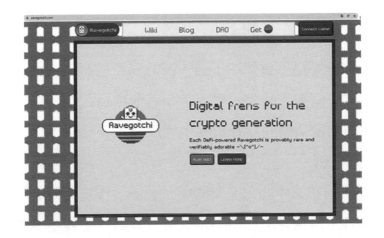

　　以上四種投資NFT方法看似簡單，實質上要有一定規格的電腦、系統、平台、區塊鏈等知識，才有辦法進行投資。簡單總結一下，如果投資高CP值的NFT，只要知道三個部份：公鏈、平台和產品，而高CP值的投資順序，筆者認為第一是平台，第二為公鏈，第三才是產品。

● **公鏈：**你可以把公鏈想像成一個國家，在區塊鏈上就是公鏈及側鏈等。
● **平台：**你可以把平台想像成一家公司，在區塊鏈上就是各大NFT交易平台
● **產品：**你可以把產品想像成一個公司生產的商品，在區塊鏈上就是各NFT商品。

 評估NFT價值的七種要素

加密貨幣市場從不會停滯不前，新的資產種類將持續出現，例如比特幣之外的主流加密貨幣、穩定幣和其他項目代幣。每過幾年，就會有新類型的加密貨幣資產在市場中大放異彩，其估值快速上揚並創立數種新使用案例。

NFT幾乎遍布去中心化產業的所有領域，作為虛擬和現實世界之間的橋樑。NFT是獨特的代幣，賦予持有者對特定資產的不可變所有權，作為一種可附加於藝術作品、一雙運動鞋或電玩遊戲中收藏品的一種資產類型，NFT在加密貨幣市場非常搶手。

藝術家Beeple在佳士得拍賣會上以天價賣掉他的作品，《Crypto Punks》以720萬美元的價格售出，藝術家Fewocious推出的NFT也打破SuperRare平台銷售記錄，這一切都是真實發生的，確實非常瘋狂。

你可能會問：「這些NFT是如何獲得天價估值的？」這的確是一個很好的問題，NFT與DeFi代幣不同，目前沒有鏈上現金流，沒有市盈率或現金流模型可以適用於它們。

要判定NFT的準確價值很困難，因為這個資產類型相對較新，儘管蒙娜麗莎藝術品或NBA球員卡等實體收藏品都有明確定義的價值，但在NFT領域，關注NFT的投資者可能很難判斷特定資產或收藏品是否值得他們挹注資金，以及他們是不是真的想要或需要它。

但由於NFT在不到一年的時間內成功打入許多產業並且達成高估

值水平，目前已經有七個可以衡量其價值的主要因素，整理如下。

① 區塊鏈安全性

NFT的核心要點是，只要底層區塊鏈基礎設施保持不變，那它就是不可變、有保障的數位資產。因此，以太坊之所以能成為最重要的NFT網路，要歸功於它是當今最安全的智能合約平台，且在可預見的未來，以太坊也將繼續保持主導地位。

換句話說，鑄造NFT的區塊鏈與NFT本身的價值互相掛鉤，這也是為什麼會有人說在以太鏈上鑄造的NFT，要比在其他區塊鏈鑄造的NFT更有價值，因為它們更為安全，但其實是在區塊鏈上鑄造的NFT都相當安全。

● 主鏈是安全的嗎？
● 它是去中心化的嗎？
● 資料是否在鏈上？
● 是否有公鏈瀏覽器？
● 公鏈的背景如何？

像Avastars、Aavegotchis及Art Blocks drops這類NFT都是在鏈上鑄造的，它們依靠各自的以太坊智能合約就可以存在，這意味著只要以太坊存在，它們就存在，這也代表著NFT是永久存在的。

另一方面，一些NFT項目透過依賴於AWS等外部鏈下提供商來

提供簡便性和靈活性，這引入信任的維度，因此你必須要相信項目能夠堅持下去，並保持其伺服器的運行，否則你的NFT有效期可能只有幾年的時間。因此，NFT是否在鏈上的價值是很明顯的，而鏈上與鏈外的關鍵在於……

● 這個NFT在哪裡託管？
● 這個NFT是否在鏈上鑄造（這意味著它能否長時間存在）？

② 年齡

　　NFT也可以根據其鑄造時間來評估其價值，例如NFT熱潮確實在2021年開始升溫，因此在這個時間點之前的NFT呈現出數位文物的地位，它們是這場數位文化革命中最早的作品。

　　不過，NFT的發展還很早期，以至於「年齡」這個因素還沒有發揮出作用，到最後也有可能任何在2030年前建立的NFT或任何項目都具有特殊意義，可以拭目以待。

　　但最早的NFT項目仍最令人印象深刻，能獲得較高的估值，例如《Crypto Punks》，該NFT誕生於2017年，引起很多收藏家的關注。就像葡萄酒講究年份，NFT也要考慮年齡，所以年齡的關鍵在於……

● 這個NFT是什麼時候鑄造的？
● 這個NFT是否有什麼歷史意義？
● 這個NFT歷經多少次的交易？

● 這個NFT每次交易的金額為何？

③ 創作者和社群

如果一個人沒有粉絲，也沒有鑄造過任何NFT，某天心血來潮製作NFT並上架於OpenSea上，但又沒有什麼宣傳，請問這個作品賣得出去嗎？如果沒有努力推廣、行銷，肯定是賣不出去的。

這也是為什麼知名藝術家或創作者鑄造的NFT具有價值的原因，而且讓社群參與還可以創造需求。創作者越受歡迎，社群自然越大，NFT就越有價值，這種商業模式基本上適用於任何市場。所以，創作者和社群的關鍵在於……

● 創作者在Twitter、FB和IG等社交網站上的粉絲多嗎？
● 他們經常和粉絲互動嗎？
● 你認為創作者未來會發展他們的品牌嗎？

④ 稀缺度

這個因素是定義特定NFT的稀有度及「取得難度」。稀有性一般會聯想到數位藝術產業中知名創作者的首創藝術品或出名人創建的NFT，但稀有性還有另一個元素是這類NFT可提供的效果，例如在電玩遊戲中可帶來何種助益。

這類NFT會因為它的內在價值而吸引人，NFT持有者所持有的是所有權的區塊鏈證明，提供一種專屬感並且決定NFT溢價，像交易平

台SuperRare只核可唯一版本的NFT上架，因此你可以保證市場上只有一件藝術家真品流通。

這種獨特效果在加密貨幣產業的具體範例包含《Crypto Kitty》、《Everydays: the First 5,000 Days》等作品，所以，NFT稀缺性的關鍵在於……

● 鑄造了多少數量？
● 藝術家是否會鑄造更多這樣的NFT？

NFT越稀有，在市場中獲得可觀利潤的可能性就越大。因此，如果你看到一個NFT賣出天價，並對此感到困惑，請深入探討其潛在特徵，它的稀有性可能會讓你瞬間明白為何它能以天價賣出。

⑤ 釋放速度

一個創作者在一年內發布的NFT數量是1,000個，還是僅僅10個或1個為好？你必須弄清楚一種特定NFT的生產速度，這是理解其價值的關鍵。一個鑄造無限量NFT，並以0.01為單價的項目，其吸引力通常不如僅製作10個的NFT作品。

那些每年只發行幾件精選作品的傑出藝術家，他們的作品售價往往高於每周發行數次作品的同級別藝術家。當然，也會有例外，比如Beeple出售的5,000件收藏品，他每天都會創作一幅作品，這些作品共賣出約7,000萬美元，但他花了十多年不懈地努力，才建立起這一

估值。所以，釋放速度的關鍵在於……

● 這位藝術家創作新作品的頻率（每天、每周、每月、每年等）？
● 他鑄造了多少作品？

⑥ 實用性

　　NFT實用性來自它在現實或虛擬世界中的實際應用，例如某些NFT不只是收藏品，因為他們可以在遊戲中使用，像虛擬土地、咒語或角色。NFT的這個特性讓它具備一定的價值，而價值的增長則取決於該項目的人氣。

　　隨著去中心化遊戲玩家社群的成長，有越來越多人願意支付高價購買獨一無二的卡片，好比歐洲國家盃NFT門票、《Decentraland》財產或收藏卡，例如巫師之昆特牌中的利維亞的傑洛特。

　　還有越來越多NFT作品會伴隨著音頻，這種動態效果為用戶提供了比普通NFT更豐富的藝術體驗，在播放NFT時能同時聽到音樂，提高NFT在感官上的附加價值，若音頻還是跟其他大師合作完成的，那價值就更高了。所以，NFT的實用性關鍵在於……

● NFT有無其他的實用性？
● NFT有音頻嗎？
● 這首曲子是誰做的？

⑦ 有形性

某些NFT與現實世界的物品相關聯而衍生出有形性的價值,並由所有權不可變在背後支撐,基本上NFT可應用於任何東西以鞏固其所有權,但不會因此就讓該物品變得獨一無二或成為高需求物品。

物品的基礎價值仍取決於它的實用性、稀有性及用戶對該物品的滿意度,例如擁有獨家活動的NFT門票,這不管是在實質上還是個人層面,價值都勝過擁有和一枚瓶蓋相關聯的NFT。

以市場實用性而言,具備有形價值的NFT最適合在市場上進行短期交易,因為這類NFT可能有到期日期,例如門票。同時,其他像是與限量版運動鞋相關聯的NFT等收藏品,會因為流通品項數目的減少,使價值隨時間增長。

又例如Robert Mondavi發表了法國陶瓷名廠Bernardaud製作的「利摩日名瓷」(Limoges)葡萄酒NFT,共有三款,容量為1.5公升,由旗下三位不同的釀酒師負責釀造,總共有1,966瓶,一瓶價格3,500美元,不以加密貨幣計價,比較傾向於跟NFT結合話題,購買後會有人協助買家轉換成NFT資料,以區塊鏈資料確保消費者權益不會受損。

另外一個也很直觀的葡萄酒平台「WiV」,單純把每款酒鑄成NFT於線上買賣,就像在逛線上商城,每個NFT可以對應到現貨酒款。WiV也積極打造葡萄酒愛好者社群,甚至發行自己的「WIVA」加密貨幣,積極籌組葡萄酒投資人的去中心化自治社群。

OpenSea裡也有真酒可以買，姚明於OpenSea上公開販售自家加州酒莊「Yao Family Wines」2016年份的酒The Chop（印章），該酒100%由Cabernet Sauvignon釀造，這款釀酒師選桶的旗艦酒共裝282瓶，其中202瓶發行NFT，每個NFT影片都藉機宣傳中國在西元前1600年的商朝，就開始使用印章來辨識真實性。

The Chop有Wine Advocate品飲背書，最便宜的一瓶公開賣價是0.32顆以太幣，且當你買下某編號的NFT，現實世界中的那瓶酒也屬於你，可以跟酒莊聯絡配送事宜。

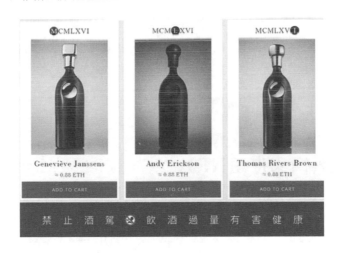

在評估NFT時，沒有完全正確或錯誤的答案，但如果你堅持要有一個結論，那就要考慮很多的動態因素，在決定之前了解一件作品所有的面向。

這些是在投資、購買NFT時需要思考的基本問題，投資前把你所知道的一切都用上，這就是竅門，從多個角度來評估NFT，如此一來就比較不會入坑，成為最後的接盤俠、韭菜。

常常看著報章媒體上報導誰誰誰發行NFT後賺了多少錢；哪一個產業發行NFT營收提升多少；某某網紅發行NFT搶購一空，一堆發行NFT而發大財賺大錢的人，因而造就了發行NFT就可以快速致富的認知，以致市場上NFT交易平台如雨後春筍般一家接著一家出現，不管知名或是沒有名氣的小民，全都抱著發行NFT致富賺錢夢。

但自己實際發行NFT後才發現，別說要發財致富，光平台的點閱率就低的可憐，這是因為忽略了那些發行NFT賺大錢的人，其實都是在某領域雄霸一方的專家或達人，自己已是個大IP，擁有許多粉絲，自然會有一些基本客戶，所以不管他發行什麼，基本上都會搶購一空，因此，如果你要發行自己的NFT，最好先參考別人的行銷方式，並為你的NFT賦能，避免失敗收場。

知名藝術家也瘋NFT

NFT趨勢崛起，許多知名、不知名的藝術家都紛紛進入這個領域，因為在傳統藝術創作市場中，許多對創作者的保護及實質的收入都讓創作者感到不滿，但現在區塊鏈技術下的NFT讓這些藝術家看到希望，紛紛前仆後繼地搶進這個領域。來看看有哪些知名的藝術家也涉略NFT。

Mr.Brainwash：洗腦先生

法國當代藝術家洗腦先生，本名泰瑞・庫塔，常駐洛杉磯，是

位知名街頭藝術家，當他看
到街頭藝術家表弟侵略者在
巴黎創作的馬賽克裝置作品
後，從此對街頭藝術著迷。

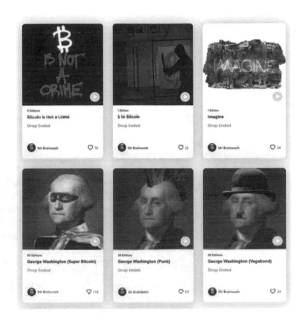

　　此外庫塔也是班克斯
（Banksy）的死忠粉絲，在
成為藝術家前，庫塔無論到
何處，總是到處攝影記錄。
後來，他對洛杉磯塗鴉藝術
家萌生興趣，決定透過錄影
的方式，拍攝一部紀錄片。

　　在拍攝《畫廊外的天賦》的過程中，遇上知名街頭藝術家班克斯，
與之合作後班克斯鼓勵庫塔成為藝術家，不久後庫塔的作品便在洛杉
磯展出，並稱自己為「洗腦先生」。現在庫塔也鼓勵其他人進行藝術
創作，成為藝術家。

② Mr.Doodle：塗鴉先生

　　塗鴉先生，本名Sam Cox，9歲開始其藝術生涯，任何物體他都
能拿來塗鴉，並在臥室貼滿圖畫紙，時時刻刻創作。他獨特的繪圖風
格創造出一種全新的視覺現象：標誌性的「DoodleLand」（塗鴉樂），
借由密集的字符、物體和圖案不斷地增長和繁殖，也展現出他的宇宙
觀。

　　塗鴉先生的風格經常被形容為「塗鴉義大利麵」，他的即興創作不僅入侵畫布，還入侵家具、書、地鐵站和服飾等，創造了一個不斷擴展的世界，裡面充滿各種新奇好玩的事物。塗鴉先生已在倫敦、首爾和東京舉辦數次個展，並參加無數個藝術博覽會。

③ Matt Gondek

　　Matt Gondek是當今世上最有趣的藝術家之一，他從卡通、漫畫和遊戲中汲取靈感，解剖並扭曲流行卡通人物，賦予其十足的活力和生命力。Matt Gondek經常使用流行文化的元素作為媒介，來表達其對簡潔線條，大膽明亮的色彩和破壞性風格的熱愛。Matt Gondek也先後在倫敦、洛杉磯、香港、巴黎、紐約和曼谷等地所舉辦的展覽，他的作品已建立起國際性的收藏群體。

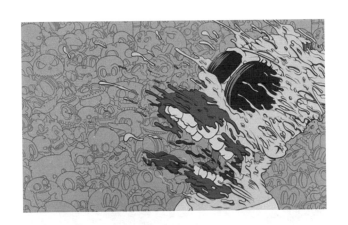

4 Daniel Arsham

　　紐約藝術家Daniel Arsham，其美學根植於他的「虛構考古」概念，橫跨藝術、設計和建築之間，作品以侵蝕的雕塑聞名，將一般人眾熟悉的物件，如皮卡丘、米老鼠、電子鋼琴及籃球等，模擬成幾千年或是幾世紀後出土的效果，模糊過去、現在與未來之間的界線。他透過雕塑、素描、建築和影像等創作媒介，以其稱為「未來考古學」作品創造一種臨界情境，這些令人難忘又饒有趣味的場景，兼有浪漫主義和普普藝術的氣質。

⑤ Ron English

Ron English為美國當代藝術家，他探索品牌形象、街頭藝術和廣告。

⑥ Felipe Pantone

阿根廷、西班牙的當代藝術家Felipe Pantone，其作品主要以動力學藝術、裝置、塗鴉和設計為基礎，特點是「使用大膽的色彩，幾何圖案和歐普藝術元素」。

7 OG Slick

　　來自夏威夷的街頭藝術家OG Slick，從八〇年代中期就活躍於塗鴉藝術界，以標誌性的「Mickey LA Hands」聞名於世。無論是在POW!WOW!藝術節創作壁畫，還是設計球鞋、主導電子遊戲視覺，Slick都將個人對街頭藝術的獨到認知融入其中，將「SLICK」式的美學多元發展。

　　除了與Stussy、Adidas、FUCT、Disney等展開合作，其個人街頭品牌DISSIZIT!更成立有十餘年之久。作為當今街頭藝術界當之無愧的元老級人物，Slick的作品還在MOCA展出，無限模糊街頭藝術與現代藝術界限。

8 Louis de Guzman

　　芝加哥視覺藝術家Louis de Guzman以抽象的幾何拼貼手法重新詮釋各種為人熟知的角色而聞名，作品包括SpongeBob SquarePants、The Simpsons、Bugs Bunny等知名卡通人物。

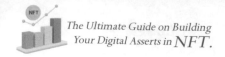
⑨ D*Face

D*Face本名Dean Stockton，是一位英國街頭藝術家，使用噴漆、文字、海報和模板等媒材及技法等混搭創作，是英國藝術圈中最著名的人物之一。他將流行文化和塗鴉的相結合，創造出帶點叛逆卻頗為美妙夢幻的大眾化圖像。

圖左為Louis de Guzman作品；圖右為D*Face作品。

⑩ Damien Hirst

Damien Hirst是英國青年藝術家的主要代表人物之一，主導了九〇年代的英國藝術發展，享有很高的國際聲譽，1995年獲得英國當代藝術大獎特納獎。

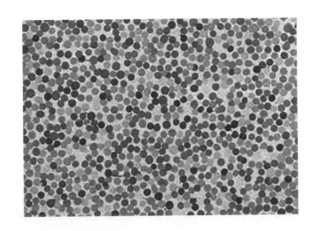

 ## 案例分析：Phanta Bear

　　筆者相信你一定有聽過《Phanta Bear》吧？在周杰倫帶來的名人效應下，從發售到售罄只用了40分鐘，10,000個《Phanta Bear》對應上千萬美元的首發交易額，該NFT爆火可見一斑。2022年元旦，加密貨幣圈出現驚天動地的大消息，周杰倫旗下潮牌PHANTACi選在這一天與平台Ezek共同推出NFT《Phanta Bear》。

　　這10,000隻熊必須用以太幣才能交易，一隻起價高達0.26顆以太幣，但從發售到售罄只用了40分鐘，更在短短7天登上OpenSea總榜第一名，超越長期霸主《Bored Ape Yacht Club》，並在18天後，於周杰倫生日那天登上紐約時報廣場的那斯達克電視牆，成為另類臺灣之光。

　　《Phanta Bear》雖然並非周杰倫親自創作發行，而是由他旗下潮牌《Phanta Bear》推出，但仍憑著周杰倫他那超高名氣，造成另類的「帶貨效應」，上線即被秒殺，且價格從發行0.26顆以太幣，一路上漲至7.3顆以太幣，漲幅高達28倍。

The Ultimate Guide on Building Your Digital Asserts in NFT.

周杰倫收到的《Phanta Bear》編號#10000，穿著印有他的生日日期18號籃球球衣，一手拿著籃球，一手扶著籃框，非常符合周董的籃球愛好。太太昆凌收到的《Phanta Bear》編號#8938，則為保齡球主題，一手拿著保齡球，並以保齡球瓶作背景。

左圖為周杰倫收到的《Phanta Bear》NFT，右圖為昆凌收到的《Phanta Bear》NFT，兩人於個人IG上發表限時動態。

《Phanta Bear》由周杰倫旗下潮牌PHANTACi和Ezek聯合發起，為10,000個透過算法生成的數位收藏品集合，可兼作Ezek俱樂部會員卡，每個《Phanta Bear》都有其獨特的特徵，為所有者解鎖不同、獨特的訪問權限和特權。

周杰倫收到來自PHANTACi送來的NFT禮物，也為該產品的銷售成功感到開心，但並未參與此商業行為的任何策劃經營，也未取得任何收益。根據Ezek官網顯示，該平台的三位創始人均採用卡通形象展示，名字也為暱稱，但不論如何，周杰倫的人氣和知名度確實為這次NFT發行增加了不少關注度。

在周杰倫加持NFT項目的官網免責聲明中，Ezek也表示：「本商品並非金融商品或任何投資理財型商品，商品之設計目的並非作為投資之用，無論購入或出售本商品，為購買者自行決定且自行負責之行為，本公司就商品未來的價格變化無法預測或控制，如有任何價格波動，皆與本公司無關。」

EzekClub官網也發布Roadmap，可見下方《Phanta Bear》的路線圖。

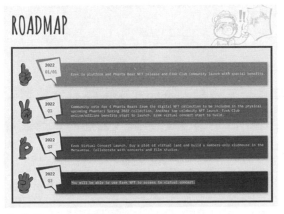

取自EzekClub官網Roadmap。

Phanta Bear's Roadmap

✅ 2022年1月1日

Ezek.io平台推出,《Phanta Bear》NFT發布,Ezek Club社群推出,並為會員提供特別優惠。

Ezek.io platform and Phanta Bear NFT release and Ezek Club Community launch with special benefits.

✅ 2022 Q1

發起社群投票,從《Phanta Bear》NFT收藏中選出4隻,將出現在Phantaci Spring 2022的實物收藏中。計畫另一個頂級明星的NFT收藏品上線,Ezek Club線上/線下福利開始發放。Ezek虛擬演唱會開始搭建。

Community vote for 4 Phanta Bears from the digital NFT collection to be included in the physical upcoming Phantaci Spring 2022 collection. Another top celebrity NFT launch, Ezek Club online/offline benefits start to launch. Ezek virtual concert start to build.

✅ 2022 Q2

Ezek虛擬演唱會正式啟動,將在元宇宙購買一塊虛擬土地並建造一個僅限會員的俱樂部會所,未來計畫與唱片公司和電影製片廠合作。

Ezek Virtual Concert Launch. Buy a plot of virtual land and build a members-only clubhouse in the Metaverse. Collaborate with concerts and film studios.

☑ 2022 Q3

擁有 Ezek NFT的會員可以獲得虛擬演唱會通行證。

You will be able to use Ezek NFT to access to virtual concert.

NFTGo.io追蹤的《Phanta Bear》市值折合3,979萬美元，一共有5,094個持有者，平均每人2個《Phanta Bear》NFT，24小時交易量高達1,372萬美元，價格一路飆漲到6.5顆以太幣。

Top Sales(30D)   24H 7D 30D All

#	NFT	Owner	Last Price ▼	Highest Price(30D)	Sales(30D)	Last Deal
01	PHANTA BEAR #554	0xaF62d4	35 ETH $108,774.37	35 ETH $108,774.37	3	16 hours ago
02	PHANTA BEAR #1760	0x5a4a10	33 ETH $103,527.22	33 ETH $103,527.22	1	20 hours ago
03	PHANTA BEAR #9999	0x3CC6Cc	20 ETH $74,862.23	20 ETH $74,862.23	1	Jan 02,2022
04	PHANTA BEAR #3761	0x0170C8	22.99 ETH $71,189.66	22.99 ETH $71,189.66	6	11 hours ago
05	PHANTA BEAR #9645	0xFE8942	20 ETH $62,156.78	20 ETH $62,156.78	2	16 hours ago
06	PHANTA BEAR #3777	0xaF62d4	20 ETH $62,156.78	20 ETH $62,156.78	3	15 hours ago
07	PHANTA BEAR #5137	0x9ll7fb	19.666 ETH $61,118.77	19.666 ETH $61,118.77	2	16 hours ago
08	PHANTA BEAR #521	0x0FE168	20 ETH $62,891.46	20 ETH $62,891.46	1	Jan 09,2022
09	PHANTA BEAR #2647	0xc6cdA1	18.8 ETH $58,803.96	18.8 ETH $58,803.96	3	3 hours ago
10	PHANTA BEAR #8190	0xA9918b	18.8888 ETH $58,895.95	18.8888 ETH $58,895.95	2	18 hours ago

　　售價最高的《Phanta Bear》為編號#554，經過三次轉手，從3,000美元到5,276美元，漲幅85%，之後買家又以35顆以太幣買入，時價約110,000美元，漲幅高達2,060%。

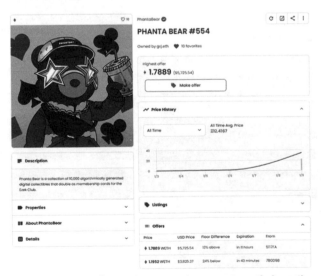

《Phanta Bear》編號#554於OpenSea平台販售。

那從《Phanta Bear》這個NFT，到底可以從中學到什麼？

NFT行銷與其他產品的行銷其實大同小異，在NFT領域，企業創造並發布數位項目在NFT平台上售賣，這些平台之所以受到推崇，其一原因是進入門檻較低。

而NFT越來越火，成為了大眾關注的焦點，因此向受眾推銷NFT成為重要的盈利途徑，透過NFT行銷，品牌、企業能與用戶建立更緊密的關係，不僅可以了解消費者喜好，還能打造良好聲譽。

也可以藉由NFT提高用戶參與度，增加稅收、賺取利潤，企業還可以利用NFT行銷向人們介紹產品或發布新品。行銷在當今世界意義重大，廣告和行銷是在數位空間建立信任的有效途徑，優秀的 NFT行銷策略往往是誠實透明的，能大大提高可信度，社交媒體也能在短時間內吸聚廣大流量，已然成為NFT的行銷主要陣地。

① 市場行銷

《Phanta Bear》的五個主要陣地：

● Ezek官方OpenSea：PhantaBear － Collection。
● Ezek官方Discord。
● Ezek官方Twitter。
● EzekClub官網。
● Ezek官方Instagram。

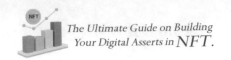

The Ultimate Guide on Building
Your Digital Asserts in **NFT** .

② 社群行銷

　　市面上發行的NFT數量超過100萬個，且這一數字每天都在增長，可以在FB、Discord、Reddit、IG、LinkedIn、Twitter等平台上瀏覽NFT發行情況，所以藝術家也可以創建個人頁面，來宣傳自己的NFT作品。

　　筆者提出幾項社群媒體行銷的優點供參考。

● 提升品牌知名度，促進銷量。

● 以可量化的方式衡量自己的業績。

● 學習如何用社群聆聽的方式與受眾聯繫。

● 成本低廉。

● 幫助進行市場調查。

● 提高轉換率。

　　首先介紹一下Discord行銷。一般建構活躍的線上社群是NFT發行者的首要目標，若要延長NFT項目的壽命，就要與受眾和利益相關者互動，掌握其價值觀，這就好比企業應當建立健康繁榮的文化，才能取得員工的信任一樣。

　　所以，利用社群媒體是另一種建立社群的有效途徑。社群平台在連接品牌、企業和受眾方面發揮著關鍵作用，品牌方需要讓受眾明白NFT能帶來什麼樣的好處。此外，讓受眾了解市場上不同的趨勢，並聽取其反饋意見，也能幫助企業優化服務質量。

　　而 Discord 是一個為玩家、網紅和社群所建立的實時線上互動平台，用戶可以在不同的管道與其他社群成員聯繫，也可以經由邀請的形式加入各種平台。

● 更近距離地管理成員。
● 比 E-mail 更高效。
● 相當於免費的算法模型。

Ezek 官方 Discord 畫面。

　　接著討論很紅的 IG 行銷和網紅行銷。《Phanta Bear》之所以能夠快速竄起，有很大的原因在於周杰倫、昆凌、陳冠希、林俊傑、五月天阿信等眾多明星紛紛將 IG 大頭貼換成《Phanta Bear》，並截圖標記周杰倫和《Phanta Bear》，形成一股名人效應，誘發 FOMO 情緒，這就好比當初 NBA 球星 Curry 將 Twitter 大頭貼換上 BAYC 一樣，形成一股旋風。

五月天阿信於IG上的限時動態。

　　而在數位時代，網紅行銷在推銷產品方面做得越來越好，有些網紅能獲得人們信賴，其言論具有較大影響力。現今有許多人的消費決策是基於網紅對產品的評價，所以NFT藝術家或企業也可以試著找符合條件的網紅來推銷自己的NFT。比如，NFT領域的資深收藏者能夠有效促進銷量和知名度的提升。

● 提高品牌知名度和影響力。
● 促進內容優化。
● 與網紅建構長期的雙贏合作。
● 增加SEO、ROI，提高損益底線。
● 豐富購買選擇。
● 增加銷售額。
● 划算省時。

最後討論 Twitter 行銷。Ezek 官方 Twitter 帳號現已有近 7.5 萬關注者。Twitter 行銷 Tag 標籤鼓勵參與，另有一個專門用於監控的免費工具 TweetDeck，可以讓你免費監控 Twitter。

只需確定你想要關注的帳戶、關鍵字或主題標籤，然後觀看 TweetDeck 為你選擇的參數，創建單獨的訊息，就能有效篩選大量的對話，不必在 Twitter 平台逐個搜尋關鍵字，還可能會錯過重要的推文。

Twitter 用戶可在平台內獲得分析報表，其中的「受眾」選項可幫助行銷人員描繪他們的平均追隨者。受眾有四個類別：人口統計、生活方式、消費者行為和活動足跡，可透過這些數據深入了解關注者及其興趣，以及他們如何與品牌互動，有助於你了解以下幾點。

● 減少對廣告宣傳的依賴。

● 能夠定期與用戶接觸，提高留存。

● 使消費者在公司發展中擁有話語權。

● 直接面向社群。

● 提高品牌可信度。

● 吸引潛在客戶群。

● 打造品牌形象。

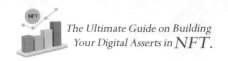
③ 賦能行銷

擁有 Ezek NFT 的會員可以獲得虛擬演唱會的通行證，在推出新 NFT 項目時舉辦贈送活動，是 NFT 社群常見的做法。或是把 NFT 實體作品作為贈品，藝術家們通常會以這種方式開展活動，參與者關注藝術家的 IG 或 Twitter 帳戶，在評論中標記一位朋友，在限時動態中分享活動或轉發活動貼文，使 NFT 被更多人看到。

● 帶來新的用戶。

● 具有吸引力。

● 提升流量和觀看率。

長期來看，收藏品的價值要有保鮮度才能持久，比如藝術品的價值認同源於不同時期的審美趣味，而一些經典藝術品之所以經久不衰，在於藝術品本身的歷史積澱、文化底蘊、社會影響力和美學共識。

相比，火熱的球星卡、明星海報、聯名潮玩等，由於明星的熱度週期有限，這些 NFT 產品沒有那麼深的學術意義和美學價值，若要持續火熱有一定難度，FOMO 情緒帶動 NFT 市場巨大的波動，先前一些紅極一時的項目如今也趨於平淡。所以，要投資購買 NFT 前不要太衝動跟著市場起舞，要懂得判斷它的價值後再出手，這樣才不會成為最後的接盤俠。

 6-3 加密貨幣交易所

在區塊鏈的世界裡，只有少數NFT交易平台支援刷卡功能，多數交易平台都僅接受加密貨幣作為支付工具，所以你想要在NFT交易平台上購買NFT，就必須先要有相對應的加密貨幣。

臺灣有三大加密貨幣交易所，這三大交易所都支援新台幣入金，且都有中文的使用介面，還有相對應的客服體系可供詢問，可說是相當方便，讓台人能輕易購得加密貨幣。

加密貨幣的交易所，就如同真實世界的銀行，加密貨幣交易為一種匯兌業務，允許客戶將加密貨幣與其他資產進行交易，例如傳統的法定貨幣或其他加密貨幣。加密貨幣交易所可以是市場莊家，將買賣價差作為服務的交易佣金；或者作為純粹收取佣金的配對平台。

加密貨幣交易所可進行實體業務或線上業務。實體交易所接受傳統的支付方式兌換加密貨幣，線上交易所則接受電子支付方式兌換加密貨幣。通常加密貨幣交易所的創辦人會在自己國家外的地區設立，以避免監管與被起訴，且大多會持有多個國家的銀行戶口，以處理不同國家的幣種的幣。

交易所可接受信用卡付款、電匯或其他形式的支付方式來交換加密貨幣。至2018年，許多發達的司法管轄區對加密貨幣交易所的監管

仍未明朗。交易所可以將加密貨幣傳送至用戶的個人加密貨幣錢包，亦有些交易所會將加密貨幣餘額轉換至匿名的預付卡，用戶可於全球的自動櫃員機提取貨幣，也有部份加密貨幣是由現實商品支撐的，比如黃金。

　　加密貨幣的創造者與交易所之間並沒有關係。在一類系統中，加密貨幣供應商為它們的客戶持有及管理帳戶，但不會直接向客戶發行加密貨幣，客戶必須自行於加密貨幣交易所購入或賣出貨幣，並於加密貨幣供應商提供的帳戶進行存取。

　　部份交易所為加密貨幣供應商的子公司，但大多數交易所為獨立的合法企業。以下介紹臺灣三大交易所及全球最大的幣安交易所。

BitoPro 幣託交易所

　　幣託BitoEX團隊先於2014年推出BitoEX，後來2017年因應客戶與

市場發展趨勢，而打造出加密貨幣交易所BitoPro。支援台幣出入金服務，同時支援二個版本的泰達幣，分別是ERC-20泰達幣和Omni泰達幣。另外，ICO項目也可透過 BitoPro平台進行代幣銷售的業務。

　　其特色是交易所平台代幣BITO可參與BITO鎖倉，每週依照一定比例將手續費收益以等值泰達幣分配給參與鎖倉的用戶，並使用BITO支付交易手續費，據官網顯示，目前可享有50％折扣。此外，其交易所還推出TTCheck，能將一定價值的加密貨幣轉換成一組代碼（即

TTCheck），方便BitoPro會員之間流通使用。

　　且官網上無顯示台幣充值上限額度，充值約在3至5小時內完成，若在銀行營業外時間充值（包含例假日），將於下個工作日完成。至於提領部份，最小提領金額為台幣100元，最大提領金額為台幣100萬元，每日最大提領金額為台幣100萬元。提領為當日14:30前，即當日入帳；若在銀行未營業或（例）假日提領，則將於下個工作日入帳完成。

　　對臺灣人來說，臺灣加密貨幣交易所最大的吸引力是可以用台幣出入金，與其他國際知名交易所，如Binance和Bitfinex相比，這就是非常大的優勢。因此，如果你完全沒註冊過交易所，筆者建議可以先註冊臺灣幾間交易所使用，方便台幣的出入金。

　　另外，想體驗更多如：合約交易、流動性挖礦、槓桿代幣以及質押挖礦等功能，可以搭配申請幣安Binance交易所做使用，兩間交易所靈活應用，能滿足大部份用戶的需求。

② MAX交易所

　　MAX是由MaiCoin團隊打造的加密貨幣交易所，支援台幣出入金，由遠東銀行提供信託保管，協助金流的驗證與確認。而MaiCoin於2014年創立，為臺灣第一家加密錢包、加密貨幣服務平台。

　　使用幣託、MAX交易所的好處在於，可以直接使用台幣充值，方便又快速，但若在假日充值，就必須等到銀行工作日才能完成作業，

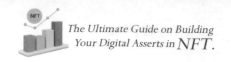
但與其他國際知名交易所幣安等相比，直接使用台幣還是較便利。

持有MAX Token可用於折抵交易手續費和提領手續費，還有一定比例的折扣，並能藉由「持有及鎖倉」功能獲得MAX Token作為獎勵。

據官網顯示，每日充值限額為台幣200萬元，基本上充值10至20分鐘即入帳。至於提領台幣的部份，每日提領限制為台幣100萬元。提領結算時間為每日早上11點，款項將於當日起算0到1個工作日下午5點前到帳，而新台幣提領手續費為單筆15元，無法使用MAX Token折抵。

③ ACE王牌交易所

ACE交易所致力於打造華人世界最專業的法定貨幣、加密貨幣交易所，並積極

培育優質區塊鏈項目，其團隊來自於金融、資訊、行銷、區塊鏈等產業菁英，提供最安全的交易管道與最高規格的用戶體驗，與國際級律師事務所、會計師、大型銀行、監管單位及立法單位等密切合作。

ACE交易所是ABE（Asia Blockchain Ecosystem）旗下的交易所，而ABE生態系中包含全台唯一受經濟部中小企業處核准補助的「ABA亞洲區塊鏈加速器（Asia Blockchain Accelerator）」。ACE推出ACE Point的會員點數機制，持有 ACE Point 可提升用戶等級，享交易手續費優惠。另外，ACE也發行平台幣ACEX，能用於交易手續優惠，並享有IEO項目認購折扣和電商平台結合等使用用途。

4 Binance 幣安交易所

幣安由加拿大華裔工程師趙長鵬創建，是一家全球性的加密貨幣交易所，提供逾百種加密貨幣交易，2017年也ICO發行自己的加密貨幣。幣安是目前交易量最大的加密貨幣交易所，每秒處理約140萬筆訂單。

幣安的交易量比其他交易所大，代表交易所內的加密貨幣流動率佳，在此買賣會比較順利。舉例來說，若你想購買一種加密貨幣，但交易量很少的話就會很難買到，這也是選擇大平台的好處。

幣安的手續費也較其他交易所低，以最普遍的兌換不同幣別來說（幣幣交易），幣安只收取0.02至0.1%的手續費。這之間的手續費差異，會依照交易帳戶的交易量或幣安幣的持倉量劃分VIP等級，共有十級，若你的等級越高，交易手續費就越低。除等級外，也會根據使用者為掛單者（Maker）還是吃單者（Taker），來給出不同幣幣交易手續費。另外，若使用幣安幣還享有額外交易折扣。

幣安交易所提供全球化交易，交易的加密貨幣也相當多，因此大部份貨幣投資人都會選擇幣安。它的安全性問題，並非來自交易的安全性，畢竟它是全球最大的，交易勢必很安全，這部份如果存有疑慮的話，它不會成為最大的交易所。主要潛在風險是來自於技術性，由於區塊鏈仍是一種很新的技術，所有資訊也都存在網路上，加密貨幣的所有權也非實名制，因此資訊安全是最主要的考量。簡單來說，就是怕駭客。

　　幣安有特別加強交易平台的安全性，例如在註冊帳戶時，就要求使用者設置雙重身份驗證2FA，只要登入、交易或提取資金，都會向手機發送驗證碼，而網站也使用CryptoCurrency安全標準（CCSS）來保護帳戶。

6-4 NFT 交易需要的工具

所謂「工欲善其事，必先利其器」，上網購買NFT看似輕鬆容易，但其中也充滿了許多重要的步驟，缺一不可，在開始購買NFT之前，把必要的購買工具準備好，能便於你作業，但其中隱藏著很多貓膩，所以筆者建議你依據我下面介紹的為標準，等熟悉這個領域後，再選擇其他適合你的工具，畢竟在這每一個環節都有可能使你的資產被盜取而歸零。

 必備❶瀏覽器

NFT的交易平台非常多，筆者這邊以OpenSea來示範操作，OpenSea操作、買賣等，建議最好用電腦來操作比較方便，手機畫面小，操作起來沒有那麼方便，所以你要先下載電腦用的瀏覽器，便於打開OpenSea。

可以使用最常見的Google瀏覽器Chrome，用Chrome綁定去中心化錢包MetaMask，也比較沒有相容性的問題。

必備❷錢包

加密錢包就像現實世界中的皮夾一樣，功能是拿來放錢的，不能用來操作合約、買賣現貨、放定存等等……就只能放錢（加密貨幣）。你可能會想，那為什麼還是需要使用錢包呢？如果把幣放在裡面，不就什麼事情都做不了嗎？這是因為區塊鏈上很多去中心化的服務，好比去中心化交易所、DeFi、NFT交易平台等，全都要連接錢包後才能使用；這些去中心化服務本身沒有會員機制，它們就是透過連接你的錢包，把裡面的錢拿出來換成NFT或是其他貨幣等等。

筆者個人覺得最好用的錢包就是MetaMask（小狐狸），加密貨幣的世界中有各式各樣的去中心化錢包，MetaMask只是其中一種，但它擁有App、Chrome外掛等形式，用法多元。

交易所可以把它想像成銀行，你可以在裡面交易各種加密貨幣、使用各式金融服務等等，但不管你怎麼操作，都還是在交易所的世界裡玩，資產全交由交易所託管，這就好比你把錢放在銀行一樣，如果哪天交易所倒閉了、捲款，或是凍結你的資金，你也無可奈何。

而「錢包」顧名思義，就像你把錢放在自己的皮夾，除非你傻傻地把私鑰（助記詞）交給別人，否則錢是由自己保管，擁有完整的掌握權，不怕被捲款跑路。但也因為區塊鏈是去中心化的世界，錢包由你完全掌握，假如忘記密碼（助記詞），可沒有「忘記密碼」這個選項可以找回，誰也沒辦法幫你，就好像你把自己的皮夾弄丟了，跑去找銀行要錢也沒有用一樣。

筆者總結以上觀念，中心化交易所就像銀行，你放在裡面的資產

其實還是由交易所掌管你的生殺大權；而錢包就像自己的皮夾，雖然擁有完整的掌控權，但出事了沒有人可以幫你。

1 MetaMask

錢包本質上沒有什麼功能，但它是使用其他去中心化服務的媒介，這也是為什麼要使用去中心化錢包的原因。而MetaMask是知名的錢包之一，介面簡單、網路上教學也多，所以筆者相當推薦。

但要注意下載的網頁是否為真的官網，之前有仿造MetaMask的中文版網頁，讓你下載到假的錢包，在創建錢包時將你的助記詞及私鑰盜走，只要你的錢包裡有存資產就會被轉走，這點要特別注意。

MetaMask錢包目前有Chrome外掛、iOS、Android三種形式，看你個人使用習慣，就用哪種管道申請，筆者這邊用Chrome來示範如何申請。

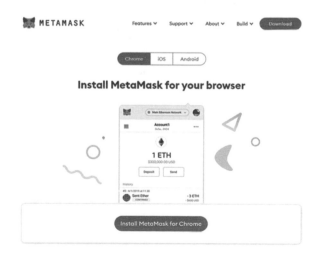

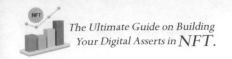
　　第一次申請時，請點選右邊的「創建錢包」，若已經創建過錢包，那就只要匯入即可。

　　接著建立一組密碼。

　　密碼建立完成後，會出現一堆單字，這就是你的「私鑰」也就是「助記詞」，非常重要！非常重要！非常重要！

　　這組助記詞等同你的保險箱密碼！無論如何都不可以洩漏，也不可以忘記！因為去中心化錢包沒有「忘記密碼」的功能，所以一旦助記詞弄丟，沒有任何人可以幫你救回來。

　　也千萬不要在任何網頁上輸入你的助記詞，「擁有助記詞」＝「擁有你的錢包」，所有需要你輸入助記詞的網頁都是詐騙，絕無例外，除了你登入 MetaMask 官網要連結錢包外。

　　通常會建議把這些註記詞依照順序抄下來，然後放在保險箱之類的地方保存，因為這實在太重要了，而且完全不能洩漏，所以有些人會建議連複製貼上的方式都不要用，最好就是手抄下來保管，而且不可以弄丟，如果不見或是別人拿去，那裡面的資產就不再屬於你，是屬於擁有註記詞或私鑰的人，切記。

　　按下一頁之後，系統會要求你依照順序輸入註記詞。

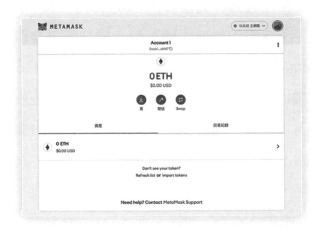

基本上這樣就申請完成，下圖中的「0 ETH」代表你的Meta
Mask錢包中沒有以太幣。

當你在新的裝置上安裝MetaMask錢包時，會需要輸入你原先設
定的助記詞，接著才設定密碼；助記詞的重要性高於密碼，密碼只是
讓你不用每次都輸入助記詞而已。

2 imToken（適合手機操作）

　　為目前幣圈主流的錢包之一，操作
介面也算簡潔，交易記錄容易查詢，操作
上也易上手，實現一站式管理帳戶的理

財模式，使用者可以直接在App裡進行支出、收款的操作。imToken
還有很多其他實用性功能，比如資產管理、私鑰安全儲存，也支援多
種錢包類型，輕鬆匯入匯出，多重簽名防盜，讓資產狀況一目了然，
還能透過imToken關注全球各大交易所行情，設定價格提醒，功能相
當多元。

　　另外，它們也提供閃兌功能，使用者不用特地出入金，可以直接
在錢包中完成幣幣兌換，並提供質押功能，讓使用者可以賺取收益。

3 Trust Wallet（適合手機操作）

　　由Viktor Radchenko創立，2018
年時被幣安收購，現為幣安旗下的官
方加密貨幣錢包，全球用戶數超過

1,000萬人，可支持40條不同的區塊鏈，並提供16萬種加密貨幣資產
進行交換。

　　內部設有Web3瀏覽器，可直接在錢包中搜尋各式去中心化應用
程式DApp，操作方式以手機App為主，支援iOS和Android系統，雖
然目前iOS系統上的DApp瀏覽器被移除，但其他功能仍正常使用。

　　在進行轉幣前，筆者想先討論一下加密貨幣中轉帳是怎麼進行的。無論是「錢包to錢包」、「交易所to錢包」還是「交易所to交易所」，但凡是把加密貨幣從A帳號轉到B帳號，你需要確認以下事項。

● 要轉的幣是什麼？
● 要透過什麼鏈來轉？
● 地址是什麼？

　　以上三者都不可以搞錯，「接收方」與「發送方」的鏈、地址都要一致，否則會轉帳失敗，如果轉帳失敗是救不回來的。通常建議第一次轉帳時，先轉個小額資金，確定真的可以發出／收到後，再轉出大額資金。

● MetaMask錢包是去中心化錢包，功能是拿來存放加密貨幣、NFT等等，重點是「存放」不是「交易」。
● 錢包跟交易所的差別是，交易所大多是中心化的，當然也有去中心化的交易所，好比Uniswap。你存在裡面的資產等同交給交易所託管；而錢包是自己擁有的，有完全的掌控權。
● 錢包的助記詞極為重要！不可以在任何網站輸入，也不可以給別人，擁有助記詞等同擁有錢包。
● 助記詞若弄丟了，錢包無法登入，就救不回來了。
● 如果助記詞疑似洩漏，建議重新申請一個新的錢包。

● 若要把幣轉到錢包裡，通常要透過交易所如幣安、FTX等等，先在交易所買好幣再轉到錢包裡。

● 轉幣的時候要留意接收方與發送方的「鏈」、「地址」、「幣」要一致，才可以轉過去且看得到。

● 錢包是許多去中心化服務的中介點，登入OpenSea也要透過錢包登入。

必備❸ NFT 平台

前面章節有介紹許多NFT交易平台，每個交易平台各有優劣，特色也不盡相同，請自行選擇，筆者個人推薦OpenSea，因為它是最大、最簡單的NFT交易所。

必備❹ 加密貨幣

各家平台收取的加密貨幣種類不盡相同，有的平台甚至接受刷卡，如果單以加密貨幣來進行交易來看，只要知道平台是建構在哪個鏈上，就大約可以知道平台能使用該公鏈下誕生的幣或是側鏈產生的幣。

以OpenSea為例，OpenSea使用以太坊的公鏈和側鏈Polygon，所以接受以太幣及Polygon鏈上的以太幣交易。而要上平台購買NFT之前，你要先到交易所購買加密貨幣，然後把購入的加密貨幣移轉到平台綁定的錢包進行交易，因此進行NFT買賣不單只要了解平台怎麼

操作，還要知道怎麼用法定貨幣購買加密貨幣。將加密貨幣轉移到平台綁定的錢包步驟有些複雜，這些步驟如果沒有操作過幾次，很容易就忘了，更糟糕的是如果操作錯誤，加密貨幣可能遺失，又或是掉入詐騙陷阱的坑之中，區塊鏈的水非常深，唯有學習該領域的知識，並事前做好功課，才不容易入坑。

筆者再重申一次，區塊鏈是屬於去中心化、去中間化、去政府化、去銀行化的一套分散式系統，一旦操作中間出錯，沒有任何客服人員可以幫你，所以真的要小心操作，不然出來的結果可能讓你欲哭無淚。

必備❺區塊鏈瀏覽器

區塊鏈瀏覽器簡單來說就是查帳本用的，當你在平台上成功購買NFT後，要把NFT轉到你的錢包裡保存；或是別人轉NFT到你指定的錢包，等一陣子發現沒有收到NFT，你問對方發送了嗎？對方給你的回答是：「早已經發送過去了。」但你明明沒收到啊！

這時候就是區塊鏈瀏覽器派上用場的時候，透過區塊鏈瀏覽器查詢整個區塊的交易狀況，可以知道有沒有轉成功，或是轉的地址正不正確，在區塊鏈瀏覽器中清楚記載、一目了然，從第0個區塊到最新的區塊都會在區塊鏈瀏覽器裡呈現，所以區塊鏈才會被說交易是透明公開、可被溯源、可被驗證的系統。

區塊鏈的所有應用都涉及一定意義或價值的數位資產交易，許多區塊鏈專業工具能助你更方便地查看和管理這些資產，像剛剛提過的

MetaMask 錢包，它被用來儲存我們的數位資產，並快速的與 DEX 進行交易；而區塊鏈瀏覽器，則可以追蹤與查看每筆交易在各節點中的經過與完成度。

　　使用區塊鏈瀏覽器，你幾乎可以訪問與交易、錢包和區塊鏈相關的任何數據，包括交易金額、資金來源、目的地以及交易狀態。在技術上，區塊鏈瀏覽器使用 API 和區塊鏈節點對接，並從區塊鏈網絡中獲得各種訊息，這些訊息數據經過排列整理後，與該錢包地址有關的資訊將一覽無遺地呈現在我們眼前。

　　筆者這邊以區塊鏈瀏覽器 Etherscan 來說明如何查詢交易和錢包。

　　Etherscan 的基本功能就是追蹤交易，只要了解如何追蹤你的加密貨幣，就可掌握解鎖所有剩餘區塊鏈資訊的關鍵。例如你從錢包向下列公共地址發送 0.025 顆以太幣，地址是：0x480bbcb368197d44c6f54a738e59c33eff004b6a。

　　你還支付了 0.001559212674537 顆交易手續費，等交易完畢後，你的錢包會顯示此 TXID。

　　0x80a3cc0f344651b3de745b2f1efbe8d35d4f348e95b345c8a840ebf955414fa5

　　這時如果你想檢查交易確認次數並查看是否已成功發送，請前往 Etherscan 首頁，然後透過頁面上方的搜尋欄位來尋找內容。

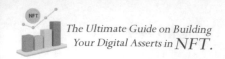

然後將剛剛的的 TXID 貼到搜尋欄位，按下搜尋。

接著就可以查看與特定交易相關的所有詳細資料。

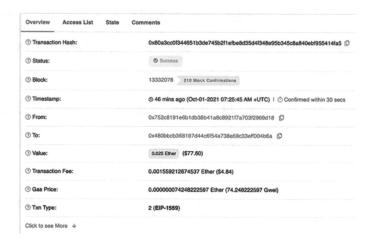

如果你想知道更詳細的資訊，可以點選「按一下以查看更多內容」。

交易雜湊	與您特定交易相關的一組數字和字母 (TXID)。
狀態	顯示交易是否失敗、進行中,或是順利完成。
區塊	您交易所在區塊的編號。您也可以查看交易的確認次數。這是交易區塊後新增至鏈上的區塊數量。
時間戳	新增交易的區塊時間戳。
從	進行交易的錢包地址。
自	接收地址或智能合約。
價值	交易中發送的金額。
交易手續費	進行交易時支付的手續費。
燃料價格	交易中每個燃料單位的成本。
TXN 類型	在舊版傳統燃料系統 (1) 或全新 EIP-1559 區塊手續費系統 (2) 中,是否進行交易的資訊。

根據上述資料,你可以輕鬆查看交易是否成功,並且收到足夠的確認次數,你也可以查看接收錢包,藉此檢查交易狀態。請先返回搜尋列,然後貼上接收錢包的地址:0x480bbcb368197d44c6f54a738e59c33eff004b6a。

All Filters ∨	0x480bbcb368197d44c6f54a738e59c33eff004b6a	🔍

然後你就可以看到所有與該地址相關的交易清單,你也可以在頁面上方查看錢包餘額的概覽。

475

那要如何查詢NFT的區塊交易呢？筆者一樣以Etherscan區塊鏈瀏覽器來說明。

筆者用MetaMask錢包裡的NFT作範例說明，請選擇瀏覽器外掛右上角的三個點，然後選擇「在 Etherscan上查看」，接著就能透過Etherscan瀏覽器查看你的代幣餘額和交易歷史記錄。

查詢NFT銷售、推薦、版稅和特許權使用費等交易，可在Etherscan帳戶頁面的「內部交易」選項查看。

請記住，交易記錄顯示出的數值會自動扣除OpenSea的2.5%費用和項目版稅（如果

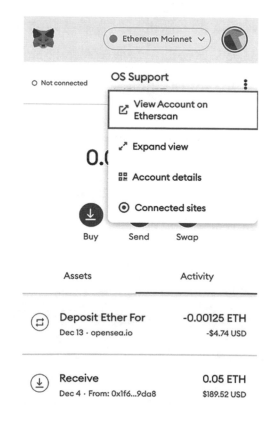

有）。而MetaMask等加密錢包不會顯示內部交易，這跟剛才錢包交易顯示的比較不一樣。

如果你透過拍賣方式來出售NFT，你就要在MetaMask或你使用的加密錢包中添加WETH作為代幣才能查詢得到。

使用Etherscan查詢不需要手續費，且在使用上相當方便，無論是確認交易狀態，還是查看DApp智能合約，Etherscan都是非常不錯的選擇，筆者個人也都用這個查詢，而以上五項即為進行NFT交易必備的工具。

6-5 8個實用的NFT分析工具

NFT狂潮已熱燒一個年頭，繼而衍生出許多相關的商業模式，以及各式各樣眼花繚亂的NFT藝術創作品，如果想要購買NFT還真是不知從何下手。

現在網路上有許多免費好用的分析工具可以讓你參考，利用一些數據分析工具來比較你想購買的NFT，參考客觀的數據降低購買的風險，筆者下面就介紹八個好用的NFT分析工具，僅供各位參考。

MintyScore

MintyScore是個目標改變當前NFT生態的社交平台，用戶可以在此平台得到最新的NFT交易資訊，並與其他用戶透過貼文互動。

點進去官網就可以看到當前市場上最有關注度的幾個NFT項目，並附上其介紹及發售時間。

若想得知更多的資訊，可以到「排行榜」頁面，這裡將NFT專案分成即將上線及已上架兩種，並依照是否有白名單、預售、抽獎來進行分類。而排名的排序標準則是依照MintyScore的高低，此分數由Twitter追蹤人數、Discord社群人數、用戶評分所組成，分數越高，即代表社群活躍度越高。

點擊到有興趣的專案，可以看到更詳細的鑄造資訊及社群表現。

在已上架的部份，則依照專案類型分類，像遊戲、**PFP**等種類。

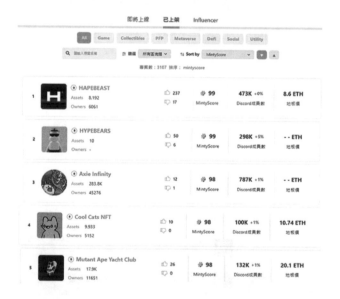

　　點選其中一個專案，除了社群表現外，還可以看到在二級市場上的持有狀況及交易量，省去用戶查詢的時間。

此外，由於Twitter的推廣及評價，對NFT專案的價格影響甚大，MintyScore也特地整理一系列Twitter Influencer排名，供用戶參考及追蹤。

　　且MintyScore作為一個NFT社交平台，用戶可以在「動態消息」發布貼文或與其他用戶的貼文互動。官方也會定期更新各NFT專案的白名單獲取方式，不再需要特地透過官網或Discord來獲取這方面的訊息。

　　MintyScore目前依舊在發展階段，但隨著NFT熱度持續延燒，項目一個接一個相繼出現，像這樣操作簡單又可以省去大量時間的社交平台，的確是不可或缺的，你不仿實際使用看看，就能明白筆者為何推薦。

 **Rarity.tool**

　　Rarity.tools對資深NFT玩家來說，是不可或缺的「神器」；對新人NFT玩家而言，則會替你收藏之旅起到巨大幫助。Rarity.tools是一個可以根據NFT的稀有度進行排名、打分數、訊息檢索的工具。

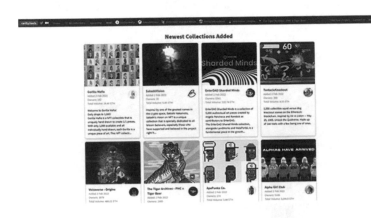

　　該網站更新較快，除了《Crypto Punks》、BAYC等較火爆的項

目外，還可以查詢到許多剛推出的新項目，覆蓋面極廣，用戶還可以在網站中查詢即將發售的新項目。

在選定一系列NFT收藏品後，用戶可以選擇按照稀有度排序，Rarity.tools會為該作品的所有特性進行評分，再根據某個NFT擁有的特性將分數相加，最終得出總分。

用戶可以查詢到該NFT的收藏家、編號、特性、稀有度總分等，且每個項目的初始價都一目了然。此外，Rarity.tools還會從各個NFT社群收集意見，根據不同社群的不同審美喜好將某些「隱藏特性」加入稀有度參考中，比如《Crypto Punks》、BAYC的「特性總數」，Waifusion、Chubbies的「上裝下裝匹配」等。

此外，用戶還可以根據具體的序號、價格區間、稀有度排名區間

等進行篩選，從而選擇到更心儀的NFT。Rarity.tools還根據近7日交易額、總交易額、近7日成交均價、用戶總數為這些NFT項目進行排名。

對於某種單一的特性，一般都能夠很輕鬆地給出它們的排名，即用具有某特性的NFT總數除以該系列NFT總數，得出的數值越低便越稀有。但如果一個NFT是由很多特性組合而成的，又該如何對它們的稀有度進行排名呢？目前常見的方法有以下三種。

● **特性稀有度排名：**根據某NFT最稀有的特性進行排名。這個方法較為簡單，但也存在著明顯的缺點，因為它只考慮到每個NFT稀有的特性，卻沒有考慮到其他特性屬於常見還是稀缺，因為其他特性的稀有度也可能會對NFT整體的稀有度造成影響。

● **特性平均稀有度排名：**對某個NFT所有特性的稀有度取平均值。這種方法相較於上個方法複雜，且顯得有些簡單粗暴，因為這會稀釋罕見特性的稀有度。

● **稀有度統計學排名：**將某個NFT的稀有度相乘，由於運算較為複雜，所以通常是由社群來完成計算並將其公示。

使用這三種方法得出的排名會存在極大的差別，對NFT稀有度的計算帶有一定的主觀傾向，但Rarity.tools仍嘗試盡最大地可能擺脫人們的主觀認知。

不過筆者這邊必須說明，NFT收藏品具有潮流玩具的屬性，而我們作為有主觀意識的碳基生命，不應讓稀有度取代內心真正的喜好，這也是很多收藏家一直告誡新人的事情，收藏NFT最首要的原因應該是你真的喜歡，而不是能替你賺多少錢。

因此Rarity.tools並非一個定價工具，而是提供NFT玩家一個稀有度參考，方便大家對系列收藏品產生全面認知，喜歡追求稀有度的收藏家們提供一條快速通道，但並不能作為投資建議，畢竟稀有並不代表一切，決定NFT價值的還有審美、賦能等等一系列因素。

一個健康的市場仍會存有炒作與泡沫，但它們不應變成市場主體。所以，你更應當擺正心態，避免讓自己陷入過度炒作的漩渦當中，可以在使用Rarity.tools時結合喜好，買到自己喜愛、物有所值的NFT收藏品。

 Fractional.art

Fractional.art是一個釋放NFT資產流動性的平台，具體方式為用戶可以透過將NFT資產鎖定到智能合約金庫中，然後發行ERC-20用於交易。簡單來說就是把NFT碎片化，一般這種形式較為人熟知的項目為B20，但相較於B20，Fractional更像一個通用的協議平台，而B20則是專門針對單個NFT資產碎片化發行ERC-20的Token。

B20是將部份NFT資產打包組合後，再將其代幣化的ERC-20資產。B20的發行機構是Metapurse，首先花錢透過拍賣購買部份NFT

資產，再將不同的NFT資產打包，然後將打包後的NFT組合資產發行
ERC-20通證：B20。而理論上B20的總市值代表的是其背後的NFT
組合價值。

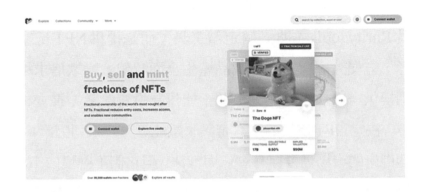

 Fractional.art如何參與？

☑ NFT資產擁有者透過將單個或者多個NFT資產抵押到智能合約
中，然後發行一個 ERC-20資產，擁有者可以自行決定數量、預
留價格和買斷價格。

☑ 預留價格是發起買斷該NFT資產的最小價格；而買斷價格則是拍
賣成功後成交的價格。

☑ NFT擁有者在碎片化自己的資產時必須設定預留價格，在設定完
成後可以自由選擇處理方式，如進行拍賣（起拍價格就是預留價
格）；後者直接將碎片化後的ERC-20資產和以太幣一起組成流

動性池，放在 AMM DEX 中供使用者交易。

☑ 持有 NFT 資產碎片化後的 ERC-20 資產，用戶共同享有該 NFT 的所有權。

Fractional 就是提供上述服務的平台，本質上替 NFT 資產的流動性釋放增加了一個方式，也是 NFT 資產價格發現的一個重要手段。目前 Fractional 平台上已有超過上百個 NFT 資產被碎片化，其中最貴的前三名為：

● 《Meebit》編號 #10761，被分成 100 萬份 \$DSMB，買斷起拍價格為 2,100 顆以太幣，碎片化的 \$DSMB 單價在 5 美元左右，持有位址數為 55 個，可在 Uniswap 上交易。

● 《Crypto Punks》編號 #2066，被分成 120 萬份 \$DEAD，買斷起拍價格為 1,493 顆以太幣，碎片化的 \$DEAD 單價在 3.8 美元左右，持有位址數為 611 個，可在 Uniswap 上交易。

● 《Meebit》編號 #5094，被分成 51.2 萬份 \$GSHIRT，買斷起拍價格為 1,024 顆以太幣，碎片化的 \$GSIIRT 單價在 4.7 美元左右，持有位址數為 8 個，可在 Uniswap 上交易。

NFT 資產缺乏流動性的問題一直存在，導致只有極少部份的 NFT 資產受到猛烈追捧、價格飆升，其他想要模仿的 NFT 資產則乏人問津，

The Ultimate Guide on Building
Your Digital Asserts in NFT.

事實上也應如此，因為很多所謂的NFT系列項目，其實也不過是一張圖片而已。

真正的NFT是集「資產本身」＋「憑證」於一體的資產，而圖片，如之前iBox賣的東西又或者是其他明星寫真、畫作都僅僅是一個憑證，憑證的價值需要資產本身來證明，而資產本身和憑證相互分離的NFT，嚴格來說不能算是NFT。

現實世界中資產和憑證往往相互分離，而憑證一般則需要協力廠商認證才有價值，可以試著思考一個問題：「沒有任何憑證和身份的你，還是你嗎？」

資產本身和憑證本身的一體化是NFT最大的價值之一，《Crypto Punks》此類加密的原生資產，因為其原生性讓它不需要任何憑證來證明自己的存在，而這個特點加上「合理的故事」，再加上稀缺性便為它賦予了價值。

NFT有了價值，那建立在NFT周圍或之上的專案必然會非常多，也很有前景，Fractional只是其中一個專案，釋放NFT的流動性，讓它產生價值。

 **Genie**

隨著頭像類NFT的盛行，NFT變得越來越像FT，有別於藝術類NFT購買動機主要出於審美因素，這整個系列動輒上萬枚的NFT越發趨向同質化，它們也開始被賦予越來越重的投資屬性，越來越多人開

始用投資同質化Token的方式來投資NFT，於是「批量」買入和掛單也就成為越來越多人的需求。

而目前人們最常用的OpenSea等NFT交易平台並沒有提供這一功能，買家若想要「掃貨」，只能在交易平台上一件一件購買，而且如果當時交易量激增，還會面臨花費數次Gas費卻「搶不到」的窘境；賣家想掛單時，也只能一件一件掛單，操作起來極為繁瑣。

目前也有很多NFT系列推出自己專用的交易平台，因為過於分散的平台會導致用戶分流，而用戶數量的不足也會讓一些新平台缺少流動性，無法讓用戶得到良好的體驗。因此，這時就需要一個平台來協助整合。

Genie是一個新興NFT聚合交易平台，提供了NFT批量購買功能，且平台不會向用戶收取手續費。同時，Genie將不必要的上鏈步驟放在鏈下進行，大幅節省Gas費用的開銷，Genie也會檢索多個平台相關NFT的掛單價格，給出最好的購買方案。

且在購買時除直接支付以太幣外，你還可以「支付」自己的

NFT。如果你的NFT在 NFTX、NFT20等NFT指數基金中有NFT兌換池，則可以透過Genie添加進支付清單中，Genie會幫你兌換為以太幣支付，也可以選擇將可兌換為以太幣的NFT進行批量兌換。

Genie另提供批量掛單的功能，可以一鍵批量掛單，並為每一件掛單的NFT分別設置掛單價格。用戶還可以透過Genie將 NFT放在OpenSea、Rarible平台掛單，擴大NFT曝光度，未來Genie將支援更多NFT交易平台，售出後Genie不會收取手續費，但OpenSea和Rarible仍會收取，金額視另一方平台規定。

Sudoswap

Sudoswap為一個NFT以物易物平台，與OpenSea不同的是，用戶可以透過Sudoswap將自己的NFT與他人的NFT交換，以降低交易摩擦的方式，來提高NFT的流動性。

一般提到以物易物平台，會優先想到Sudoswap、Swap.kiwi和NFT Trader三種，就其本質而言，這三個平台提供了相同的基本功能，但各自支援的資產略有不同。NFT Trader擁有最廣泛的資產支持，允許任何ERC-20、ERC-721、ERC-1155或任何以太鏈上的協議。Sudoswap支援ERC-20、ERC-721和ERC-1155，但不支援以太幣。Swap.kiwi的支持資產類別最少，只支援ERC-721和以太幣。

　　而筆者之所以會挑出Sudoswap來討論，便是它擁有其他兩個平台不具備的功能。

● 允許用戶把對手方留空，這意味著任何人都可以填寫訂單。
● 允許用戶設置一個到期日期/時間，當達到這個日期/時間時，提議的交易就會自動失效，讓你省去取消交易要花費的Gas費。如此一來，當你的交易對手不交易時，對你造成的不利影響便會減少。

　　但Sudoswap也有一個重要功能缺陷，它不能從多簽錢包或像Argent這樣的智能合約錢包創建交易，反之，NFTTrader和Swap.kiwi可以支援多簽錢包和智能合約錢包。

RaritySniffer

Raritysniffer依照稀有度對各NFT項目進行排名，排行榜即時更

新。Raritysniffer只展示最新的NFT項目資訊，如果想要獲取其它富有潛力的NFT分析，就要訂閱Raritysniffer的Discord頻道，裡面才會有其他相關資訊。

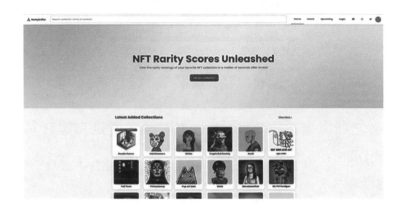

 **Trait Sniper**

Trait Sniper是一個NFT的Metadata搜尋工具，它會在顯示後的30秒內給使用者完整的稀有度排名。另外提供訂閱者一些獨家功能，比如快速購買、訪問警報機器人等等，該工具的免費版是一個稀缺性檢查平台，剛公布的收藏品在一小時後就可以向公眾公開。

NFTGO

NFT的稀有度很大程度上取決於它與其他NFT的區別，若區別越大就越稀有，NFTGO的NFT稀有度評估方式是基於傑卡德距離（Jaccard Distance）的稀有度賦分機制，採用量化的方式把一個事物的不同之處與該群體中所有事物進行比較，得出這個事物的稀有度。

傑卡德距離常應用於數據科學領域，用以計算對象之間的差異性，其計算原理與維恩圖（Venn diagrams）類似，後者可用來衡量兩樣本之間交集的大小。

以《Meebit》編號#16728為例，稀有度模型的查看方式如下：

● 進入NFTGO.io。

● 在頁面頂端導航欄搜索框中輸入「Meebit #16728」，進入該NFT詳情頁。

The Ultimate Guide on Building Your Digital Asserts in NFT.

● 「稀有度」視圖位於該 NFT 圖像正下方，可以看到「稀有度分數」、
「稀有度排名」和「稀有特徵」這三個關鍵數值。

綜合看來，NFTGO.io 的頁面非常簡潔，以圖示化的形式陳列一
目了然。此外，平台的巨鯨追蹤、NFT 排名……等功能也十分好用。

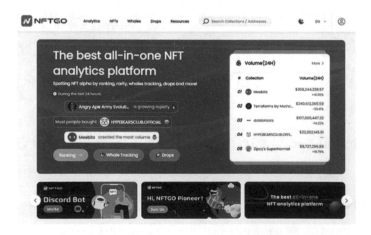

494

6-6 創作 NFT 造富注意事項

現在，任何人都能輕易將自己的作品製成NFT販售，NFT利用區塊鏈技術，將作品加上獨一無二的識別代碼變成新型數位資產，將數位檔案的所有權資訊儲存在區塊鏈，即可防止偽造或竄改，並可透過NFT判斷數位作品的真偽，因此越來越多人將其活用於數位藝術品、數位道具等多元的交易領域。

NFT之所以熱門，正是因為它幫數位創作這種資產型態建立了一個全球性的所有權系統，讓未來的鑑價與認證變得容易。NFT是一種數位資產的概念和工具，相信你已經很了解NFT的所有概念，自己一定也想成為創作者之一，所以筆者接著想談談創作NFT有哪些問題要注意。

NFT 的版權問題

臺灣的法律中並沒有「版權」的用詞，通常民間所用「版權」一詞，可能是指「著作權」，但有時也未必，一般書籍封底常標註「版權所有，翻印必究」等用詞，也有契約使用「電視版權」、「海外版權」等，那這裡的「版權」到底是指「出版權」？「製版權」？「改作權」、「公

開播送權」還是「著作權」？

版權所有權會賦予版權所有人使用作品的專有權，但有些例外，任何人只要以實體媒介創作出原創作品，即自動擁有該作品的版權。有許多作品類型受到版權保護，如下。

● 視聽作品，例如電視節目、電影和線上影片。

● 錄音和音樂創作。

● 書面作品，例如演講、文章、書籍和音樂創作。

● 平面作品，例如繪畫、海報和廣告。

● 電玩遊戲和電腦軟體。

● 戲劇作品，例如戲劇和歌舞劇。

擁有NFT不會授予你該作品的知識產權，NFT只是證明所有者擁有作品版本的證書，並不能證明你是NFT的版權所有者。也就是說，你不會被列為作品的作者，也不能在商業活動上利用該作品或免費分發它，NFT也不提供許可或版權轉讓。

這與購買藝術品或一幅畫的邏輯相同，你擁有這幅畫，你可以用它來裝飾你的房子，這幅畫的版權所有者不會因此變成你。也就是說，你不能拍攝這幅畫並將其分發或出售給其他人，除非你是該NFT的原創作者，你才有出售的權利。

作者得以保留其作品的版權，或是將版權轉讓給他人。因此，除非NFT在銷售中包括轉讓與資產相關的版權，否則作者將保留其對作

品的權利。

　　有一點筆者要澄清，關於NFT本身可能不受版權保護這點，NFT通常由數據庫中的記錄和指向交易所指資產的鏈接組成，僅這些要素不足以構成符合版權保護條件的原創作品，考慮到這一點，所謂的「鏈上資產」──包含交易所基於的資產，NFT就可能有資格獲得版權法下的版權保護。

　　因此，在進入這個新市場前，你必須要充分學習並尋求法律領域的支持，然後為你的資產制訂最佳策略，了解你應該如何創作、保護和投資該領域。

　　且除了受版權保護的作品外，還會出現一些其他問題，例如透過NFT轉讓的權利有哪些限制？NFT應該如何徵稅？如何驗證NFT是否為原創作品？如何防止著作權侵權？

　　與大多數改變現狀的技術一樣，人們仍對NFT持以謹慎和懷疑的態度，這是正常的，因為NFT是一項新項目，但對我們生活產生的影響卻如此巨大，顯著地推動市場。

NFT 背後的價值

　　這在前面章節有討論過，當NFT以數百萬美元的價格出售時，許多旁觀者都想知道。一張石頭的圖檔為何具有任何價值？事實證明，原因其實沒有那麼複雜，因為隨著引入NFT技術，這種情況發生了變化。

The Ultimate Guide on Building Your Digital Asserts in NFT.

NFT是儲存在以太坊等區塊鏈上的獨特數位數據，可用於標記數位藝術、音樂或任何其他類型的資產。NFT與比特幣和以太幣等資產不同，每種資產都是獨一無二的，它提供了一種驗證資產所有權、真實性和稀缺性的方法。

知名科技投資者和企業家、名人、音樂家、體育運動員，甚至大公司等，都在購買或試驗NFT。《Crypto Punks》是以太坊上最具標誌性的NFT系列作品，其最終交易量超過10億美元；《Ether Rocks》數位石頭的最低價也超過200萬美元，驚為天人。

 為所有權買單

對於外行人來說，圍繞這些作品的炒作和價格的主要困惑似乎集中在它的數位格式上，即便鑄成了NFT，但其他人還是可以直接在網路上下載JPG圖檔，那為什麼還是有人會為它付費呢？

雖然任何人都可以欣賞在OpenSea上顯示的藝術作品或下載JPG，但並非每個人都可以擁有原始NFT。在公鏈上對資產進行通證化，可以為任何有網路連接的人提供一種方式來驗證其真實性和所有權。

② 為享樂和功能買單

雖然藝術品本身可能除了美學之外沒有其他用途，但購買它的行為確是真實的，經濟文獻區分了兩類型的消費價值：享樂和功能。

享樂產品主要用於情感或感官滿足，而功能產品則用於功利目標，鑑於任何人都可以「消費」NFT藝術品，達到享樂或感官滿足的目的而無需購買，收藏家可能更有動力出於實用目的購買它們。

③ 為身份象徵買單

以數十萬美元的價格購買像素化龐克的NFT是一個代價高昂的訊號示例。所有權或出處不能偽造，成本很容易審計，而且這些物品除了展示外幾乎沒有用途，這就解釋了為什麼NFT會迅速崛起，並成為加密貨幣暴發戶首選的奢侈身份象徵。

畢竟，沒有什麼比在石頭的數位圖檔上揮霍一百萬美元更能說明「我成功了」，就像富豪家裡堆滿昂貴的藝術品、收藏品和黃金打造的馬桶一樣，加密貨幣世界的大戶轉而用NFT藝術品填滿他們的加密錢包，早期的點陣圖也變成了像素主義。

NFT可能與傳統藝術沒有什麼不同，但無論是通證化的數位藝術還是世界知名藝術家的實體畫作，最終價值取決於是否有人願意為這件作品支付的價格及其相關的彈性權力。

當然，實體與NFT的一個關鍵區別是，出售的交易將始終存在於區塊鏈上供所有人查看。

 如何提升NFT價值

NFT價格屢創新高，已經成為公認的數位資產，很多基金和企業也開始把NFT列為資產配置的一部份。很多人擔心NFT的高價沒有支撐體系，擔心會像當年ICO一樣虛假繁榮，但作為投資，如何判定它的價值確實是一個難題，筆者這裡把NFT當成一類特殊商品來分析一下它的價值組成。

按照馬克思的理論，商品具有價值和使用價值，價值是商品的社會屬性，是不同商品生產者之間的社會關係，使用價值則是指商品能夠滿足人們某種需要的屬性，是商品的自然屬性。

亞當斯密在《國富論》中指出「價值」一詞有兩層含義：一是表示某種特定物品的效用，也就是使用價值；二是表示由於佔有某物而具有對其他物品的購買力，也就是交換價值。

所以，筆者將NFT的價值簡單分解成交換價值和使用價值，你在行銷自己的NFT時，可以從提升「交換價值」和「使用價值」兩方面著手，只要交換價值和使用價值獲得提升，那你的NFT價格自然水漲船高。

● **交換價值**：NFT的購買力，也就是NFT與貨幣或者其他物品的交易價值。

● **使用價值**：商品能夠滿足人們某種需要的屬性，包括娛樂價值、收藏價值、社交價值、生產價值等等。

筆者針對使用價值的細項稍微說明。

● **娛樂價值**：該NFT具備娛樂屬性，能用於休閒、遊戲等場景。

● **收藏價值**：該NFT具備保值、增值、紀念等屬性。

● **社交價值**：有大量用戶和大量粉絲的NFT產品，此類產品有助於持有者在社交時彰顯個性，尋求認同感，更快地融入社群、增加信任、提高社交效率等作用。

● **生產價值**：該NFT可以用於賺取超額利潤。

現今交易規模快速增長和內容多元豐富，但NFT仍缺少成熟的估值體系，目前僅能從幾點進行評級和對比，NFT需要經過時間、各種政策及市場的考驗，才能沉澱出真正的價值。下面筆者試著用上述價值體系來分析市面上具有代表性的NFT其價值組成為何。

① 《Everydays: the First 5,000 Days》

Beeple的這幅畫可以看作NFT史的里程碑，從價格來看具有極高的交換價值，且該作品從知名度、紀念意義、創意上來看都具有很高的收藏價值。

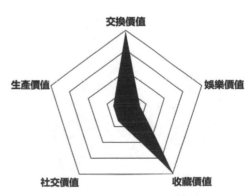

● 數量：1。

● 價格：6,934萬美元。

● 總價值：6,934萬美元（時價約4.5億元）。

② 《The Ghost tells the Story》

　　《The Ghost tells the Story》是達利於1973年為致敬莎士比亞所創作的作品，以NFT形式在幣安上拍賣，最終以約1,300美元成交。達利因其超現實主義作品而聞名，與畢卡索、馬蒂斯一起被認為是二十世紀最有代表性的三名畫家，其現實作品有極大的收藏價值和藝術價值，又因為在幣安上僅發售一份，所以該NFT有較高的交換價值和收藏價值。

● 數量：1。

● 價格：1,300美元。

● 總價值：1,300美元（時價約8,500元）。

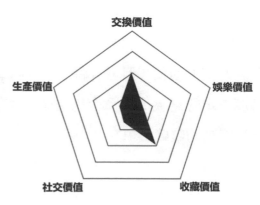

3 《Tokidoki》

　　2021年6月，潮牌Tokidoki在幣安上發行NFT盲盒，分三批發行，共發售10萬盒，每盒售價20美元，每次發售僅1分鐘即售罄。

● 數量：10萬份。
● 價格：20美元。
● 總價值：200萬美元（時價約1,300萬元）。

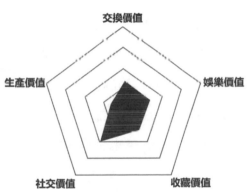

4 《Axie Infinity》

　　《Axie Infinity》作為鏈遊中當之無愧的龍頭，在遊戲中每隻Axie都是一個NFT，每個Axie可以在遊戲世界中透過PVP和PVE玩法來賺取代幣，所以每一個NFT都可以算是一個生產工

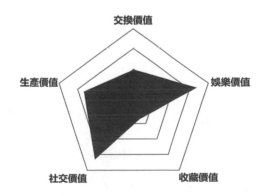

具，更引爆「Play to Earn」的模式。

● 數量：約700萬。

● 價格：約200美元。

● 總價值：約14億美元（時價約91億元）。

⑤ 《Crypto Punks》

　　《Crypto Punks》可以說是最熱門的NFT頭像之一，以一種指數增長的方式暴漲，擁有一個《Crypto Punks》既是一種個性主張，好比擁有一台藍寶堅尼或一個愛馬仕包包一樣，代表著個人財富的象徵。

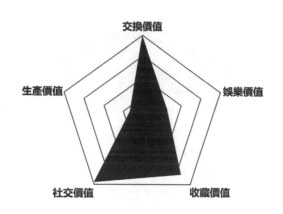

● 數量：10,000份。

● 單價：約140,000美元（時價約91萬元）。

● 總價值：約14億（時價約91億元）。

想賣NFT，先懂成功的八大關鍵

　　目前已有許多藝術家、創作者成功透過NFT賺到很多錢，不少品牌、組織也搭上NFT趨勢熱潮。在此熱潮下，許多人都起了買賣NFT

的念頭，但想大賣，不能只看作品本身的獨特性與創意，更要講究NFT的行銷。

在名人效應的催化下，NFT現與數位行銷密不可分，也是數位轉型的全新嘗試，這可以激發更多知名度、新鮮感和參與度。早期的NFT作品通常只是一張圖片，現在已經與影視、運動、動漫、遊戲、門票……等進行接軌。

儘管NTF仍處於發展階段，但其潛力不容小覷，值得企業加以思考如何透過NFT放大品牌行銷效益。推出品牌NFT是一個最直接的獲益方式，可以自行鑄幣，也可以與NFT創作者進行聯名合作。

隨著NFT的成熟發展，萬物皆可NFT，未來也一定會有越來越多的品牌加入NFT浪潮，並陸續推出自家但只有廣為熟知、欣賞討論、品牌力的NFT才有被認可的價值，或增值收藏的潛能。

所以，NFT行銷要做得好，品牌塑造與本身價值非常重要，這樣才能形成良性循環！前面已介紹過《Phanta Bear》的案例，筆者再介紹其他的案例。

① 提供虛實感知價值

Taco Bell是第一家使用NFT的快餐連鎖店。他們推出一系列以Taco為主題的NFT產品，共發布25個NFT進行拍賣，在30分鐘內完售，最高出價為1.5顆以太幣。Taco Bell利用NFT在新聞媒體、社群媒體中引起話題聲量，這個行銷策略一舉成功，Taco Bell也向Taco NFT的擁有者提供價值500美元的電子禮品卡。

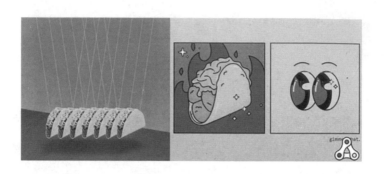

臺灣師園鹽酥雞也採用類似銷售方案，只要NFT有一筆新的交易，新持有者就可以到門市兌換該產品一次。當然，這個方法不局限於餐飲業，任何產品都可以採用虛實銷售方案，例如Adidas所發布的NFT系列產品，購買者除了能得到NFT外，還能領取一件實體服飾。

② 行銷＋社群的重要性

做NFT有兩大關鍵，一是讓大家賺錢，二是大家願意相信。其實對於初創或二創要成功，難度極高，尤其是在成功的作品面前，要玩轉出新花樣本來就極為困難，更何況你現在進入的是NFT生態圈，來自全球高手齊聚一堂，競爭極為激烈，只有頂級IP是不夠的，沒有專業的行銷團隊，在NFT世界裡將很難脫穎而出。

行銷講白了就是洗腦，洗腦就是讓消費者相信他買的產品具收藏價值外，還可以賺錢，相信就是共識，在這個圈子中，共識就是黃金，共識可以變現，有共識就能形成社群，有社群就等同行銷圈說的流量，可以幫助項目壯大資源，成為項目對外交換資源的籌碼。

簡單來說，有自己強大的社群，才能做到行銷圈常見的互惠互粉，

吸引更多資源靠攏，甚至因為項目社群夠強而想依附著這個項目，像人人都想跟 BAYC 合作，蹭一波熱度。所以，在網路世界中，有流量、有粉絲、有名氣、有追隨者就可以變現的道理，在 NFT 世界也不變，這樣的狀況甚至更加劇了，在這裡可以獲得更大額度的變現。

也就是說做 NFT 沒資金，但若擁有一群人的社群共識，在區塊鏈世界比在實體世界容易獲得超額報酬，有資金還不見得能成功號召群眾、創造價格。

而且沒有共識的賦能，只會創造天花板，有共識的賦能，才會讓項目發展的越來越好，當市場上各大品牌都在發 NFT，新聞播著發行 NFT 可以賺到好幾億，越來越多人想做這件事，狂熱的風氣讓人以為只要把圖放上鏈，就有機會發財，又或是只要賦能 NFT，價格就能隨漲船高。

但如果你購買、創作 NFT 的初心，就只是想把它當投資工具，人因財聚，也會因財而散，因對價關係而來的人，會隨著獲利消失、跳票而恐慌拋售，拉低 NFT 的價格。但若先有社群共識或共同信仰，再逐步為 NFT 賦能，因為已經累積彼此共識，才能降低大家以投資工具的角度計算這個 NFT 的投資報酬率。

③ NFT ＋品牌元素

可口可樂是另一個善用 NFT 行銷的品牌，透過 OpenSea 發布 4 個 NFT 產品來提升品牌影響力。可口可樂除了將 NFT 結合品牌元素外，也結合了國際節日和透過相關宣傳活動增加品牌曝光，吸引更大量的

The Ultimate Guide on Building
Your Digital Asserts in NFT.

年輕受眾。

④ 借力於 KOL

廣義來說，明星、企業領袖，具有相當跟隨者與言論影響力的人，都可以說是KOL，但這些人不是花錢就可以找，通常他們也明白自己的影響力有多大，因此他們會買自己想要的，會做自己覺得合理、正確的，要他們幫別人站台，難度非常高。

但若真要找KOL，有哪些地方能找？有沒有哪些KOL能選擇？你可以從Twitter、FB或其他社群下手，去和國際之間談幣、談NFT的KOL連繫，詢問對方的合作意願，期望藉由他們的影響力及轉介紹，讓NFT專案觸及到廣泛又精準明確的受眾身上。

在KOL的選擇上，筆者提供以下建議。

● 透過FB幣圈、NFT社團去找KOC（關鍵意見消費者）。

● 透過區塊鏈、幣圈媒體的作者，去查他們周圍的社交圈。

● 透過關鍵字去查區塊鏈與幣圈論壇、社群上發文量較大的人。

基本上，只要找到這些KOL、KOC，然後以「最大的誠意」詢問，合作機會是蠻高的，不過純粹給錢的誘因不高，給加密貨幣、NFT會是締交合作機會較高的選項。

跟這些人合作，與一般網紅不大一樣的地方在於，他們只要轉發、給評論、給觀點就可以了，不用拍照片、拍開箱影片，他們的最大影響力跟號召力來自於「意見」，所以能獲得好的「意見、評論」，對NFT專案來說，可以帶來不小的加分效果。

⑤ NFT｜產品特色

ASICS是最早發布NFT的運動服飾品牌之一，他們在OpenSea發布189件ASICS Sunrise Red NFT產品，其中包含9個鞋款。

將產品轉換為NFT是一個最直接又與品牌高度相關的方式，必勝客也採用這個製作方式，透過NFT就能馬上連結這個品牌在賣什麼產品；衛生紙品牌Charmin推出的NFT產品也是衛生紙。

The Ultimate Guide on Building
Your Digital Asserts in NFT.

品客推出的NFT為限量版、從未嚐過的風味：CryptoCrisp，僅提供50個版本。

6 與藝術家進行合作

NFT特別的是，所有銷售收入將直接歸合作創作者所有。因此，品牌方如果對NFT創作不擅長或不熟悉，那麼採用聯名或合作是一個非常好的借力方式，錢分給別人賺，品牌效應歸你所有。

像LV推出的NFT遊戲《Louis:TheGame》，其中有10個NFT出自Beeple之手；L'Oréal所推出的NFT，首次銷售收益則歸5位合作創作者所有，二次銷售所得50%才用於慈善公益。

7 共同的頻率

2008年比特幣誕生後，衍生出各式各樣的新名詞：加密貨幣、區塊鏈、去中心化技術，而在這些名詞背後都指向一個重要的概念：抗

審查（Censorship Resistance）。

「抗審查」顧名思義，就是在受到某個中央威權試圖控制、打壓的時候，弱勢者得以保護自己、嘗試反制的工具。區塊鏈就是一種抗審查的科技，它不是用來攻擊，而是用來防禦。

例如比特幣，它並非奪走國家對法定貨幣的控制權，而是提供一個新選項，讓法定貨幣「不再絕對重要」。很自然地，加密貨幣會和法律、社會、制度發生衝突，但加密貨幣背後的DNA，也吸引了一群相信他的人們，包括NFT社群。

一個頂級IP，你必須要明白NFT是一個全新的市場，若跟NFT沒有任何共同的DNA，是無法引起社群迴響，並導引為搶購風潮的。

⑧ 作為贈品送粉絲

CLINIQUE所發布的NFT沒有使用最常見的競價方式，而是舉辦一場社群活動，將3個NFT贈送給參與計畫的用戶，獲獎者還可以獲得免費產品。

麥當勞推出的NFT也只送不賣，轉分享活動貼文即可參與抽獎活動，最後麥當勞從超過10萬名參加者中選出10位得到NFT。

　　看到這邊，你應該已經發現NFT數位藝術品的發行已逐漸專業化，不是隨便發行即可，需要全盤縝密的計畫、打從心裡擁抱NFT社群，進而打造屬於創作者自己的全新DNA，否則縱使費盡心思，你的NFT也不會被市場看見。

　　行銷策略講求的是「釣竿」與「魚餌」，釣魚這活動能滿載而歸的人少之又少，大多數人都釣不到魚，大家都拿一根釣竿，一樣的時間，為何收穫差這麼多？其中的關鍵因素非常多，如：

● 釣具、魚種不同，諸如釣竿、浮標、釣餌、鉛塊配重等等都不同。
● 到了現場，看海流跟潮汐、季節、溫度，找到好的釣點位置並觀察測試水深。
● 嘗試各種釣具搭配，找出這釣點的正確配置。
● 觀察其他不斷上鉤的釣友，他用何種的技術與釣具配置。
● 最後就是專注、細心觀察與調整、減少出錯，耐心等待魚兒上鉤。

　　其實行銷跟釣魚道理都一樣，十年前關鍵字廣告剛進入臺灣市場，同一個行業有幾十家買關鍵字廣告，大家都摩拳擦掌要從網路淘金，一段時間後，發現只有少數廠商業績飆升，大多數廠商都說關鍵字廣告沒用，試問一樣的關鍵字，一樣的預算，為何廣告成效差這麼多？其中的關鍵因素也是非常多，如：

● 行銷前，要思考用什麼廣告，產品與客群不同，關鍵字、廣告文案、

搜尋廣告、聯播廣告、影音廣告內容就不同。

● 廣告開始投放，根據廣告數據分析，測試廣告、調整文案、調整投放網站等等來優化數據。

● 測試各種廣告配置，提升轉換率。

● 觀察同業領頭羊的行銷策略、網站動線與廣告操作技巧。

● 最後就是專注、細心觀察與調整、減少出錯，耐心等待客戶成交。

　　這些都是行銷的基礎工作，若你只是鑄造NFT，然後掛在平台上面販賣，那不管怎麼抱怨絕對都賣不出去。所謂真的要捨得魚餌才釣得到魚，起先，有新的白名單，然後從中篩選後進行價值給予，最後才能進行銷售行為。

　　而獲取白明單的做法，可以從專案中找些商品出來贈送給填資料（問卷）的人就行，之後你會慢慢理解到，這個贈品其實可以思考的更廣泛，隨著送的東西不一樣，能吸引到的人差距也就更大。

● 送社群徽章，可用在社交媒體的頭像，營造VIP社群榮譽感。

● 空投NFT商品，拿出數十、數百的此次NFT專案商品來送。

● 送加密貨幣，最受歡迎的當然是比特幣、以太幣。

● 送提早入場券，比正式開賣早10分鐘，開給特定人士購買用。

　　在幣圈或NFT領域，會常常聽到「空投」（Air Drop），從英文理解，就是「從天上掉下來」送你的禮物。空投的東西越昂貴，吸引

到的人就越多，但筆者身邊有經驗的朋友分享，空投昂貴物品會吸引到非常大量的怪人，導致實際販售效益變差。

因此，送個「剛剛好的東西」才是比較正確的方式，畢竟每天都有數十個NFT專案冒出來，每個專案都在送，有些人每天就是到處收這些東西，後續會不會帶來買氣，沒人知道。

雖然所有報導NFT的新聞都是正面的，誰做NFT賺多少錢，但你要知道，這些發行NFT而致富的人或項目，他們本身就是大IP，或是在營銷方面下足了功夫，但現在很多人都搞錯方向，花太多的時間在研究如何製作出精美的NFT，操作方向完全搞錯。

但筆者並不是說精美的NFT沒有必要，只是你可以看到市場上許多高價值的NFT，所呈現出來的許多都是非常簡單，而它真正的價值是在賦予價值，所以你要有一個觀念，就是先收錢，才製造產品，而不是先製造一堆產品，再拿去市場上販售，這樣就會有成本壓力。

因此，在打造你的NFT前，筆者建議可以先打造你的IP，並建立你的粉絲群，先把賦予的價值鋪墊好，待時機成熟後就可以推出你的NFT，當然這一切都需要步驟以及流程，但現在有許多免費的工具可以利用。總之，你在打造NFT前，最好要有自己的IP及粉絲，尤其是「鐵粉」，之前市場流行一句話，只要你打造1,000位鐵粉，那你這輩子就不愁吃不愁穿了，所以在打造你的NFT產品前，先經營你的粉絲吧！

NFT盈利模式及發展

　　NFT的主要盈利模式是直接銷售和二次交易版稅收入，其他收入包含治理代幣與DeFi結合衍生出來的金融相關產品，如DeFi抵押等。

　　在技術端，Layer 2的發展和去中心化儲存將提升NFT的發展空間；在應用端，NFT的應用領域將不斷擴大與各領域的結合將更加成熟，同時NFT有望形成獨立IP，提升自身價值。

　　NFT行業的主要風險及痛點是實用性問題、安全及隱私問題、監管問題、可延展性風險，但隨著NFT的發展及成熟，部份風險可解決，如可延展性風險。

NFT 的 營 利 模 式	
模式	定義
直接銷售	透過直接銷售NFT獲得收入，為NFT最主要的模式。
二次交易版稅	NFT創作者可賺取每一次在任何NFT市場或通過點對點成功交易的版稅費用。
其他	其他營利模式包括治理通證、NFT＋DeFi……等。

　　NFT的二次交易版稅收入也是NFT的核心價值之一，與正常版稅收入不同之處在於，NFT的二次交易版稅可讓NFT創作者賺取，每一次在任何NFT市場，或透過點對點成功交易的版稅費用。NFT+DeFi的結合，將衍生出NFT更多的盈利模式，如DeFi抵押品等。

　　隨著NFT的發展，NFT的商業版圖不斷擴大，如NFT可作為抵押品進行借貸活動，NFTfi就是以NFT為抵押品提供借貸服務的專業平台。

6-7 二次創、三次創工具

很多人會想自己又不是藝術家,根本做不出NFT那些美圖,這對絕大多數的人來說確實是一個問題,幸好現在軟體非常多元,有些軟體可以將現成的照片做一些變化,就產生出完全不同的感覺,當然這些照片必須是合法取得,你可以用自己拍攝或自己製作的圖片,亦或是已授權的圖片,又或是用一些已沒有版權的圖片,有許多古代的藝術品流傳至今早已沒有肖像權,所以在NFT市場上,很多人利用二次創作或是二次創作來加以改編。

但即便年代久遠,仍要特別小心別侵犯了著作權,上個章節有提到關於版權、著作權,所以要特別注意,這個章節筆者會提供幾個可以快速簡單修改照片的軟體,讓你的圖片可以看起來更有設計感。

在NFT拍賣平台OpenSea上有創作者利用達文西一系列畫作,集結成一個NFT動畫,然後在OpenSea上架販售,其售價高達26萬顆以太幣。

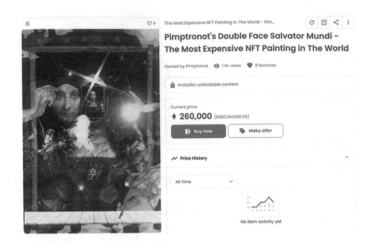

其實這個NFT也不過是用一些現有的App去二創改編，集結整合出另一種風格，就可以在NFT平台上販售，不管賣不賣得出去，至少這是一個製作NFT的方式，二創之後會替作品賦予不一樣的價值。

二創工具

二次創作（Derivative Work），又稱再創作、衍生創作或二創，產生的作品稱為二次創作物（或再創作物、衍生創作物）。二次創作常指戲仿以及同人文化中的再創作，但由於其並非版權法上的常用概念，其實質涵蓋範圍難以確定，也有人認為應該包括翻譯、改編等各種對已存在著作物的文字、圖像、影片、音樂進行改作，這與版權法上的衍生作品相類似。

換言之，二次創作包括仿作、改編、引用等加以發揮的創作模式，二次創作並不是把別人的作品剽竊過來，當成是自己的；相反地，二

次創作是以某作品、項目、角色為基調來改編、仿作或加以發展，它的引用及改變意味是很明顯的。

且二次創作在法律上仍然有可能侵犯他人版權，不過相關法律是否合理，或原作者與版權持有人及版權管理機構的不同看法，目前仍在爭議之中。筆者下面分享幾個好用的二創工具。

1 PICNIC

相信每個人都有過要外出、出國旅遊想瘋狂拍美照，記錄美麗畫面時，天公卻不作美的慘痛經驗，天氣變差，陰天、甚至下雨，雖然這種天氣也有獨特的美，但晴天還是比較容易拍出滿意的照片。

推薦一款名為 PICNIC 的 App，它跟一般特效 App 不同，可以針對天空進行調整，一鍵幫你把昏暗的天空變成藍天、彩虹或黃昏色，而且還能加入雲朵，不單只有顏色，看起來還蠻自然的，iOS 與 Android 版都有。

2 Snapseed

Snapseed 是一款移動圖像處理應用程式，由 Nik Software 開發，可用於增強相片和添加濾鏡等。2015年，電腦雜誌 PC Magazine 將 Snapseed 評為百佳安卓應用程式之一。2018年，Androidcure 將 Snapseed 評為 Android App 十大最佳 App 之一，重點是也有 iOS 版可下載使用。

新版 Snapseed 的修圖工具、特效濾鏡都有大幅度地增加或改進，

筆者挑出其中最關鍵的新功能介紹。

　　首先是照片自動變形，有時候照片構圖有問題，若用裁切、旋轉照片的方式修圖，又會讓照片變小，可能會被迫刪掉邊緣自己也很喜歡的景物。這時你可以用Snapseed中的「視角」工具，進行「縮放」處理，用垂直、水平、旋轉等方式來調整照片的「3D立體視角」，例如原本直式的攝影，改成由上往下拍攝的角度。

　　當調整照片視角後，Snapseed的「縮放」工具不會裁切到照片，程式會分析照片邊緣內容，自動「生成」新的延伸邊緣，補足變形後的空白。你可以隨意改變照片的透視角度，不用擔心損失邊緣內容，甚至還產生更大的新畫面。

　　第二個功能是自動雜點修復。以前可能要利用專業App來除去照片中不小心亂入的閒雜人等，但現在透過Snapseed的「修復」工具，就能在這款免費修圖App中輕鬆做到。而且最重要的是，這個雜點修復使用非常簡單，只要用手指抹除即可，剩下動作全部自動完成，用來去除多餘人物、臉上斑點很方便。

　　第三個功能是製作景深，這是原先就有的功能，但官方有改版更新、調整功能，例如製造淺景深的「鏡頭模糊」功能，現在可以更靈活地調整形狀與範圍。

　　第四個功能是自由筆刷修圖，Snapseed的「局部」修圖功能十分強大，可謂所有修圖App唯一能做到獨立修改每個細節的最佳工具，Snapseed更把這樣的特色加以延伸，擴充更多功能特技。

　　在新增的「筆刷」工具中，可以設定亮度、曝光、色溫、飽和度

等不同筆刷，然後用手指去塗抹照片上的任何一個小地方，就能「單獨改變這一處」的照片效果，就好像自己在照片上每個細節處作畫一樣。

第五個功能是套用局部濾鏡，除局部修圖外，Snapseed 還能局部套用濾鏡，例如部份套用 HDR 濾鏡，只把照片中的某部份套用魅力光暈濾鏡，如此一來，你的照片就能有獨一無二的效果。

Snapseed 實在是一個兼顧專業與易用的推薦修圖 App，若想要二創，千萬別錯過這一款好用的軟體。

③ Canva

Canva 成立於 2012 年，是相當知名的線上免費製圖軟體，為企業、個人提供了一個非常簡單的設計平台，讓使用者能夠創造出令人讚嘆的專業設計。

你可以用 Canva 來設計所有平面或數位媒體，像海報製作、Logo、傳單、廣告、標籤、目錄、各種社交媒體的貼文、封面以及圖片等，用途相當多元。Canva 採取「拖曳式」的編輯器，並提供超過百萬張的圖片、相片、貼紙和字型等素材，所有使用者都可以輕鬆地從頭開始建構文檔和設計。

使用者還可以選擇創建包含其品牌和公司元素的客製化設計和樣板，透過易於編輯的樣板和設計來幫助使用者確保主題的一致性。使用 Canva 需先註冊帳號，你也可以選擇用 FB、Google 帳號登入。

Canva 主要注重在設計感，所以你可以看到裡面有許多小圖案跟

Logo，這些都是為了讓設計更加豐富，有各種規格可以選擇，一般使用者較常用的YouTube縮圖、社群媒體圖示、傳單、邀請卡，甚至教案、發票等，多達50幾種的規格裡面都有，只要你要做的東西跟圖像相關，那麼就可以利用Canva完成。

不過筆者這邊想要跟說明清楚Canva的主要用途，它的強項在於設計，所以你可以看到它裡面有許多模板和設計素材等，這些都是精心規劃過的，比較適合用來做美編、銷售業、貼文圖片、具有設計感的工作圖上，但如果你只是單純想修圖的話，筆者會建議你用線上軟體Fotor或專業的Photoshop，這些工具才是針對你的實體照片做修改。

筆者整理出Canva的優點供你參考，但這都是根據設計面去評論的，如果你要修改的是個人照，就不太建議參考。

 ## *Canva* 優點多多

☑ 優點❶設計元素多

剛剛有說Canva是一款重設計的軟體，所以可以讓你編排的元素一定少不了，它可以使用的素材是筆者目前用過的軟體中最多樣的，你要什麼都可以找到，所以如果你是需要每天使用不同新素材的人，我非常推薦你使用Canva，像有些人可能需要天天在IG發文，或是一天要生產出好幾篇的廣告素材，筆者相信Canva一定可以符合你的需求。

✅ 優點 ② 操作介面乾淨

　　Canva的使用介面乾淨俐落，所以在使用軟體時，會感覺非常容易上手，因為主要就是讓使用者方便操作，即使完全沒設計過，只要簡單的編排，也可以快速做出一張漂亮的圖片，像筆者個人很多東西都是使用這個，設計一個不超過5分鐘，只要覺得素材還不錯，就直接下載下來運用，真的很方便。

✅ 優點 ③ 支援團隊合作設計

　　這項優點是筆者覺得Canva最好用的地方，它可以支援團隊的人共同使用，假設你請一個設計師幫忙，可以將他加入到你的團隊裡面，當他在設計、修改的時候，你可以直接看到他的變動，有什麼想修改的也可以直接溝通或自行修改，不需要再下載下來，然後重新上傳到雲端，省去很多動作。

✅ 優點 ④ 超多素材

　　光免費版就有超過8,000多個素材可以使用，如果升級到Pro版，更有超過60,000個素材可以使用，圖片更超過6,000多萬張，假設你每天生產個10幾個廣告，也不用擔心會重複，這也是為什麼許多愛用Canva，因為它真的是蠻豐富的軟體。

　　雖然Canva的素材很多，免費的也有超過8,000多種，但Canva真的太有名了，筆者問過好幾個部落客朋友，他們的縮圖幾乎都是使

用Canva製作的，甚至業配很多也是修改一下文字就上廣告，因此你可能會常常看到類似的圖片，不要懷疑就是Canva的模板，所以如果你真的常常要設計圖片，會建議你買Pro版，這樣比較不容易跟別人撞圖，有一次連續兩張廣告圖，長得一模一樣，只是文字不同，我大概就知道這是Canva製作的。

假如你是單純玩一下的人，使用免費版的就非常夠用，但如果你是一個需要專業設計的人，或者你是經營自媒體、需要大量圖片的人，就非常適合使用Pro版，又或者你要管理一個團隊，甚至是許多品牌，你需要分開或是建立一個良好的設計流程，那企業方案會更適合你，這邊是筆者給大家的建議。

區塊鏈的世界變化非常快速，每一階段的趨勢創造出一些鉅富及成功人士，這一波的NFT趨勢也是如此，NFT誕生於2017年；爆發於2021年，但隨著新聞媒體的報導，像是誰誰誰靠NFT賺了多少錢這類的新聞，造成大量的吃瓜群眾入圈，但要靠NFT一夕致富其實沒有那麼簡單，除非你是大IP、巨星、非常有名的政治人物等等才有可能。現在NFT已走向賦能實體行業，此走向非常類似2019年的加密貨幣，可以說靠NFT賺快錢的時代過去了，但不用因此難過，因為現在靠NFT賺大錢的時代正迎向我們，這才是真正的造富神話。

那麼要如何在NFT趨勢中賺取財富呢？不外乎就是學習並快速提升自己的能力，一般人類無法想像出沒有體會過或是沒有看過的東西，所以才永遠都賺不到超出你認知範圍之外的錢，除非靠運氣，但靠運氣賺到的錢，往往又會因為實力不足虧掉，這是一個必然的過程。你

所賺的每一分錢,都是因為你對這世界的認知變現,而你所虧的每一分錢,也是因為對這世界的認知尚有不足,這個世界最大的公平在於,當一個人的財富大於自己認知的時候,現實就會有100種方法來收割你,直到你的認知與財富匹配為止,相信很多人對此深有感觸。

所以,筆者最後想再次推薦NFT相關課程,唯有透過學習才能快速提升能力,我常說:「錯誤的政策、比貪污更可怕。」若套用在NFT圈,這句話就要變成:「錯誤的學習、比無知更可怕。」坊間有太多項目方開設的課程,上課時都在引導你投資他們的項目、買他們的產品,一旦入坑你後悔都來不及。而元宇宙公司開設的NFT課程皆是正規的培訓課程,筆者期待你一同來學習!

附錄 新興數位名詞一覽

★ **10k項目**：10k項目是指一個NFT集合，包含大約10,000個頭像，這種類型的NFT先驅便是《Crypto Punks》。不過，它們並非都恰好有10,000個頭像，只是指該類型的收藏，而不是頭像的確切數量。

★ **A、B、C輪**：天使輪結束後的募資階段，一般會有二到三輪募資，募資對象為風險投資機構和許多資本機構。

★ **Airdrop（空投）**：若有一天你醒來，看到加密錢包裡多了一些不知名的代幣，這就是空投。空投就是項目方免費贈送代幣給你，這種行銷方法在 2017年非常流行，因為空投會促使人們進一步了解該幣種，增加討論度。

★ **Alpha**：Alpha其實是投資或避險基金社群的一個術語，與Beta（市場表現）相對存在，代表因為資產經理的高水準所產生的優異表現。

★ **Altcoin（山寨幣）**：Altcoin是Alternative Coin的縮寫，是指除比特幣的其他加密貨幣。因為比特幣是最早推出的，存有很多缺陷，所

以出現了很多想要改進比特幣的項目，比如萊特幣，這些項目的代幣都被稱為 Altcoin，即比特幣的競爭幣。

★ **AMA（問我什麼都可以）**：AMA 是 Ask Me Anything（問我什麼都可以）的縮寫，一般指公司成員或是個人舉行的問答活動，用戶、讀者、觀眾可以詢問任何相關的問題。常見的 AMA 形式有視頻直播、文字直播。

★ **AML（反洗錢）**：AML（Anti-Money Laundering）代表反洗錢的政策和相關法律法規，防止非法獲得的錢被惡意掩飾及合法化。

★ **Aped**：指在自己的投資組合中，對某 NFT 持有較大規模的倉位。

★ **Arbltrage（磚套利）**：一般來說，每間交易所的價格都不會一模一樣，當一邊交易所的價格高時賣出，另一邊交易所價格低時買進，賺取價差，就是搬磚套利。

★ **ATH**：為「All Time High」的縮寫，意味著有史以來最高的價值。該術語是指資產的價格，如果比特幣超過 70,000 美元，它將獲得一個新的「ATH」。

★ **Avatar project（頭像項目）**：頭像項目與 10k 項目基本相同，即包含幾千個 NFT「頭像」，例如《Crypto Punks》、《Bored Ape Yacht Club》、《Cool Cats》、《Gutter Cat Gang》等。

★ **Bearish (熊市)**：熊這種動物，當它攻擊時，它會用爪子頂著獵物，把獵物「釘」在地上。現在假設加密貨幣市場是熊市，市場參與者看跌，價格會下跌。

★ **Bullish (牛市)**：與熊相反，公牛是一種用角把獵物從地上舉到空中攻擊的動物。在牛市中，價格會上漲，正如公牛把獵物舉到空中一樣。

★ **Bounty Program (賞金計畫)**：賞金計畫是由項目方分配的一些任務，比如加入電報群、翻譯等等，所有人都可以參與完成這些任務，完成任務者會獲得一些獎勵。

★ **Burn (燃燒)**：燒毀NFT本質上意味著摧毀它。例如打算從10,000個組成的集合中，只售出5,000個NFT，剩餘的5,000個團隊可能會決定「燒掉」。

★ **Buying on secondary (在二級市場購買)**：若用戶無法鑄造某個NFT，那就必須在OpenSea等二級市場購買。

★ **Candlestick Chart (蠟燭圖)**：「蠟燭圖」是展示交易的一種方式。一根蠟燭代表特定的時間段（月/周/天/小時/分鐘等），蠟燭的「主體」代表開盤價和收盤價，波峰表示這一時期的最高和最低價格。

★ **Circulating Supply (流通總量)**：代表某個區塊鏈項目在市場上可自由交易的代幣總數。

★ **Cold/Hot Storage（冷/熱儲存）**：根據加密貨幣的儲存是否有與網路相連，可以分為冷儲存和熱儲存。冷儲存是指在不連網路的情況下進行儲存，適用於大額加密貨幣；熱儲存會連上網路，適合小額、經常使用的加密貨幣。

★ **DAO（中心化自治組織）**：當擁有 Head DAO 等項目的 NFT 時，其他所有者都擁有投票權並控制項目的未來行動和總體方向。許多 NFT 項目正在建立類似的結構，以變得更加社群驅動並確保持有者能持續支持。

★ **Diamond hands（鑽石手）**：加密貨幣和 NFT 世界中最流行的俚語之一，意指你準備好抱緊某個投資倉位直到達成最終目標為止，不畏任何潛在風險、逆風和虧損。

★ **Paper hands（紙手）**：紙手與鑽石手相反，意指你可能承受不了市況的跌蕩，必須早早結清投資項目出場。

★ **DYOR（做好你該做的研究）**：「Do Your Own Research」的縮寫，「做好你該做的研究」的意思，這好比一種免責聲明，不對別人或 NFT 的觀點負責。

★ **ERC-20**：你會經常看到 ERC-20 代幣，這些代幣是透過智能合約在以太坊網絡上創建的，ERC-20 是一個代幣的標準協議。

★ **Fiat（法幣）**：Fiat 不是指菲亞特（一個汽車製造商），Fiat Money（法

定貨幣）是官方宣布為法定貨幣的貨幣，比如台幣、美元、歐元。

★ **Floor（底價）：**你可以在二級市場上從該項目購買 NFT 的最低價格。它是用於跟蹤項目隨時間推移的績效還有和其他項目相比的相對成功最流行的指標。

★ **FOMO（錯失恐懼症）：**FOMO 是 Fear of Missing Out（害怕錯過）的首字母縮寫，特指一種害怕錯過的心理。比如說，比特幣價格突破了 10,000 美元，很多人會產生害怕錯過接下來比特幣繼續上漲的行情，這種害怕錯過的心理就稱為 FOMO。

★ **Gas（礦工費）：**Gas 用於在以太坊區塊鏈上執行交易，這有點像你付給礦工的費用。你設置的 Gas 越多，交易就會越快完成，因為回報越高，就會有更多礦工受到誘惑，加速處理你的交易。

★ **Gas war（毒氣戰）：**這在以太坊上很常發生，對新手來說有點像是一種儀式。當一個流行的 NFT 集合推出時，有 100,000 人爭奪這 10,000 個 NFT，因而必須提高自己的 Gas 費用，出價高於其他人的出價，促使交易成功，這就是所謂的毒氣戰。

★ **Generative art（生成藝術）：**生成藝術可以說是近年數位藝術和收藏品領域的關鍵創新之一，用於創建所有主要收藏品。

★ **Genesis Block（創世紀塊）：**第一個被「挖」出來的區塊，是一條區塊鏈中最開始的那個區塊，為第 0 區塊。

★ **Hard cap（硬頂）**：募資最高限制，超過的資金則會退款。

★ **Soft cap（軟頂）**：募資最低限制，基本上項目方需募資到 Soft cap 才有足夠的資金去發展項目，如果連 Soft cap 都無法募資成功，項目方可能就會暫停運作。

★ **HODL（終身持幣）**：HODL 即 HOLD，意味著「寧死不放」，「拿著不放」。HODL 也可以譯為 Hold on for dear life 的縮寫，意思是握住更好的生活，HODLER 則是 HODL 的變種指那些「寧死不放」，「拿著不放」的人，確信加密貨幣將徹底改變世界而拒絕出售的人。

★ **IRL（真實世界）**：「In real life」的縮寫，「真實世界」的意思。

★ **KYC（實名認證）**：KYC 是 Know Your Customer（了解你的客戶）的首字母縮寫，指一系列法律法規要求企業了解客戶的身份（要求提供身份掃描或其他身份證件）。

★ **Limit Order（限價訂單）**：使用限價訂單，意味著你向交易平台發出請求，要求以某個特定價格購買特定數量的加密資產。

★ **Market Cap（市值）**：加密貨幣的總價值，在 CoinMarketCap 等網站可以查詢。

★ **Maximum Supply（最大供應量）**：指加密貨幣的最大數量。如果確定最大供應量，總量就不變了。

★ **Metadata（元數據）：** NFT的元數據本質上是所有必要且獨特的數據，使NFT正是它的樣子，元數據定義了一件藝術品或收藏品的外觀。

★ **Mining（挖礦）：** 部份新的加密貨幣項目是透過挖礦來釋放。其次，挖礦是驗證交易並將其添加到公開帳本的過程。

★ **Minting（鑄幣）：** 在區塊鏈上創建NFT的過程，其實從創建者那裡購買全新的NFT時，也可以算是「鑄造」。

★ **Peer-to-Peer Network（點對點網絡）：** 這個術語是整個區塊鏈概念的基石，點對點網絡沒有像服務器那樣的中心點來存儲資訊。相反，區塊鏈網絡的每個參與者都可以訪問資訊並更改資訊，沒有控製網絡的主導方。

★ **PFP（個人頭像）：** PFP為「Profile picture」的縮寫，「個人頭像」的意思，指在Twitter或Discord上使用的NFT頭像，比如《Crypto Punks》。

★ **PND：**「pump and dump」的縮寫，指加密Token價格突然飆升又突然暴跌。因山寨幣的交易量較低，因此大戶可以使用小量資金引發暴升假象，吸引散戶FOMO後，再大量倒貨。

★ **ICO：** Initial Coin Offering，俗稱眾籌，是一種籌措資金的方式，項目方通過發行代幣吸引投資者，投資者從中獲得代幣作為獎勵。

★ **Private Key（私鑰）：** 打開加密錢包的密碼，每個加密貨幣錢包包含一個或多個私鑰，這些私鑰在數學上與錢包相關。

★ **Public Key（公鑰）：** 公鑰是透過私鑰推論出的，公鑰進行轉換後就是錢包地址。

★ **Roadmap（路線圖）：** 路線圖是顯示團隊在一年或更長時間內想要實現的目標、計畫，能讓用戶了解即將到來的功能，以及這些功能何時發布。

★ **Rug（拉地毯）：** 「Rug pull」的縮寫，原意為拉地毯，延伸意為加密產業中常見的捲款潛逃事件，經常發生於DeFi協議中。

★ **Seed Phrase（助記詞）：** 可以透過助記詞來恢復錢包，重新恢復加密錢包的所有權。

★ **Snapshot（快照）：** 對於上面提到的空投，團隊通常會在某個時間點進行快照以確定誰有資格。例如，在UTC時間11月11日下午4點拍攝快照時，所有在錢包中持有NFT X的人都將在下週獲得NFT Y的免費空投。

★ **STO（合規化代幣發行）：** 是一個出售合規化的加密貨幣來融資的過程。

★ **Sweep the Floor（掃地）：** 意指將某NFT項目所有最低價格的NFT全部購買搜刮。

★ **Szn（市場週期）：** Szn 意指 Season，「季節」的意思，代表市場週期。加密貨幣的市場週期比真實世界的市場週期快很多，而 NFT 的市場週期又比加密貨幣的市場週期來得更快，通常只維持 1 至 4 周。

★ **Whale（巨鯨）：** 特指那些持有大量加密貨幣的人或機構，他們的一舉一動都會對市場價格產生影響。

★ **Whitelist（白名單）：** 部份項目需要預先申請白名單才能投資，有點像是優先篩選機制。

★ **炒底：** 當加密貨幣價格位於低點或底部時，準備銀彈進場的行為。

★ **韭菜：** 泛指幣圈裡的散戶，剛進入幣圈的菜鳥稱為新鮮韭菜。

★ **割韭菜：** 一般形容莊家、大戶拋售大量加密貨幣使得市場價格大跌，等到價格到達低點時重新建倉；至於韭菜則買了套牢在高點，逼不得以賣了又買，此循環操作稱為割韭菜。

★ **破發：** 市場價格低於 ICO 發行價格稱為破發。

★ **砸盤：** 在市場上瞬間出售大量某個加密貨幣，造成市場價格波動劇烈。

★ **盤子：** 總共募資的資金總量，如果募集資金過大就稱為盤子大。

★ **鎖倉：** 部份項目會有代幣鎖倉的限制，目的在於不讓一些拿到成本
較低的投資人上交易所砸盤，造成市場價格混亂，希望大家能長期
持有。

全球華語 魔法講盟
Magic

台灣最大、最專業的 開放式培訓機構

兩岸知識服務領航家
開啟知識變現的斜槓志業

別人有方法，我們更有魔法
別人進駐大樓，我們禮聘大師
別人談如果，我們只談結果
別人只會累積，我們創造奇蹟

魔法講盟賦予您 ❻ 大超強利基！

助您將知識變現，生命就此翻轉！

 魔法講盟 致力於提供知識服務，所有課程均講求「結果」，助您知識變現，將夢想實現！已成功開設千餘堂課，常態性地規劃數百種課程，為目前台灣最大的培訓機構，在「能力」、「激勵」、「人脈」三個層面均有長期的培訓規劃，絕對高效！

Beloning

⬇

Becoming

❶ 輔導弟子與學員們與大咖對接，斜槓創業以 MSIR 被動收入財務自由，打造自動賺錢機器。
❷ 培育弟子與學員們成為國際級講師，在大、中、小型舞台上公眾演說，實現理想或銷講。
❸ 協助弟子與學員們成為兩岸的暢銷書作家，用自己的書建構專業形象與權威地位。
❹ 助您找到人生新方向，建構屬於您自己的 π 型智慧人生，直接接班現有企業！
❺ 台灣最強區塊鏈培訓體系：國際級證照＋賦能應用＋創新商業模式＋幣礦鏈圈暴利模式
❻ 舉凡成為弟子，過去（藏經閣）、現在及未來所有課程全部免費，且終身複訓！

魔法講盟 專業賦能，是您成功人生的最佳跳板！

更多詳細資訊，請掃 QRcode 或上 新絲路網路書店 silkbook○com https://www.silkbook.com 查詢，亦可撥打真人客服專線 02-8245-8318。

魔法講盟

公眾演說
A⁺ to A⁺⁺
國際級講師培訓

收人 / 收錢 / 收心 / 收魂

培育弟子與學員們成為國際級講師，
在大、中、小型舞台上公眾演說，
一對多銷講實現理想！

面對瞬時萬變的未來，
您的競爭力在哪裡？
你想展現專業力、擴大影響力，
成為能影響別人生命的講師嗎？
學會以課導客，讓您的影響力、收入翻倍！

我們將透過完整的「公眾演說
班」與「國際級講師培訓班」培訓您，
教您怎麼開口講，更教您如何上台不怯
場，讓您在短時間抓住公眾演說的撇步，好
的演說有公式可以套用，就算你是素人，也能站在
群眾面前自信滿滿地侃侃而談。透過完整的講師訓練系統培養
開課、授課、招生等管理能力，系統化課程與實務演練，把您當
成世界級講師來培訓，讓您完全脫胎換骨成為一名超級演說家，
晉級 A 咖中的 A 咖！

為您揭開成為紅牌講師的終極之秘！
不用再羨慕別人多金又受歡迎了！

國際級講師　Speaker
兩岸授課　Teaching
提供舞台　Stage
實戰指導　Coach
演說技巧　Technique

從現在開始，替人生創造更多的斜槓，擁有不一樣的精彩！

史上最強 寫書&出版實務班

全國最強4天培訓班，見證人人出書的奇蹟。

素人崛起，從出書開始！
讓您借書揚名，建立個人品牌，
晉升專業人士，
帶來源源不絕的財富。

　　由出版界傳奇締造者、超級暢銷書作家王晴天及多位知名出版社社長聯合主持，親自傳授您寫書、出書、打造暢銷書佈局人生的不敗秘辛！教您如何企劃一本書、如何撰寫一本書、如何出版一本書、如何行銷一本書。

- 理論知識
- 實戰教學
- 個別指導諮詢
- 保證出書

- **P** 企劃
- **P** 出版
- **W** 寫作
- **M** 行銷

當名片式微，
出書取代名片才是王道！！

《改變人生的首要方法
～出一本書》▶▶▶

新絲路視頻5
改變人生的
10個方法
5-1寫一本書

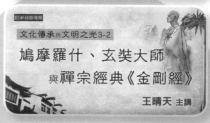

學習領航家——
📹 新絲路視頻

讓你一饗知識盛宴，偷學大師真本事！

活在資訊爆炸的 21 世紀，
你要如何分辨看到的是資訊還是垃圾謠言？
成功者又是如何在有限時間內，
從龐雜的資訊中獲取最有用的知識？

巨量的訊息帶來新的難題，📹新絲路視頻 讓你睜大雙眼，從另一個角度理解世界，看清所有事情真項，培養視野、養成觀點！

師法大師的思維，長知識、不費力！

📹新絲路視頻重磅邀請台灣最有學識的出版之神——王晴天博士主講，有料會寫又能說的王博士憑著扎實學識，被朋友喻為台版「羅輯思維」，他不僅是天資聰穎的開創者，同時也是勤學不倦，孜孜矻矻的實踐家，再忙碌，每天必撥時間學習進修。

❶ 歷史真相系列　　　　❺ 改變人生的 10 個方法
❷ 說書系列　　　　　　❻ 真永是真真讀書會
❸ 文化傳承與文明之光　❼ 魔法 VB & 區塊鏈・元宇宙
❹ 寰宇時空史地

一同與王博士探討古今中外歷史、文化及財經商業等議題，有別於傳統主流的思考觀點，不只長知識，更讓你的知識升級，不再人云亦云。

📹新絲路視頻於 YouTube 及台灣視頻網站、各大部落格及土豆、騰訊、網路電台……等皆有發布，邀請你一同成為知識的渴求者，跟著📹新絲路視頻偷學大師的成功真經，開闊新視野、拓展新思路、汲取新知識。

新・絲・路・網・路・書・店
silkbook○com 新絲路 http://www.silkbook.com

NFT造富之鑰

本書採減碳印製流程，碳足跡追蹤並使用優質中性紙（Acid & Alkali Free）通過綠色環保認證，最符環保需求。

作者／吳宥忠
主編／王晴天
出版者／元宇宙(股)公司委託創見文化出版發行

總顧問／王寶玲
總編輯／歐綾纖
文字編輯／牛菁　　　　　　　　美術設計／蔡瑪麗

台灣出版中心／新北市中和區中山路2段366巷10號10樓
電話／（02）2248-7896　　　　傳真／（02）2248-7758
ISBN／978-986-271-933-6
出版日期／2022年6月三版五刷

全球華文市場總代理／采舍國際有限公司
地址／新北市中和區中山路2段366巷10號3樓
電話／（02）8245-8786　　　　傳真／（02）8245-8718

全系列書系特約展示門市
新絲路網路書店
地址／新北市中和區中山路2段366巷10號10樓
電話／（02）8245-9896
網址／www.silkbook.com

國家圖書館出版品預行編目資料

NFT造富之鑰：數位經濟奇蹟新紀元 / 吳宥忠 著, 王晴天主編. -- 初版. -- 新北市：創見文化出版, 采舍國際有限公司發行, 2022.05 面；公分-- （MAGIC POWER；17）

ISBN 978-986-271-933-6（平裝）

1.CST: 電子貨幣　2.CST: 電子商務　3.CST: 數位科技

563.146　　　　　　　　　　　　111003721